·北魏历史文化名人传记丛书·

喻洋 ◎ 著

文成帝拓跋濬

山西出版传媒集团 北岳文艺出版社
BEIYUE LITERATURE & ART PUBLISHING HOUSE

·太原·

图书在版编目（CIP）数据

文成帝拓跋濬 / 喻洋著 . — 太原：北岳文艺出版
社，2020.9

ISBN 978-7-5378-6219-6

Ⅰ . ①文… Ⅱ . ①喻… Ⅲ . ①拓跋濬（440-465）—
传记 Ⅳ . ① K827.392

中国版本图书馆 CIP 数据核字（2020）第 090510 号

文成帝拓跋濬

喻洋◎著

//

项目负责

孙 茜

责任编辑

邹 伟

封面题字

任 勇

书籍设计

张永文

印装监制

郭 勇

出版发行：山西出版传媒集团·北岳文艺出版社
地址：山西省太原市并州南路 57 号　邮编：030012
电话：0351-5628696（发行部）　0351-5628688（总编室）
传真：0351-5628680
网址：http://www.bywy.com　E-mail：bywycbs@163.com
经销商：新华书店
印刷装订：山西海德印务有限公司

开　本：787mm×1092mm　1/16
字　数：258 千字
印　张：17.75
版　次：2020 年 9 月　第 1 版
印　次：2020 年 9 月　山西第 1 次印刷
书　号：ISBN 978-7-5378-6219-6
定　价：30.00 元

《北魏历史文化名人传记丛书》

编写委员会

主　任

李继忠

副主任

任　勇　唐　胜

成　员

杜有权　侯建臣　于立强　李文媛　庞善强

总策划

任　勇

　　喻洋，1980 年出生于山西大同。现任山西省儒学研究会理事，大同市作家协会副秘书长，平城北朝研究会理事。致力于文学艺术和传统文化的研究和传播，在传统文化的应用方面用功颇深并具有独到见解。多次公开讲授《孔颜乐处》《圣人的修炼》《〈大学〉之道》《儒商大智慧》等课程，社会反响强烈；并著有相关专著。善于用幽默轻松的笔风刻画历史及社会现实、探讨人性，屡有杂文、小说、散文等见诸报纸杂志，并多次获奖。

讲好北魏故事　增强文化自信

　　文化是城市之魂。《北魏历史文化名人传记丛书》酝酿于2017年习近平总书记视察山西提出融通中华优秀传统文化殷殷嘱托之后，着手于大同市区划调整平城区设立之时，成书于习近平总书记再次视察山西之际，因此，这是贯彻落实习近平总书记视察大同时提出要充分挖掘和利用丰富多彩的历史文化指示的具体举措。

　　岁月磨去了历史的棱角，也拂去了表面的浮尘，从整体上看，历史的脉络更加清晰了，但时光却离我们越来越远。北魏作为一个重要历史时期，鼎盛繁华，人文荟萃，更应多出一些东西来记载那个时代。《北魏历史文化名人传记丛书》应时而作，为我们拉开了在北魏时期影响巨大的十一位历史人物的舞台大幕，开国皇帝道武帝拓跋珪是第一人，是他选择在平城建都，并建设了平城；一统大北方的太武帝拓跋焘、开凿云冈石窟的文成帝拓跋濬、以改革闻名于中外历史的一代明君孝文帝元宏；中国历史上著名女性政治家、太和改制的总设计师文明太后冯氏；富有传奇色彩的平城前期的汉臣崔浩、贯穿五任皇帝的老臣大儒高允、平城后期实力派改革家李冲；还有当年佛教高僧昙曜、道教国师寇谦之、文学家兼地理学家郦道元。每一个人物，都是一部传奇；每一个人物，都是一首赞歌。他们雄才大略，超群绝伦，或总揽朝政、日理万机，或拳拳事君、孜孜奉国，或安邦治国、抚恤百姓，或补偏纠弊、革故鼎新，在王朝兴衰治乱中尽显英雄本色。

故，延续北魏平城珍贵的历史文脉，传承北魏开放、融合、改革之精神，挖掘北魏平城新的时代精神内核，对于推动中华优秀传统文化创造性转化、创新性发展，推动大同经济社会发展，提升居民的文化素养，都有着不可或缺、无从替代的作用。

北魏平城深藏魅力、大气大美，是一座文化之城。文化决定城市发展的本质特征，是城市内在的美。这里是隋唐文化的母体。魏灭北凉后，把传承中原儒家学问的大家族都迁徙到首都平城，在中原严重沦丧的儒家文化，反而在平城形成了河西儒家学问的流脉，扭转了中华文明的发展史。这里是魏碑书法的源泉。它上承汉隶传统，下启唐楷新风，为现代汉字的结体、笔法奠定了坚实的基础。这里是雕塑艺术的典范。它继承了秦汉以来中国的艺术传统，也受到国外特别是古代印度艺术的影响，保存至今的云冈石窟代表了当时中国雕塑艺术的最高水平，是驰名世界的艺术宝库。穿越历史的长河，大同在历史的迷雾中找到了属于自己的文化坐标和精神高地，那就是要深入贯彻习近平总书记视察大同重要讲话精神，进一步从历史深处挖潜力、找空间，下更大力气在挖掘、活化、利用上下功夫，让大同绵延数千年的历史文化迸发更大活力。

北魏平城繁荣鼎盛、汇集八方，是一座开放之城。北魏时期的大都市——平城，以其开放的视野吸引了世界的目光。汉代以来，平城是丝绸之路的重要起点，当时人口百余万，超过同期的古罗马拜占庭和君士坦丁堡，成为沟通中亚和西亚的商贸中心。唐朝以来，平城作为北方的茶马互市之路的一个中转站和集地，是通往蒙古、库伦（今乌兰巴托）、俄罗斯的重要通道，是中原汉族对外开放的窗口。从五胡十六国，甚至是西域各国、南朝等地迁居而来的归顺者和朝拜者，聚集在平城生产生活、贸易建设、繁衍后代，马邦、驼邦终年不绝，往来接送及延住弥月。当前，省委省政府赋予大同建设区域性中心城市和省域副中心城市光荣使命，这就更需要我们深入借鉴孝文帝"深慕华风""去故崇新"的开放理念，努力构建对外开放新格局。

北魏平城兼容并蓄、海纳百川，是一座融合之城。行走在世界文化遗产云冈石窟，这里的佛像或坐或立，或庄严肃穆悲悯苍生，或拈花一笑普度众生；这里的石壁或深或浅，有瑞气千条、兰指含笑的，亦有衣袂飘飘、抱琴飞扬的，一尊尊，一幅幅，卷着穿越时空的红黄蓝绿，挥洒在这一千米刀刻斧凿的曼妙长空里。名扬中外的悬空寺，迄今已有 1500 多年的历史，是国内现存最早、保存最完好的高空木构摩崖建筑，也是中国仅存的佛、道、儒三教合一的独特寺庙。诗仙李白游览后，在岩壁上写下了"壮观"二个大字，徐霞客游历到此，称之为"天下巨观"。大同古城中一片片历史街区、一条条古老街巷、一座座传统建筑，就像一部史书、一卷档案，记录着城市的沧桑岁月。近年来，我们秉持"一轴双城"的发展理念，不断平衡保护与发展的关系，把传统的记忆放在古城，把现代的作品置于新区，一座饱经历史洗礼的古城，延续着曾经的辉煌，传递着历史的回响；一座充满创造活力的新区，熔铸着时代的精神，塑造着城市的品格。如今的大同就像曲梦幻的交响，在密集的时空内，新旧交织，碰撞出独一无二的色彩。

北魏平城敢为人先、锐意进取，是一座改革之城。无论是孝文帝的改革、太后冯氏的改制，还是李冲的变革，这种顺势而为的巨擘力作，如果没有创新的思维和胆略是难以有所作为的。北魏平城，当年上演的就是一幕各民族文化的融合变革，生产方式、生活方式的融合，最终是夺取政权之后的拓跋鲜卑人，为了实现这种融合，宁可舍弃自己的游牧习俗、马上文化，宁可牺牲自己的语言、服装、姓氏、婚配习俗等等，全部实行汉化，孝文帝率先改掉自己的拓跋皇姓，改拓跋宏为元宏。这种在变革中发展、在发展中创新的魄力是难能可贵的，也为我们提供了一个以开放促改革的成功范例，对探索新时代全面深化改革大同路径极具参考价值。

让平城再续荣光，是我们共同的心声。就像《北魏历史文化名人传记丛书》一个个鲜活的故事，在今天上演，让明天见证。站在新的历史节点，平城区必将乘习总书记视察大同之东风，传承好北魏历史文化、书写好改革发展篇章，在新时代焕发出更加璀璨夺目的光彩。北魏平城，天下大同，一个迎着朝阳的大同，正昂首阔步走向未来。

是为序。

编委会

2020 年 7 月

自序　尝试着站在历史的肩膀上

我曾静立在云冈石窟前，仰望着大佛的庄严宝相。这里，曾云集了华夏大地最优秀的工匠，他们用高超精湛的技艺、超凡的胆量气魄，在天地间开辟出了一幅大气磅礴的文化奇观。这里，我感受着武周山之巅无处不在的历史气息，从飞天的轻盈体态中品味一千五百年前的浪漫。

我曾驻足在《皇帝南巡之颂》碑前，领略"平城第一碑"的古朴之美。摩挲着石碑上斑驳的纹路，指尖所及之处，早已没有了原本应该清晰存在的锐利凿痕，余风化过后的沧桑，令人的思绪试图与古人相通。

我曾朝拜着方山上的永固陵，对古人的丰姿倾慕不已。回想起一千五百年前的那一场大改革，论力度、论心胸、论效果，古往今来无出其右。"舜葬苍梧，二妃不从。岂必远袝山陵，然后为贵哉！吾百年之后，神其安此。"
千载风云人物，有谁能及？

以上，是今山西省大同市境内仅存的几处北魏遗迹。而这几处遗迹，都与一个人有关，他就是北魏文成帝拓跋濬。

拓跋濬是南北朝时期北魏太武帝拓跋焘之孙，景穆帝拓跋晃长子，母景穆恭皇后郁久闾氏，生于 440 年，崩于 465 年，享年 26 岁，是北魏第五任皇帝，在位 14 年。

与开国皇帝道武帝拓跋珪、战争机器太武帝拓跋焘相比，文成帝拓跋濬少了些争战武功，多了些文士之风；与改革英雄文明太后和孝文帝拓跋宏相比，他又少了些大刀阔斧，多了些和风细雨。可以说，这样的历史人物，在看惯了几千刀光剑影的作者和读者眼中，是不讨人喜欢的。没有人愿意写，也没有人愿意读，更没有人愿意为他拍一部影视剧，当然，那些凄美感人的爱情故事和充满心机的宫斗部分除外。

但俗话说得好：使人吃饱的绝不仅仅是最后一口馒头。我们不能因为最后一口才吃饱，就无视前面所吞下的那些食物。所以，我们不能只聚焦拓跋鲜卑汉化完成的最终一霎那，而忽视前面所付出的一系列努力。正如《易经·系传》之言："非一朝一夕之故，其所由来者，渐矣。"又如白居易《策林·辨兴亡之由》所言："天地不能顿为寒暑，必渐于春秋；人君不能顿为兴亡，必渐于善恶。善不积，不能勃焉而兴；恶不积，不能忽焉而亡。"如果我们只着眼于每一笔耀眼成绩的取得，那我们的历史难免成为一部"成就史"，而失去了记录真实与细节的功能，"以史为鉴"将无从谈起。这正是我要为文成帝拓跋濬作一部传记的动机。

对于中华文化的发展，文成帝拓跋濬功不可没。

公元 460 年，文成帝下令建造云冈石窟，始建了中国古代雕刻艺术的宝库，也标志着佛教中国化的完成，在宗教、文化、建筑、雕塑、美术等各方面产生了巨大影响。

南北朝期间，南朝开始流行玄学，并且受佛教的影响越来越深，以儒学为主干的中华传统文化几乎断绝。反观北朝，鲜卑拓跋部在汉族世家门阀以及儒士们的帮助下进行了汉化，这一汉化的过程，恰恰是对儒家文化进行传承和弘扬的过程，从这一角度讲，是北魏王朝继承弘扬了中华传统文化。所以，拓跋鲜卑成为中华传统文化得以延续的关键，而文成帝拓跋濬则是这一关键中的关键。

《左传》有言："国将兴，听于民；将亡，听于神。"文成帝拓跋濬在位期间，是天下各国彼此征战不休的年代，他却致力于对内施行轻徭薄赋、与民休息的民政，这符合儒家"节用而爱人，使民以时"的为政理念；他对外推行养威布德、怀缉中外的外交，这明显是受到了儒家"致中和，天地位焉，万物育焉"思想的影响；文成帝其他的诸如还奴为良、减轻刑罚、救助灾民、整顿吏治等等一系列举措，无不暗合孔子"为政以德"以及孟子"仁政"的思想，这对于一名出自于北方游牧民族、要在乱世中立足的首领，是非常难得的。更值得一提的是，文成帝推行了政府养老政策，对京师周围七十岁以上的百姓免费供应膳食，这一政策，充分体现了儒家"老吾老以及人之老"的人文理想，这也正是我们中华民族生生不息的源泉。

终文成帝一朝，尽量不使用民力，更不滥发徭役为政府办事，而是稳妥有序地推进改革。文成帝的汉化改革，是一种润物细无声的改革，积极稳妥而又有效。我们现在只能看到，文成帝拓跋濬成功带领拓跋鲜卑游牧政权踏上封建制转型的道路，为后面的太和改制打下了基础，成为北魏制度转型乃至中国历史发展的关键性人物。我们无法假设，上天如果再给这位英年早逝的文成帝多些时间，北魏政权将走向何方？

罗素说："文明人之所以与野蛮人不同，主要在于深谋远虑"，以这个标准来看，文成帝绝对是当时鲜卑族乃至中华大地上的人中翘楚。这样一个人物，具有可供我们借鉴的巨大价值。

然而，为文成帝拓跋濬作传记，终究是一个苦差事。

我们中华民族的历史实在是太漫长了，漫长到了涌现出了无数各式各样的英雄，以至于文成帝拓跋濬这样的一朝天子，湮没进了滚滚的历史长河里，变得毫不起眼。《魏书》里，关于文成帝拓跋濬的《高宗纪》只有区区五千余字，这与帝王队伍里的其他成员相比，实在是有些寒酸。当然也有可能是由于他本人在历史舞台上活跃的时间太短了，毕竟他的寿命才只有26岁、在位仅14年。但不管怎么样，关于文成帝拓跋濬的信息实在是太少了，少到了难以撑起一部帝王的传记。

这个时候，就需要感谢这部文本的体裁了——传记文学。"文学"这两个字，能够给我一定的发挥空间。正如英国著名历史学家阿诺德·汤因比所说："如果一个历史学家不是一个伟大的艺术家，他也不可能是一个伟大的历史学家。"虽然我与"伟大"这个词没有半点关系，但是，这是传记，而不是学术论文，怎么能缺得了文学的润色？而文学，不正是艺术吗？这一点，令我偷笑不已。

不过，凡事总有个度。正如那位可爱的阿诺德·汤因比还说过，戏剧和小说也不能表现为完全的虚构。如果不能保证这一点的话，也就无法做到亚里士多德所说的"比历史更普遍，更真实"了。所以在本传记的中，我会按照"尊重历史事实，进行文学描写"的原则，在两方面尽量取一个平衡点，以历史事实为准，对文成帝拓跋濬的功绩、意义、作用进行叙述；为了提高传记的可读性，还会在文中进行一些文学描写，甚至采用一些现代语、流行语等，以提升读者的阅读兴趣。

此外，既然是一本涉及到皇家的传记，也不可免俗地会有一些有关宫斗的情节，这应当不会影响人物形象的塑造，反而还会使人物形象更加真实、丰满、立体。

不管怎么样，拥有无比丰富的历史，这是我们中华民族的优势。站在巨人的肩膀上，事半而功倍，我们为什么不登高一些、站在历史这位巨人的肩膀上呢？

这部传记，权当是才疏学浅的我，在这方面作出的一点自己的尝试吧。

目录

引子　怪事连连的时代

　　当那些强行刷三观的怪异事件接二连三地跑出来、要在史书中挤占一席之地的时候，只能说明一个问题：乱世来了。

　　公元200年至600年期间，整个地球迎来了一个寒冷期，甚至可以说是一个小冰河期。受恶劣气候的影响，北方的族群一拨接一拨地往南移，和南边的原住民争夺有限的生存资源。在西欧的历史上，管这拨北人南移的大潮称为"蛮族大入侵"。从那以后，欧洲的人口面貌完全被北边来的"蛮族"所改变。在中国，也有大量的北方族群入侵中原，持续了三四百年之久，我们的历史管这段时期叫"五胡乱华"。

　　西晋八王之乱后，塞外众多游牧民族趁中原统治者国力衰弱，陆续南下并建立了数个政权，不仅与汉族，他们之间互相也厮杀不断、战乱连连。其中势力最大的五个游牧民族，史称"五胡"，主要指匈奴、鲜卑、羯、羌、氐五个胡人大部落。但事实上乱华的族群数目远非五个。那几百年间，是中华大地前所未有的混乱期：长江以南先后由东晋、宋、齐、梁、陈这些政权来统治；江北则是"五胡"等游牧民族政权的天下。五胡与少部分汉族、高句丽族、丁零族等，相继建立了一大片国家，其中成汉、前赵、后赵、前凉、北凉、西凉等十六个国家实力比较强劲，被统称为十六国。其时，战火纷飞，杀戮不断，佛法无灵，帝王不尊，市井成瓦砾，春燕巢林木，掠夺与屠杀成了一种常态，皇帝与阶下囚之间的角色转换之快、天下形势之乱，常常使历史专业的学子们后悔没选对专业。

别的不说，只鲜卑这一个民族，就分为吐谷浑、柔然、乞伏部、秃发部、拓跋部、宇文部、段部和慕容部等不同分支，他们建立了前燕、后燕、西燕、南燕、南凉、西秦、北魏等众多政权。其中，慕容部所建立的燕国，就是金庸小说《天龙八部》中姑苏慕容父子整天叨叨念念不忘要恢复的那个"大燕"。而拓跋部，建立了在中国历史上有关键性影响的王朝——北魏，在历史上留下了极为浓重的一笔。就是这个拓跋部建立的北魏政权，在这些年里，接连发生了几件怪事。

第一件怪事：打遍天下无敌手的雄主，竟然窝囊地死在了身边的宦官手里。

公元 423 年，北魏上台了一位雄主——太武帝拓跋焘。这位太武帝在位二十八年，嗜血凶暴，威名远播，将中国北方大部分区域纳入囊中，还打得南朝的刘宋进贡求和，可谓"打遍天下无敌手"。由于太武帝一生致力于对外的征战，国内的管理懒得理会，所以他让自己的儿子——太子拓跋晃监管国政。

拓跋晃为政精明，洞察细微。那时，太武帝身边有个中常侍、宦官宗爱，此人生性阴险暴躁，行为多有不法的地方，拓跋晃常常批评他。宗爱就对太子心怀不满，连带着把太子身边的人也给记恨上了，比如给事中仇尼道盛、侍郎任平城。

太武帝太平真君十一年（450），宗爱向太武帝进谗言，说仇尼道盛和任平城二人怂恿太子篡位。太武帝经常在外征战，最怕的就是后方不稳，因此非常气愤，当然下令将仇尼道盛等人绑到街市上斩首示众。因为事涉太子，东宫内有许多官员都被牵连了进去，一起被斩首。太子拓跋晃被他爹太武帝的这种做法给深深地刺痛了，既然太武帝真的处死了他的手下官员，那不就是说太武帝真的认为他会篡位？因此，太子拓跋晃认为自己难逃一劫，极度恐惧，没过几天就惊惧而死了。

太子拓跋晃死后，太武帝调查了几个月，都没有查到太子有什么谋反的罪行，因此感到非常后悔，他下诏追谥拓跋晃为"景穆太子"，封拓跋晃的儿子拓跋濬——即后来的文成帝、本书的主角——为高阳王。这个时候拓跋濬刚十二岁，太武帝对其十分喜爱，整日带在身边。没多长时间，太武帝又起了让拓跋濬继承皇位的念头，称他为"世嫡皇孙"。宗爱看到太武帝有后悔之意，害怕太武帝追究自己的诬告之罪，于是就想先下手为强，图谋叛逆。

对太武帝有所图谋，那可不是闹着玩的！以太武帝人挡杀人、佛挡杀佛的性子，一捆就能把宗爱拍成扁蛤蟆。但宗爱可不怕太武帝，不是他有多大能耐，而是他作为伺候皇帝日常起居的宦官，和太武帝太熟悉、太亲近了。在他的眼里，太武帝和他们这些奴婢没什么两样，睡觉一样会磨牙、打呼噜，脱下靴子后那两个脚板一样臭气熏天，喝醉酒以后一样地撒酒疯，所以他在战略上非常藐视太武帝。正平二年（452），也就是太子拓跋晃去世后的第二年，农历二月初五（3月11日），宗爱等到了一个好时机，刺杀太武帝的计划正式实施。

这天，太武帝在举行完大规模的狩猎活动后，照例喝了很多酒，回到了宫帐之中倒头就沉沉睡去。宗爱掰指头算了一下，今天是宦官宜刺杀皇帝的吉祥日子，于是利用权势将侍卫支开，派遣自己的亲信将太武帝捂死在床榻上。太武帝死后，宗爱对外宣布太武帝的死是因为酒喝多了。慑于宗爱的淫威，群臣不敢寻求真相，于是北魏一代雄主就这样窝囊地死于身边的宦官之手！

这件事，史称"正平事变"。

正平事变之后，紧接着发生了第二件怪事：谁能当皇帝，宦官说了算！

太武帝死后，当时朝廷里的尚书左仆射兰延、侍中和疋、侍中薛提等一干大臣，开始商议继承人的问题。兰延、和疋二人认为太子拓跋晃之子、被太武帝视为"世嫡皇孙"的拓跋濬年纪尚小，无法承担此大任，就打算立太武帝第三子东平王拓跋翰为帝，于是征召拓跋翰入宫，把他安置在一个秘密房间里。但薛提却认为拓跋濬是太武帝的嫡亲皇孙，不应该无故被废黜，应当选为继位人。于是，两方争论不休，反复讨论了很久也没有决定下来。

宗爱得到消息，听说朝中大臣考虑的候选人是拓跋翰和拓跋濬，他就又算计了一番。他自认为已经得罪了太子拓跋晃，那么太子的儿子跟他自然是仇人。如果太子的儿子继了位，长大后一定会为父报仇，所以这个候选人就被他淘汰了。至于另一个候选人拓跋翰，也被他淘汰掉了——没什么理由，宗大人看他不顺眼而已。两个候选人都不行，那选谁呢？宗爱想起了一向跟他关系密切的太武帝的幼子南安王拓跋余，于是就把拓跋余秘密迎来，从中宫小门进入后宫，然后假传太武帝的皇后赫连氏的命令，召见兰延等人入宫。兰延等人从未把宗爱这样的宦官放在眼里，根本没有怀疑其中有诈，全都跟随宗爱进宫。结果，宗爱事先安排三十名宦官手持武器在宫中埋伏起来，兰延等人刚进了宫，就被宗爱的手下一哄而上给杀死了。杀死了这些大臣之后，宗爱又想杀死两个候选人，但是拓跋濬不知道躲到了哪里，令宗大人找了好长时间都没找到。于是宗大人只杀死了拓跋翰，而后拥立南安王拓跋余为帝，改年号为承平。

接下来是第三件怪事：只要胆子大，一切皆有可能。

宗爱自从拥立拓跋余之后，授自己为大司马大将军，都督中外诸军事，领中秘书，封冯翊王……可谓顶天立地，就差上天了。拓跋余身居皇位，但只是宗爱的傀儡而已，他的心里深为不安。他总觉得宗爱就和秦代的赵高、阎乐那样的人是一样的，随时会危及他的生命，于是就想谋划削夺宗爱的大权。但这时候宫里上下都是宗爱的眼线，这个计划一不小心就被宗爱知道了。于是，正平二年（452）十月初一日，宗爱利用拓跋余祭祀宗庙的机会，派小黄门贾周等人在夜晚杀死了拓跋余。

北魏王朝的皇帝、王爷们接二连三地被杀害了，大臣们哭丧的技巧都越来越熟练。这一切都源于宗爱的胡作非为。

野心有多大，人就有多疯狂。靠着杀皇帝练出来的胆子，宗爱毫无争议地荣获"史上最疯狂宦官"荣誉称号，因为他不仅是中国历史上第一个封王的宦官，也是中国历史上唯一弑杀两位皇帝外加一位王爷的宦官。可见，在乱世，是什么样的事都有可能发生的。

当然，在这个乱世里玩政权讨生活的，不只是北魏，还有南边的刘宋政权。既然同处乱世，当然也免不了发生了一些怪事。宋文帝刘义隆（407—453）是刘宋王朝的第三位皇帝，公元424年即位。在北魏的太武帝拓跋焘被宦官杀害后，刘义隆也遭遇了相似的待遇。

元嘉三十年（453），宋文帝刘义隆欲废儿子刘劭的太子之位，刘劭知道之后，遂与其弟始兴王刘濬共谋，率兵夜闯皇宫，将其父刘义隆杀害，自立为皇帝，史称"宋元帝"，改元"太初"。刘义隆共在位三十年，年号"元嘉"，谥号"文皇帝"，庙号"太祖"。结果刘劭因弑父篡位而导致众叛亲离，在位仅三个月，即被率兵讨逆的刘义隆第三子刘骏所击溃，刘劭被俘后遭处斩。

一南一北两大政权，同时在中华大地上演着混乱的丑戏，这真是铜山西崩、洛钟东应。这既是偶然，也是缺了人性、乱了人伦的乱世中的必然。在这种乱七八糟的大环境下，"世嫡皇孙"拓跋濬作为今后一段时期的领衔主演，闪亮登场了。

第一章　文成登极

寄人篱下的"世嫡皇孙"

兄在城中弟在外，
弓无弦，箭无栝。
食粮乏尽若为活？
救我来！救我来！

兄为俘虏受困辱，
骨露力疲食不足。
弟为官吏马食粟，
何惜钱刀来我赎！

这两首《隔谷歌》收录在《乐府诗集》中。《乐府诗集》中有《梁鼓角横吹曲》二十余曲六十余首，是十六国及南北朝时期的北方民歌。《隔谷歌》反映了乱世之中的普通一兵所感受到的人情薄寡和自己内心中的悲伤怨愤。但这个年代，这种人情薄寡和悲伤怨愤，不仅仅存在于战场之上，它弥漫天下的任一角落，无处不在，就连世上数一数二安定繁华的北魏京师平城（今山西省大同市），都逃脱不过去。

平城这座塞上古城，历来都是中原政权和塞外游牧民族争战不休的必争之地，其特殊的地理位置造就了城头变幻大王旗的漫长历史，而它也用自身的水土，孕育了更多的包容，将这绵延数千年的战争史，变成了一部民族交融史。

但此时的平城，显然还没有那么悲天悯人，作为北魏帝国的京师，与拓跋鲜卑的族众们的个性一样富于攻击性。在这里，一年似乎只有两个季节：

冬,夏。前些日子,它刚用汹涌的大雪给整个世界披上了银色的战甲,这几天,又用炎炎的日头炙烤着人们的心性。

平城的冷暖是善变的,但风是不会变的。用当地居民的话讲:这里的风,一年只刮两次,一次刮半年。冬天,大风卷着雪片到处耀武扬威;夏天来临时,又抓起地上大把的黄土,向房屋的窗户缝里扬去,向人们的头发、眼睛里扬去,向灶台翻滚着水的锅里扬去,令一切都变得烦躁起来。

此时,皇宫中安昌殿外一群人的心里,也是异常烦躁。这些宦官、宫女们在风沙中站成一排,眯起眼皮阻挡着沙尘入眼,小声地吐着口水,以便把进入嘴里的沙子吐出去。但曝晒在日头下的脸皮,被沙子打得生疼,这就没有办法了。他们不敢进屋去躲避,因为殿里那位脾气不太好的主人让他们在外面守着。他们甚至不敢躲到房檐底下!离得近了,万一听到里面那两位说的话怎么办?阿弥陀佛,我们这些小人物,掺和不起那些是非!只求您两位,赶紧商量完事,让我们收工吧!

而此时殿里的两位,却没有一丝焦急,在阴冷的空间中,仿佛时间都变慢了。

站在桌前的这位女子,双手紧握,低眉颔首,大气也不敢出,只是偷眼瞧向坐在桌边的那位。而坐着的那位,正用保养得非常好的手指,夹起盘里的一片红通通的水果,喂进两片猩红的嘴唇里。红色的汁液从嘴角流了出来,两片猩红嘴唇的主人没有察觉,任那道红渍蔓延了下去,让人联想到刚进了餐的草原狼。

"这是从西域来的,人们都叫它西瓜。"两片猩红嘴唇里吐出了一粒瓜子后,又吐出了一句话来,似兵戈的摩擦,令空气中的温度更低了。

"味道还不错。一会让人给你送点去,你也尝尝。"猩红嘴唇继续发声。

"谢皇后娘娘!"站着的女子连忙躬身谢恩。

"行了,少跟我装客套。"皇后轻声说着,却令人更加紧张了,"办这事之前,你怎么不跟我客套客套?"

女子赶紧解释:"皇后息怒!她们娘儿俩一过来,臣妾就把她们带走了,不敢和任何人接触，就到您这儿来了。中间没有任何耽搁和隐情！"

"哼，谅你也不敢！"皇后轻声道。这句话却令女子安下心来，说明皇后不在这事上计较了。

沉默半晌，皇后又问："冯左昭仪啊，你可知这些年，你能活得这么安定，又有能力照顾家人，凭的都是什么？"

冯左昭仪躬身道："臣妾不知是几世修来的福，有幸被世祖太武皇帝收留，又得您的照料，这才在我大魏宫中安心居住。"

"你也不必自谦，你人长得俊，心地又好，现在在后宫的地位仅次于我，这是你自己修来的福气。只不过——"皇后话头一转，"福气再好，也有用完的那一天。有些事，不是我们这些妇道人家能掺和的。那一大一小，尤其是那个小孩儿，名叫乌雷直勒是吧？你不知道外面宗常侍正满世界地找他吗？那宗常侍连杀皇帝、东平王拓跋翰，又怎么会放过这个作为正统继承人的小孩儿？只怕消息一败露，不仅你要倒霉，就连我，恐怕也跟着要遭殃啊！"

赫连皇后话语虽慢，语气却是越来越冷，说完这话，双眼直刺冯左昭仪，就连那耳饰上镶嵌在珰上的东珠，也被其刺眼的光芒比了下去。

被这冷冽的目光一刺，冯左昭仪不由得浑身一激灵，只觉双腿一软，跪倒在地，失声痛哭道："臣妾不敢！臣妾不敢！此事是臣妾胆大妄为，与皇后毫无关系，皇后对此毫不知情！"

赫连皇后听冯左昭仪这么一表态，面色稍霁，又缓声道："倒也不必如此悲观。宗常侍，他老糊涂了，他的权力和地位都是来自皇权，只有皇权稳固了，他的地位才稳固。但眼下，他自己却把皇权当作儿戏玩弄于股掌之上。皇权不稳，他自己怎么又会稳？也许，你今天所冒的险，将来会带给你一场大富贵！到那时，我就不知道有没有福气能沾上你的光喽！"

冯左昭仪听了这话，才真正放下心来，又磕头道："奴婢没齿不忘皇后娘娘的恩德！"

赫连皇后一挥手："下去吧，我也有些乏了。"

"是，请皇后娘娘安歇。"于是冯左昭仪告退出来，直奔城外北郊的鹿野苑。

进了苑里的一间屋内，里面有一妇人，正似热锅上的蚂蚁来回踱步，见冯左昭仪进来，赶紧上来问道："左昭仪，怎么样？皇后答应了没有？"

"答应什么啊？"冯左昭仪没好气地揉揉脸，似要把自安昌殿带出来的阴气全部擦掉，"没把你卖给宗爱就不错了！"

"什么？"那妇人急了，"皇后娘娘怎么能见死不救啊……"

听着这妇人满嘴放炮，冯左昭仪急忙打断："你懂什么？这事有你想的那么简单？"

那妇人自知失言，左右看看没什么人，才放下心来，又央求道："左昭仪，您可是我在宫里的唯一倚仗啊！您可得救救乌雷直勒那孩子啊！那孩子才十三岁啊……"说着说着，又开始抹泪。

"唉，常氏，我真是欠你的！"提到孩子，冯左昭仪的心也软了下来，"当年是看你刚进宫、无依无靠的，才推荐你去做乌雷直勒的乳母，也不知是对是错。那孩子能有你这样的乳母，也真是万幸了。"

"左昭仪，您放心，您的大恩大德，我永生记在心上。只是乌雷直勒那孩子，千万不能有什么闪失啊！"说到了孩子，常氏坚强的一面又显露了出来，"那孩子，从小聪明伶俐，太武皇帝都叫他'世嫡皇孙'啊。这孩子，是要当皇帝干大事的，可不能折在那阉人的手里。"

"世嫡皇孙？外面都在传说这个名号。到底是怎么回事？"冯左昭仪的好奇心被勾起来了。

一说起乌雷直勒的事情，常氏的话匣子就打开了。

乌雷直勒，汉名叫拓跋濬，出生于太平真君元年（440）六月二十一日，打小就非常聪明，一直深受祖父太武帝拓跋焘的喜爱。在五岁的时候，有一次跟随太武帝北巡，就因为多说了一句话，崭露头角，时人皆以为异。

虽然拓跋部建立了政权，但还处于游牧部落向封建制进化的过程中，内部还保留着许多奴隶制的习性。当乌雷直勒随祖父坐在车里巡视到一个部落的时候，一阵嘈杂吸引了他。

乌雷直勒正在车上闲得无聊，好奇地探头向外看去，只见部落的首领正押着一个奴隶，要对其施行刑罚。这也是各部落常有的事。

乌雷直勒用稚嫩的童音问道："你要惩罚的这个人，犯了什么罪？"

那首领抬头一看，是跟着皇帝出来巡视的小乌雷直勒，态度上就缺了恭敬，脸上的神情仿佛会说话：屁大点个孩子，不好好玩你的尿泥，管老子的事？

看出了那首领的不恭，乌雷直勒又说了一句话，震惊了全场：

"既然这个奴隶今天有幸碰到了我，你就把他放掉吧！"

此言一出，声音不大，气场却极强，内里透露着强大的自信，不容否定。那个首领生不起半点反驳之心，当即就把奴隶给放了。

这事发生时，太武帝拓跋焘全程关注，惊奇不已的他夸赞自己的孙子："这孩子年龄虽小，却已经有了天子的风度威仪啊！"

自此，太武帝对乌雷直勒越来越喜欢，称他为"世嫡皇孙"。在乌雷直勒稍大一些之后，还让他参议决定朝政大事。

……

讲述到此，冯左昭仪不禁赞叹："世嫡皇孙！太武皇帝这是有意把他当接班人进行培养啊。"

说到这里，冯左昭仪望向了正在里房玩耍的两个孩子。

一个是那个叫乌雷直勒的男孩，长得虎头虎脑；另一个，是女孩，比乌雷直勒小一岁，姓冯，是冯左昭仪的亲侄女。

常氏也面带慈祥地望向里屋的孩子，对冯左昭仪道："您看，让乌雷直勒在这里，您的小侄女也有个玩伴。看起来他俩很投缘啊，说起来，两个孩子都十多岁，眼看着到了婚嫁的年纪了，不如……"

冯左昭仪"扑哧"一声笑了出来："好好好！就按你说的做。让他俩婚配，以后一个当皇帝，一个当皇后，这样好吧？"

说着，两个女人笑作一团……

俩人在这里说笑，谁都没把自己的话当回事。可是世事有时就是这么怪，不经意间说过的话，却成为非常准的预言。那个叫乌雷直勒的小男孩，日后真的成为英明果决、深谋远虑的文成帝，将拓跋鲜卑政权由野蛮带上了文明的征程。而那个小女孩冯氏，则成了文成帝的皇后，并且在文成帝驾崩后，将文成帝的改革之路发扬光大，成了被称为"千古一后"的文明太后……

一觉醒来就变成了皇帝

得到了冯左昭仪的帮助，乳母常氏带着乌雷直勒暂时安全了。但是，不论是冯左昭仪，还是常氏，都不知道这种安全能够维持多久，那个不敢担责任却又总想着捞好处的赫连皇后，随时有可能把她们卖掉。那个丧心病狂的"皇帝杀手"宗爱随时有可能杀上门来……到那时，她们自己的性命，以及她们的家人，有可能在这场大动荡中被绞得连渣都不剩。

但"胆子"这玩意儿，说小也小，说大也大。当全天下都不敢和宗爱对着干的时候，这两个柔弱的妇人却挑起了那些手握千军万马的人都不敢挑起的重担。也许，这已不是胆量的问题，在她们的心中，还保留着一线希望，那是对于人性的希望。

当冯左昭仪和常氏绞尽脑汁要保住乌雷直勒性命的时候，外面的形势起了天翻地覆的变化。

宗爱的身边除了那些宦官亲信外，还有个关系比较近的羽林中郎（禁卫军军官），名叫刘尼。

宗爱杀了拓跋余以后，为皇帝的人选犯了愁，急需有人给他出主意。但是他身边的那些小宦官们只有当马仔的水平，哪有选皇帝的眼光见识？于是他就去找刘尼商量。刘尼劝宗爱："皇孙拓跋濬是正儿八经的嫡传皇孙，不如就立他为皇帝吧？"

宗爱听了以后，很鄙视刘尼的智商，骂道："你怎么能出这种馊主意呢？我和拓跋濬他爹一向不对付，如果立了他，将来他长大以后找我麻烦怎么办？"

刘尼被骂了个没脾气，就问："那么，您想立谁呢？"

宗爱一时也没个好主意，一挥手："等到回宫后，再看哪个皇子合适吧。"

二人分开以后，刘尼越想越害怕。看哪个皇子合适？是看还有哪个皇子可以杀吧？宗爱啊，你的胆子也太大了吧？

当时禁卫军中还有个军官名叫源贺，与刘尼的关系非常要好。刘尼就偷偷去找源贺商量。

源贺一听事情原委，这还得了？于是两人又找到了南部尚书陆丽，对陆丽说："太武皇帝已经死在了宗爱的手里，现在宗爱又杀了南安王拓跋余，却又不肯迎立皇孙拓跋濬，这家伙心里包藏着好大的祸心啊，要是不除掉他，将来必有后患啊！"

陆丽听他们这么一说，惊起道："这个阉人一再图逆，不除掉怎么行？你们是否愿意与我共诛此贼，迎立皇孙继承大统？"

陆丽本人是禁卫军首领，是太武帝时期的老将，人品又极佳，在军中威望颇高。源贺与刘尼自然一切听陆丽的安排。

陆丽又联系了同为禁军将领的长孙渴侯，几人商定了密计，兵分几路，说干就干。

首先，由长孙渴侯与源贺出面紧急召集禁军，将整个皇宫控制了起来。

而陆丽，则带着人马直奔鹿野苑，一路上风风火火，没有人敢阻拦。来到了鹿野苑的门口，敢阻拦陆丽的人终于出现了——冯左昭仪和常氏两个女人，并肩站在一起，挡住了去路。

陆丽一挥手，队伍停了下来。

"见过冯左昭仪！旁边这位，想必就是常乳母了！"陆丽一抱拳，"事情紧急，两位请见谅！"

冯左昭仪和常氏哪见过这阵仗？背后汗湿了一大片，两人互相握着手，都觉得一片冰凉。还是冯左昭仪见过些大世面，强作镇定地问："不知道你这南部尚书，跑到这里来所为何事？"

"为了世嫡皇孙而来！"陆丽答道。

"什么世嫡皇孙？这里是鹿野苑，一个猎场而已，哪来的世嫡皇孙？"冯左昭仪壮起胆子说。

"哈哈哈……"陆丽大笑，"冯左昭仪，您两位妇道人家，胆子大得很，做事情却不怎么周密！您当我手下这些禁军都是些摆设吗？"

冯、常两人对视一眼，都从对方眼中看到了恐惧。原来，她们两人的所作所为，在陆丽这里已经一清二楚了！

既然事情已经败露了，常氏干脆把心一横："那你想怎么做？"

陆丽施礼："两位不要误会，我是来迎接世嫡皇孙登极的！"

"登极？"冯、常两人对望一眼，都不甚了了，"我们怎么知道你不是要害乌雷直勒？你说你是来迎接皇孙登极，有什么证据？"

陆丽想了想，给出个很彪悍的理由："如果我想要对皇孙下手，直接冲进去就行了，有可能被你们二人拦在这里吗？况且，现在这里闹出这么大动静，宗爱马上就会知道消息，肯定会派人来的。你们只有两个选择，相信我，还是相信宗爱？"

相信陆丽，还是宗爱？答案是明摆着的。冯、常两人手心捏着汗，默默地让开道路。

这时候，十三岁的拓跋濬正在屋子里睡觉。陆丽进来的时候，他正在仰着面、大张着嘴，嘴角还流着一丝晶亮的涎液……

陆丽来不及叫醒拓跋濬，一把抄起他抱到了马上，一路向皇宫狂奔而去。这时长孙渴侯已经控制住了皇宫，将陆丽和刚从睡梦中惊醒、欲呼"救命"的拓跋濬等人迎入永安殿。

这时，刘尼也带着自己的部下，四处大喊："宗爱大逆不道，犯上作乱，罪当灭族！现在世嫡皇孙已经即位，传令各军将士，各守原职，不得轻举妄动……"

这一路喊过来，众人基本上都明白了眼前的事态。大家谁也不愿意受一个奸邪宦官的摆布，都高呼万岁，一致拥护拓跋濬即位。此时的拓跋濬，睁着睡眼惺忪的双眼，御永安殿，即皇帝位，召见群臣，改元兴安，迷迷糊糊就变身成了文成帝。文成帝睡的这一觉，也就成了人类文明史上空前绝后最美的一觉。

文成帝上台之前，源贺就已经带着禁军逮捕了宗爱等宦官。而宗爱等人在真正的军队面前，束手无策，乖乖就范。待文成帝一上台，就把宗爱和一批死党动用五刑、灭了三族。

如此，拓跋濬靠着一群禁军军官的政变，不仅保住了性命，还一步登极。这一天是兴安元年（452）十月初三。自此，对北魏历史乃至对中国历史产生重要影响的文成帝拓跋濬时代，正式拉开了序幕。

第二章　三后之争

太武皇后赫连氏

健儿须快马，

快马须健儿。

跸跋黄尘下，

然后别雄雌。

这首北朝民歌《折杨柳歌词》，记述的是一位妇女，要跟丈夫一起上战场，因为丈夫不允许，因此提出要和丈夫比武，决一雌雄。由此可见，当时北朝的妇女同胞多么凶悍！这种凶悍，不仅表现在了行伍之事，也表现在了宫廷争斗之中。

整个三国两晋南北朝，在中国历史上就是一场异彩纷呈的大戏。这场大戏当中又细分很多剧目，其中有一出剧目特别精彩，叫作"三后之争"。所谓"三后"，顾名思义，就是三个皇后级别的女人。这三个女人之间发生的故事如果改编成电视剧，收视率绝对赶超任何一部宫斗剧。俗语云"三个女人一台戏"，古人诚不我欺！

三后之中，首先出场的是太武皇后赫连氏。

赫连氏系出豪门。她爹赫连屈丐是夏国的老大，自称"天王"，夏国强盛时，一度与北魏不相上下。北魏始光二年（425），赫连屈丐去世了，他的儿子们由于瓜分家产不均，打得不可开交，这给了早在一旁虎视眈眈的北魏一个机会。太武帝拓跋焘趁机发兵攻打夏国，并于始光四年（427）攻破夏国都城统万城，将夏国后宫数万人掳获回了平城，这其中就有赫连氏和她的两个妹妹。

赫连氏原本有很多兄弟，在北魏入侵时，他们大多被擒或投降。比如赫连屈丐的第三子赫连昌，在赫连屈丐死后，他最终继承了夏国王位，但没多久北魏攻打夏国，赫连昌在带着军队迎战时，因马失前蹄摔到地上，被魏军擒获。之后，赫连屈丐的第五子赫连定又带着夏国残部对抗北魏，结果防了东边忘了防南边，一不小心被南边的吐谷浑给剿灭了。第二年，赫连定被吐谷浑孝敬给了北魏，随后被太武帝所杀。

而先前被北魏擒获的赫连昌，本来受到了太武帝的礼遇。太武帝把自己的妹妹始平公主嫁给他，封他为常忠将军、会稽公，后又封为秦王。太武帝对他非常看重，经常带着赫连昌单独出去打猎，深入高山危谷。赫连昌一向以勇猛著称，太武帝手下的将领们都认为太武帝这样做太危险了。太武帝却说："我是天命所在，有什么可畏惧的呢？"对赫连昌仍然非常亲近。

但赫连昌对北魏的礼遇并不领情，他不甘心国破家亡，一直在等待逃跑的机会。有一次太武帝出巡，赫连昌趁机背叛了北魏，向西逃走。但跑到河西的时候，被北魏的边哨将领抓住并处死。由于赫连昌的逃跑，太武帝发了怒，他下令将赫连昌所有的兄弟全部诛杀，只剩下赫连氏三姐妹被太武帝纳入后宫，忍辱偷生，整日在太武帝面前强颜欢笑，最终为太武帝所宠爱和信任。赫连氏于延和元年（432）被立为皇后。

正平二年（452），太武帝被弑后，尚书左仆射兰延、侍中和疋打算立太武帝第三子东平王拓跋翰为帝，侍中薛提却打算立拓跋濬。三人还没等商量出个最终决定，就成了宗爱的眼中钉。于是宗爱将兰延等三人杀死，又派人杀死了拓跋翰。他还想杀死拓跋濬，但在保姆常氏和冯左昭仪的保护下，没有找到拓跋濬，只好作罢。而后，宗爱拥立拓跋余为帝，改年号为承平。

在这场一连串的变故中，赫连太后连连被宗爱利用。召兰延、和疋、薛提入宫，以及杀死拓跋翰，都是宗爱假借赫连皇后的身份所为。赫连皇后的兄弟们早就被杀得一干二净了，身边没什么外戚可倚仗。所以尽管她贵为皇后之尊，其实是孤立无援，力量单薄，身后没什么倚仗。因此，面对宗爱的淫威，赫连皇后不敢反抗，反而受其摆布，成为了宗爱的帮凶。

拓跋余上台后，对于赫连皇后的配合之功，宗爱一党也投桃报李，将赫连氏尊为皇太后，尊荣无比。

但可惜，好景不长。七个月后，陆丽、源贺等就发动了政变，拓跋余和宗爱双双被杀，乌雷直勒那个小男孩儿一转眼就变成了皇帝！这个变故又令赫连氏措手不及。乌雷直勒上台后，她空有皇太后的名分，但整日战战兢兢如履薄冰，就连原先被她呼来喝去的冯左昭仪，她也不敢去招惹了。这个时候，作为宗爱余党，能保住性命就不错了。

其实，现在的她确实性命无忧。而她能活下来，不是因为文成帝考虑到她是被动配合宗爱——在皇权的斗争中谁会考虑这些？之所以能活下来，那是因为另一个人的存在。这个人，就是文成帝的生母郁久闾氏。

"子贵母死"的威胁

对于历代的皇帝来说，他们的婚姻是世界上政治味儿最浓的婚姻。尤其是在南北朝这种乱世，为了自己江山的利益，皇帝的婚姻就更成了政治的牺牲品，典型的就是北魏的前几任皇帝。

也许在北魏皇帝的岗位要求中，明确写着"是男人就娶个敌人当老婆"，在文成帝之前（包括文成帝）的好几任皇帝，他们的皇后都来自于敌对国家和势力，这是非常明确的事实。所以，北魏的皇帝，他们的婚姻是不是史上最刺激或是最痛苦的婚姻还不得而知，但他们一定是史上最自信的男人，这是毫无疑问的。

道武帝的爷爷、代国的拓跋什翼犍，先后有两位皇后，第一位是慕容部前燕国皇帝慕容皝的妹妹，第二位是慕容皝的女儿。道武帝拓跋珪的第一位皇后，也是来自慕容氏。慕容氏是谁？慕容氏就是当时鲜卑族最强大的一部，十六国时期，慕容氏在北方先后建立了前燕国、后燕国、西燕国、南燕国，持续辉煌了七十余年的历史。拓跋部要想统一北方，慕容部就成了横亘在眼前的障碍，所以两部虽然同族，但为了抢夺地盘，双方互殴了好多年，最终慕容部被拓跋部所消灭。《天龙八部》中有言："慕容复道：'咱们慕容氏乃鲜卑族人，昔年大燕国威震河朔，打下了锦绣江山，只可惜敌人凶险狠毒，颠覆我邦。'"这个"凶险狠毒"的"敌人"，指的就是拓跋部。所以拓跋什翼犍和拓跋珪这爷孙俩，他们的老婆都是仇家之女。

道武帝的儿子、明元帝拓跋嗣也不甘示弱，他的皇后姚氏，是后秦高祖姚兴的女儿。而北魏和后秦，在道武帝时期，就已经打得两肋插刀、肝脑涂地了，是正儿八经的世仇。

明元帝的儿子、太武帝拓跋焘，他的皇后是赫连氏，在前面介绍过，赫连氏是夏国赫连屈丐的女儿。而赫连家的夏国，正是葬送在了拓跋焘的手里。

太武帝拓跋焘的孙子、文成帝拓跋濬，继承了老拓跋家的优良传统，勇敢地娶了被北魏灭国的北燕皇族长乐冯氏之女，将其立为皇后。就连他最疼爱的李贵人，也是从南朝来的。而南北二朝，那是天然的敌人。有关文成帝和冯氏、李氏的故事是后话，容后再表。

由这些皇帝的老婆可见，北魏的皇帝确实很自信。每晚枕边躺着个苦大仇深的敌人，这样的心情该用什么样的言语来表述？心理素质稍差的，吓也吓死了。

但也许是拓跋家的基因太过强悍，在北魏，自信的不仅仅是皇帝，太子有时候也比较自信，比如太武帝的太子、文成帝的老子、后来被追封为景穆帝的拓跋晃。他同样要了仇人之女郁文间氏。

拓跋晃发现他的那些有作为的先辈们，娶的都是敌人家的女人。再掐指一算，他将来的儿子竟然也那么体面，娶的也是敌人之女。他思谋着，那咱也不能掉价啊！于是他一甩头发，露出满口白牙："娶敌人之女，就是这么自信！"然后就娶了郁久闾氏。

郁久闾氏的出身可了不得，那是大名鼎鼎的柔然族，而且是柔然的王族。柔然可是北魏货真价实、真金白银、如假包换的恨到了骨子里的敌人，两国之间不是在打仗，就是在去打仗的路上，那是用尽几辈子都要死磕的对手。如此看来，拓跋晃性命堪忧啊！

不过好在，郁久闾氏有个哥哥名叫郁久闾毗，曾毅然从柔然南下投奔了北魏，被太武帝封为河东王。因此他们兄妹对于北魏，算"自己人"还是比较恰当的。

郁久闾氏与拓跋晃成婚后，小两口十分恩爱，于太平真君元年（440）生下了个大胖小子，取名乌雷直勒，官名拓跋濬，即本书的主角高宗文成帝。

拓跋濬出生后，太武帝拓跋焘对其非常喜欢，为其规划的职业生涯就是将来要当皇帝的。于是，太武帝让他的皇后赫连氏给拓跋濬找个保姆，然后冯左昭仪就把常氏推荐给了赫连皇后，成了拓跋濬的保姆。

本来郁久闾氏还沉浸在儿子将来可能会当皇帝的喜悦当中，但官派的保姆一到位，郁久闾氏马上就清醒了。这时候，郁久闾氏心里更多的是忧，因为她的命不久矣。因为此时的郁久闾氏，遭遇到了一项老规矩的威胁，这个规矩就是：子贵母死。

子贵母死，是一条怎么看都令人匪夷所思的规矩。这个规矩源于汉朝。汉朝开国皇帝刘邦的皇后吕氏，在刘邦归天后篡夺了政权，后来的皇帝根本没有实际权力，都被吕后管得死死的。这种母后干政的事例，被汉武帝引以为鉴。汉武帝年老的时候，想让自己的小儿子刘弗陵继位，但是考虑到刘弗陵的年纪太小，他害怕刘弗陵的母亲钩弋夫人赵婕妤会像吕后那样篡权，于是就杀死了赵婕妤，断绝了母后干政的可能。

这种做法，对于一个帝国防止后宫乱政是很有效果的，但是一个太子的母亲不仅没有母凭子贵，反而还因为被怀疑将来有可能干扰儿子掌权，因而失去性命，这种处置方法绝对是不公平、不人道的，它是一种极其残忍的政治智慧。

这种政治智慧是汉武帝开先河的，却在北魏拓跋氏手中常态化了，形成"子贵母死"的制度。

北魏之所以会形成这个制度，源于在北魏初期，还残留着一些母系氏族时期的习俗，而且当时尚未确立一套立嫡立长的制度，因此储君的选择往往有赖于母亲家族的强大，可谓"母强子立"。北魏开国皇帝道武帝拓跋珪的即位，就是得益于他的母后及舅舅家族的干预和支持。但是由此带来的副作用也是很明显的——在他的母亲在世之前，即使贵为北魏的皇帝，道武帝拓跋珪也始终生活在母亲贺氏的阴影之下，做什么事情都受制于他的母亲。

作为北魏的开国皇帝，他必须为自己的后代想得更多。为了防止这类事情的重演，在他立自己的儿子拓跋嗣为太子之后，就杀了拓跋嗣的母亲、自己的老婆刘夫人。

继刘夫人之后，明元帝时期，太子拓跋焘的生母杜贵嫔成了第二个"子贵母死"制度的牺牲品。她死于拓跋焘被明元帝拓跋嗣立为太子的前两年。

这还没完。翻看史书，这样的例子比比皆是：

"太武敬哀皇后贺氏，……生恭宗，神䴥元年薨"。

"景穆恭皇后郁久闾氏，……生高宗，世祖末年薨"。

"文成元皇后李氏，及生显祖，……太安二年，太后令依故事……遂薨"。

"献文思皇后李氏，……生高祖，皇兴三年薨"。

"孝文贞皇后林氏，生皇子恂。以恂将为储贰，太和七年后依旧制薨"。

"孝文昭皇后高氏，遂生世宗……暴薨"。

……

触目惊心！骇人听闻！栗栗危惧！

可见，在北魏，皇帝生母的存活率还真不高。所以，作为文成帝拓跋濬的生母，郁久闾氏也面临着这种制度的威胁。不过此时，这种威胁几乎等于没有。在拓跋濬被视作"世嫡皇孙"的时候，郁久闾氏就应该被处死了，但太武帝还没来得及正式立拓跋濬为皇储，就被宗爱杀害了，因此郁久闾氏的性命得以保全。到了此时，她的儿子已经当皇帝了，就更没有人要建议皇帝处死她了。若有人跟皇帝说："请杀死您的母亲吧！"这种事情怎么看都像是智商堪忧的人才会做的事。这不是和自己的性命过不去吗？况且皇帝的母亲死不死，跟其他人又有什么关系呢？

子贵母死制度的实施，需要两个条件：一是有一个强大的发号施令者；二是这个强大的人愿意发布这样的命令。如果没有人具备这种强大的资格，或者具备这种资格的人不愿意发布这种命令，那么想要处死皇帝的母亲，其难度无异于登天。比如后来的孝明帝的母亲胡太后，就是在孝明帝即位后，享受着一个女人所能享受到的最高待遇，没有人具备处死她的实力了。

而此时的北魏上下，唯一有身份、地位能让郁久闾氏死的，就只有一个身为皇太后的赫连氏了。身为太武帝的皇后、文成帝的奶奶辈、此时宫中唯一的"皇太后"，如果拿出"旧法""故事"说话，文成帝还真要头疼一番。不过，即使智商堪忧的人也知道，这时候的赫连氏已经彻底地边缘化了，能保住自己的性命就阿弥陀佛了，还敢跳出来要杀死皇帝的母亲吗？

所以，随着时间的推移，郁久闾氏很可能就摆脱了"子贵母死"的阴影。但此时，一个第三方势力的加入，令形势瞬间变得复杂起来。

史上最辉煌的奶妈

中国历史之悠久，无奇不有。很多历史上有明确记载的事情，听起来就像是神话传说。如果不是真正在正规渠道得来的史书上读到了，还以为自己看了假书。这些事有多"假"呢？我们看看文成帝的保姆常氏的经历就知道了。

《魏书·皇后列传》中有一段文字记载：

高宗乳母常氏，本辽西人。太延中，以事入宫，世祖选乳高宗。慈和履顺，有勤劳保护之功。高宗即位，尊为保太后，寻为皇太后，谒于郊庙。和平元年崩，诏天下大临三日，谥曰昭，葬于广宁磨笄山，俗谓之鸣鸡山，太后遗志也。依惠太后故事，别立寝庙，置守陵二百家，树碑颂德。

这一段文字，后人为了断句加上了标点符号，共占用一百二十六个字格。如果不算标点符号，有关常氏的记录只有一百○五字。这一百○五个字的背后，所隐含的信息量十分巨大。

首先，我们从常氏的家庭背景说起。常氏的祖父常亥，曾在前秦苻坚时期担任扶风太守，管辖长安以西诸县，颇受苻坚器重。常氏的父亲常澄当过渤海太守，管理今河北省东南部的沧州市一带。由此看来，常氏的家庭也算是官宦门阀。但不幸的是，前秦与东晋的淝水一战，苻坚败得一塌糊涂，辖下各地纷纷揭竿而起，终使前秦灭亡。作为前秦的亡国臣子，常家也随之破落，风光不再。常氏一家人都跟着同父异母的长兄常英一路逃难，逃到了辽西龙城，成为北燕国的臣民。到了北燕，常氏到了婚嫁的年龄，寻了个人家就嫁了，虽然依旧家道破落，但是日子过得还算安稳。岂料，身处乱世，想过个安稳日子竟是那么不易。没过多久，太武帝发动大军东征，又将北燕给灭了，常氏及其亲属与很多其他北燕臣民一道，被掳掠到了北魏的京师平城。命运辗转，刚刚结婚生育过的她，被押入北魏后宫，成了一名奴婢，等待她的将是一生劳累、最终老死宫中。谁知命运逼人、命运喜人，常氏在宫中遇到了同样来自北燕的老乡冯左昭仪，眼泪汪汪之后，由于常氏刚刚生育过、奶水充足，就被冯左昭仪推荐给了皇后赫连氏，被赫连氏安排为拓跋濬的乳母。自此，常氏在冯左昭仪这个有智慧、有情义的老乡帮助下，在北魏宫廷中过上了有滋有味的生活。

在常氏抚养拓跋濬到了十三岁的时候，发生了骇人听闻的"正平事变"，常氏带着拓跋濬跑到了冯左昭仪那里寻求庇护。冯左昭仪是北燕昭成帝冯弘之女，见多识广，富于政治智慧，她对眼前的形势看得清清楚楚：虽然后宫还掌握在皇后赫连氏的手里，但赫连氏那个投机分子断然不会在保护拓跋濬这件事上尽心的，相反还有可能出卖拓跋濬。于是，冯左昭仪当机立断，将常氏和拓跋濬送到了北郊的鹿野苑藏匿起来。

在陆丽等人的拥护下，拓跋濬即位了，这使得保姆常氏飞上了梧桐树梢开始搔首弄姿。作为抚养、保护皇帝有功的人，常氏是小皇帝唯一的情感寄托。也正是借助着这种感情，她成功控制了年少的拓跋濬。

皇帝在手，手中掌握的资本空前雄厚，但她却从没有经历过这种场面，朝堂内外的种种复杂局面，不是她的小聪明可以驾驭的，于是她又想起了她的老朋友——冯左昭仪。

冯左昭仪是个有政治智慧的人，用"政治家"来称呼她毫不过分。对于文成帝的成功即位，她丝毫没有争功，反而低调地居住在自己的寝宫里，毫不张扬。

面对常氏的求援，冯左昭仪慢条斯理地给她讲了个故事：太武帝拓跋焘的乳母窦氏，由于德行温顺，知书达礼，被明元帝拓跋嗣任命为太子拓跋焘的保姆。泰常八年（423），明元帝驾崩，拓跋焘即位，对窦氏感恩戴德，封窦氏为保太后。十年之后，太武帝又加封窦氏为皇太后，尽心供养，不异于生母。同时还封窦氏的弟弟窦漏头为辽东王，参与国政，窦氏一家好不威风。但窦氏没有丝毫的骄傲与嚣张，依然保持她仁慈、懂礼的本色。不仅如此，窦氏还非常有才干——延和五年（436）六月，太武帝御驾亲征北凉，柔然的可汗吴提乘虚而入，进犯国都平城。危急时刻，皇太后窦氏亲自主持朝政，组织留守的众将领率兵顽强抵抗，经过苦战，终于将敌人击退，立下了护国大功。自此，窦氏在宫中的威望更高、美誉更多了。虽然窦氏迎来了越来越多的赞誉，但她的为人却越发低调了。有一天，她到崞山去游玩，看到这里风水不错，就和身边的人说："按说我是抚养过当今皇帝的人，理应受到尊崇。可是，我在皇家没有名分，只不过是个保姆而已，将来不会被葬到皇家陵园的。我看这里的风水就不错，将来就把我葬在这里吧！"后来窦氏去世了，太武帝就依窦氏的遗愿，在崞山为其建了寝庙，将她葬在崞山。

冯左昭仪的这个家常拉得不温不火，聪明的常氏却听出了冯左昭仪的意思，当即拜谢离去。

在随后的几天里，常氏让拓跋濬下诏，拜和自己关系比较好的拓跋寿乐为太宰、骠骑将军、都督中外诸军事、录尚书事，又拜长孙渴侯为尚书令、加仪同三司。这种封赏行为充分表明常氏是个毫无治国理政才能的无知妇女。这种目光短浅、任人唯亲的行事风格，不仅没有得到当事人的感激，反而激起了怨恨——长孙渴侯虽然受到了封赏，但心里非常不爽，因为诛杀宗爱本是他和陆丽、刘尼、源贺等人立的功，现在虽然自己得到了常氏的回馈，但拓跋寿乐未立寸功，竟然爬到了自己的头上，而那个拓跋寿乐也没有自知之明，开始骄横跋扈起来，丝毫不提自己和陆丽等人的功劳。是可忍，孰不可忍！这为之后两人的争斗埋下了隐患。

但常氏可顾不上去想这些，她正忙于享受着拓跋濬的即位给她带来的莫大好处。按理说，一个颠沛流离的保姆辉煌到了这个地步，还不够满足的？即使下九泉也可以含着笑了。但人的欲望是没有止境的。在颠沛流离时，常氏只想吃顿饱饭；在出嫁之后，她只想过个安稳日子；在到达平城时，她只想平安活下去；在成为拓跋濬的乳母后，她又想着保护拓跋濬不受伤害；在拓跋濬成为皇帝之后，她又给自己定了一个目标：成为世间地位最高的女人。

为什么要成为世间地位最高的女人？因为常氏虽然此刻权势极大，但她在宫中的正式编制，说到底只是个保姆而已，那只是个"奴才"的角色。在正式场合，连她站立的机会都没有。于是，此刻已然权势熏天的她，就想成为世间政治地位最高的女人。

政治地位最高的女人，那是什么角色？抛开武则天那种逆天的存在不说，女人所能达到的最高地位，非"皇太后"莫属了。"我是皇帝他妈！"这世上，还有比这句更牛的台词吗？

保姆想成为皇太后，只要皇帝高兴，应该也是可以的。但问题在于：拓跋濬的生母——郁久闾氏那个早就该死掉的娘们儿，竟然还活着！有这个正版的皇太后在，我怎么可能有机会屹立于皇宫之巅？

于是常氏开动了她的小脑筋：怎么能让郁久闾氏"不在"呢？嗯，方法只有一个……

拉皇太后下水

北魏的保姆做着皇太后的梦，这事并不是异想天开，而是有成例可循的。中国历史上第一个以保姆身份当上皇太后的女人，就是三十年前的太武帝拓跋焘的保姆窦氏。太武帝即位后，封窦氏为"保太后"，顾名思义，就是保姆太后，这个称号实在是太贴切了。

窦太后作为保姆行业的拔尖人物，照亮了其他同行前进的道路。文成帝的保姆常氏，就是循着窦太后曾经的足迹，一路向前走去。不过，此一时，彼一时，保姆界的职业前景与以往有所不同，在往"皇太后"这个终极目标前行的路上，充满了困难和挑战。

最大的挑战来自于皇帝的生母。

太武帝的保姆窦氏之所以能够成为太后，是因为太武帝的生母杜氏早在太武帝即位的四年前（420）就没了。没有了正牌的太后，这个坑就空了出来，窦氏才被立为太后。要不然，无论拓跋焘和窦氏多么情同母子，那也仅仅是"情同"而已，和真正的母子是不同的。只要有生母在，保姆是无论如何不可能鸠占鹊巢的。

文成帝的保姆常氏眼下遇到的就是这个障碍——文成帝的生母郁久闾氏正值中年，身体好得很，人家的心愿也是想安静地做个太后。

障碍就在眼前，该如何实施跨越式发展？常氏不具备政治家所必需的战略性的思维、眼光和格局，但作为一个毫无底线的政客，又有一点小聪明，她也曾布下了一招妙棋。此刻，是动用这枚棋子的时候了，于是她决定：摆驾安昌殿。

隆冬时节的安昌殿，地上铺着厚厚的西域进贡来的毛毯，大雁羽毛编织成的幔帐异常厚实，火墙内的炭火也烧得更旺……但尽管如此，殿内依然是一片阴冷。这种阴冷和以前那种令人敬畏的阴冷不同，现在的这种阴冷透露着一股诡异的味道，被这种味道侵蚀的人，心中会无端生出一种凄凉。下人们早已不知躲到什么地方去了，殿中昏暗的烛光下，该殿的主人赫连太后，正在跪拜不知哪方神佛，祈求外面将这里永远忘记了才好。正祈祷间，听得外面拉长了的嗓音通报常氏来到，赫连太后慌忙退回到榻边。刚一坐下，常氏已推开了门。

"咳咳……该死的下人们，也不懂得把火烧旺点。"门一开，人还没进来，常氏骂骂咧咧的声音已经传了进来。

赫连太后坐在榻边，惴惴不安地看着从门外进来的常氏。看到这个身影后，她突然觉得自己所有的谨慎、信心在这个人的面前完全不值一提，自己的地位、声誉甚至性命，会被这个人轻易地扯去，然后自己赤裸裸地死在冰天雪地中。这就是皇权的力量。她也曾经在皇权的争夺中风光无限，翻手为云，覆手为雨，可是一眨眼，她就输个精光，连一个小小的保姆都压得她喘不过气来，自己还得小心翼翼地赔着笑。

常氏进了门，下人解下她披在身上的斗篷，转身出去后把门从外面关上。

常氏搓了搓落有雪花的双手，然后使劲将手上的水滴甩下去。做完了这些准备动作，才抬起头，看到了坐在榻边的赫连太后。

常氏仿佛大梦初醒般自言自语："哎呀，我都差点忘了我干什么来了！"然后对着赫连太后一躬身："奴婢常氏拜见皇太后，给皇太后行礼了！"作势就要拜下去。

此时的赫连太后再也坐不下去了，连忙站起身来，往常氏身边扶过来：

"免礼，快免礼……"

常氏趁势起身，握住赫连太后的手，二人面上挂笑，亲热地走到榻边，分坐在连榻的两边。

"太后啊，这些下人真该死，也不懂得再添几个火盆，以为堂堂皇太后治不了他们吗？"常氏义愤填膺。

"呵，我这儿也不冷。倒是妹妹你，大冷天跑过来……"

一句话还没说完，就被常氏打断："哎哟，皇太后，可不敢！您叫我妹妹，那不是乱了辈分吗？您是太武皇帝的皇后，现在贵为皇太后，而我——"常氏拉长了音调，"我只是当今陛下的阿母而已，和您差着一辈呢！"

恬不知耻！赫连太后心中暗骂，人家乌雷直勒的阿母是郁久闾氏，你有什么资格当人家的"阿母"？可这话也就是心里想想而已，要说出口那是万万不可的。

赫连太后笑道："妹妹真是谦虚了。当初你不畏宗爱那阉贼的强权，冒着生命危险也要保护当今陛下。当时冯左昭仪和我说起这事，我还跟她说，你做的事正合我意，我真想和你一起去保护陛下呢！可是不行啊，我得留在宫中对付那个阉贼。上天眷顾，那阉贼终于被咱们斗下去了。既然咱们这么对脾气，不如就姐妹相称算了。"看看常氏的脸色，赫连太后又补了一句："你觉得可好？"

见过无耻的，没见过这么无耻的！你在南朝蜀地的戏班子里练过变脸绝活儿吗？常氏心中怒骂，但此刻有求于人，脸上却依然笑靥如花："姐姐觉得好，那就好！"

两人相视而笑，一时间花枝乱颤。

笑过之后，常氏面色耷拉了下来，拉长声调叹了口气："唉……"

赫连太后心知她要说正题了，配合地问道："不知妹妹有何事烦心？能不能和姐姐说说，看姐姐能不能帮上忙？"

"唉！姐姐，说出来你也许不信。"常氏满脸正义地道，"我的烦心事不是为了我自己，而是为了咱们大魏啊！"

　　为了大魏？你有那觉悟？好久没听到这么好笑的笑话了！赫连太后忍住没笑出声，满脸关切地问道："妹妹有什么想法？"

　　"想法没什么，就是有点心痛。"常氏满脸苦大仇深，"我们大魏宫里的规矩，竟然被人随意破坏！姐姐你说该怎么办？"

　　"破坏宫里的规矩，这还了得？"赫连太后一掌拍在榻上，"妹妹发现什么问题了？姐姐一定尽全力帮你解决！"什么规矩不规矩，赫连太后才不在乎。只要这位保姆妹妹高兴，自己就能好过点，这才是要紧的。

　　"唉！这个事可不太好办，事关宫里的一位大人物，怕是姐姐也难办啊！"

　　听到"大人物"这三个字，赫连太后忽地有些胆怯。现在自己都活得战战兢兢的，宗爱被诛之后自己没被清算就不错了，空顶一个"皇太后"招牌，哪里敢去招惹什么大人物？于是赫连太后字斟句酌地问道："妹妹，你劬劳保护当今陛下……立了大功，可谓女中豪杰……以你的分量，说出的话还有人敢不从吗？"

　　"立了大功不假，这份功劳谁也抢不走！"常氏乜了眼赫连太后，"可是，我毕竟无名无分，有些话说出来惹人非议。可是太后你就不同了，你的一句话，那可就是皇太后的旨意啊，谁敢拂了皇太后的面子？全天下都不会答应。"

　　赫连太后这下明白了常氏的意思，心道：闹了半天，你也和宗爱一个德行，想让我下个旨配合一下，这倒不是什么难事。

　　赫连太后又琢磨：既然是需要我以皇太后名义出面的事，肯定是难办的事，这不正能显示出我这太后的价值吗？不然要我这堂堂太后去给你摆平遛狗不拴绳的破事吗？也罢，只要你高兴，皇帝就高兴，应该不会跟我算以前的账了吧？

　　这边赫连太后心里瞎琢磨，常氏就一直盯着她看，看得赫连太后心里发毛。于是赫连太后把心一横，打包票道："放心吧，妹妹你说话，姐姐绝对支持。不论涉及谁，姐姐一定给你撑这腰！"

常氏心道：就等你这句话呢。然后环顾四周，确定这里没有第三个人，才盯着赫连太后的眼睛，一字一顿道："太后一定听说过一个老规矩：子——贵——母——死！"

子贵母死

子贵母死？

赫连太后犹如被一个霹雳击中，颤抖着嗓子问道："你在说什么？妹妹你说什么？我没听清……"

"没错，你没听错。"常氏仍然紧盯着赫连太后，面沉似水。

"子贵母……母……"赫连氏呼吸急促，胸脯起伏不定，惊恐地指着常氏，结巴着，就是不肯说出那个字来。

常氏抬手握住赫连太后指着她的手指，慢慢把赫连太后的手按到榻上，细声安慰道："别这副模样，这是咱大魏宫里的老规矩了，您贵为皇太后，不会不知道这些规矩吧？况且，眼下只有您有资格维护这些老规矩。办好了这件事，即使将来到了地下见了世祖太武皇帝，世祖也一定夸您是他的好皇后！"

赫连太后此时已被常氏奔放的思维彻底吓坏了，只能看见常氏的嘴唇在动，至于说些什么，她根本听不清。她只能听见自己全身的血液跑到了头上，两只耳朵嗡嗡作响。她告诉自己：干脆晕倒算了。

可是常氏根本不给她晕倒的机会，双手夹住她的脸，捏得生疼，一边捏一边"喂、喂……"地喊她，直到她双眼的焦距重新回到常氏的脸上。

清醒过来的赫连太后此时脸色惨白，用手指着常氏，结结巴巴地道："你……你……不要命了吗？"

"不要命？"常氏不耐烦地再次把赫连太后指着她的手按下去，"皇帝的命都是我救的，谁敢要我的命？"

"可是，可是……"赫连太后想说，万一是皇帝要你的命呢？要知道，虽然你立过功，可是你现在是要皇帝母亲的命啊！那可是皇帝的母亲啊！你一个保姆，也不掂量掂量自己有几斤几两？

此时赫连太后越琢磨，心里的怯意越重。常氏啊常氏，你是吃了熊心豹子胆了，真是敢想啊你！为了当上皇太后，你竟然要杀掉人家的母亲！你是官迷心窍了吗？你和宗爱那个阉鬼的胆子一样大，你们莫非是失散多年的兄妹？

赫连太后心里这么想，可是嘴上却说不出话来。此时的她已经不会有效地组织语言了。

"你不用有什么顾虑！"常氏劝说道，"你想想，乌雷直勒那孩子，是被谁养大的？那些年，那个女人在哪？在宗爱要杀他的时候，是谁豁出自己的性命不要，也要保护他周全？那个时候，那个女人在哪？你觉得他会跟谁亲？"

常氏这么一说，赫连太后倒是回过味儿来了。拓跋濬自打记事起就被常氏抚养，要不是世祖太武皇帝认为自己正值壮年，对于立拓跋濬为储的事还没有板上钉钉，郁久闾氏早就被处死了。尽管郁久闾氏一直没被处死，自打拓跋濬生下来，母子二人也没见过几面，两人之间应当没什么感情。而常氏就不同了，不仅抚养拓跋濬长大，而且在"正平事变"中，常氏冒着生命危险保护拓跋濬，他们两人之间的感情才像是真正的母子之情。

可是，不管怎么说，想要处死一位皇帝的母亲，这也太……那个异想天开了吧？

赫连太后的内心在天人交战。常氏还在继续劝说："那条老规矩，是烈祖道武皇帝定下的，五十年来没人胆敢违反。这个你应该是知道的。现在宫里有资格、有身份维护这条规矩的，只有你！你敢破坏老规矩吗？你敢吗？"

说到最后"你敢吗？"，常氏简直是在厉声质问，吓得赫连太后浑身一哆嗦，下意识地回答："不敢不敢！我不敢！"

"你不敢什么？你什么都不敢做，却敢破坏我大魏一直以来的老规矩。"

"不，不……我不敢破坏老规矩……"说到这里，赫连太后已经不知道自己在说些什么了。这话一出口，自觉失言，慌忙捂住了自己的嘴，惊恐地摇头。

常氏嘴角弯出一个不易觉察的弧度，居高临下地道："谅你也不敢！你只要记住，只有你把拓跋家的老规矩传下去，你才是真正的大魏王朝的皇太后，将来归天之后你见到了世祖太武皇帝，见到拓跋家的列祖列宗，也不至于不敢面对他们。"

常氏一连串的威逼加利诱，已经逼迫得赫连氏大脑一片混沌，说不出话来。

常氏继续利诱："你看看外面的朝廷，长孙渴侯他们那些人，帮过当今陛下的，哪个不是加官进爵、锦衣玉食的？再看宗爱的那一帮人，死的死，亡的亡，没诛他们九族也是陛下开恩了。"

听常氏提起"正平事变"的旧事，赫连太后顿觉胆战心惊。在"正平事变"中给宗爱大开方便之门，这是赫连太后身上洗不去的污点。这些日子，她最不愿回想起的事，也正是那段经历。常氏此时提起那段往事，这是拿过去的污点来要挟她。只是把柄抓在常氏的手中，人家想怎么处置就怎么处置，她根本无力反抗。

常氏知道抓住了赫连太后的痛处，撂下最后一句话："维护宫里规矩的人，陛下自然也会维护她。谁要是敢破坏宫里的规矩……哼！"

说完这句话，常氏甩袖离去。留下赫连太后蜷缩着坐在榻上，双手抱着头，喃喃自语："容我想想，容我想想……"

一时间，赫连太后心乱如麻，不知该如何是好。

第二个保太后

不得不承认，常氏是个很成功的说客。这也很好理解，小人往往更善于抓住别人内心中的要害，直指人性的弱点。这就是小人看上去通常会阴谋得逞的原因。

在常氏的威逼利诱之下，赫连太后不出意外地妥协了，如同她当初向宗爱妥协一样。

于是，在文成帝即位后的第三十六天（452 年 12 月 6 日），后宫中的安昌殿传出一道皇太后的旨意：依故事处死郁久闾氏。

这里的"故事"，指的就是"子贵母死"的老规矩。既然是"故事"，那就不是人们敢随便反对的——主要是文成帝拓跋濬没有提出反对意见。文成帝果真如常氏所料，根本与郁久闾氏毫无感情。况且文成帝此时才十三岁，对于生母、保姆的概念还懵懵懂懂，因而在常氏的推动下，赫连氏的这一道旨意得到了高效率的执行，就在当天，郁久闾氏薨！

一位皇帝的亲生母亲，本该拥有这世间的女人所该拥有的一切，但是郁久闾氏不仅被剥夺了抚养儿子的权利，更是在儿子当上皇帝之后，被无情地处死，这实在是千古奇冤。

这场千古奇冤发生后的第十八天，常氏迫不及待地让文成帝下诏，尊郁久闾氏为"景穆恭皇后"，并"捎带着"封自己为"保太后"。至此，常氏作为历史上第二个"保太后"，被载入史册。

成功晋升为保太后，常氏倒也有些良心，还想着要好好封赏冯左昭仪。正琢磨间，忽有人来报，冯左昭仪大病不起。保太后大惊，匆忙往冯左昭仪的寝宫奔去。

来到冯左昭仪的寝宫外，正碰到太医挎着药箱往外走。保太后一把揪住太医，问道："左昭仪怎么样了？"

太医恭敬地答道："回保太后，左昭仪向来体弱，且年轻时经历变故太多，忧郁积压成疾。从现在的脉象看，肝失疏泄，升降失调，气机郁滞，再加上前些日子不知是什么原因，又生了郁气，导致肝脾不和，肝气郁结，累及了脏腑，影响气血……"

保太后不耐烦地打断："甭废话，说结果。"

"结果就是——"太医一副"我就知道你不懂"的表情，继续道，"请保太后为左昭仪安排后事吧……"

"废物！"保太后大怒，一巴掌将太医盖翻在地，然后抬腿跨过太医的身体，提起裙脚就向冯左昭仪的寝宫里跑去。

进了寝宫，只见冯左昭仪正在榻上躺着，眼窝深陷，脸色蜡黄，气息微弱，眼看着是不行了。保太后当即就流出了眼泪，俯下身去，轻声唤着："左昭仪，左昭仪……"

冯左昭仪听见声音，微微睁开眼睛，见是正哭得稀里哗啦的保太后，当即也流下了两行眼泪。

保太后见冯左昭仪清醒了过来，就问道："您这是怎么了？谁惹您生气了？看我不诛他九族！"

冯左昭仪心说："谁惹我生气？除了你还能有谁？我给你讲窦太后的故事，是想让你学学窦太后的低调，你却唯独学了人家的风光。你竟然还把乌雷直勒的生母处死了，你的良心不会痛吗？"

但冯左昭仪这时也没有办法了，连话都说不出来了，还能有什么办法规劝保太后？此时此刻，她唯一放心不下的就是一个人，于是用尽最后的力气，向旁边指去。

保太后顺着冯左昭仪所指的方向看去，却见一个小姑娘站在那里，正是冯左昭仪的侄女、曾在鹿野苑和乌雷直勒一起玩耍的小女孩冯氏。

保太后对冯左昭仪的意思心知肚明，于是对着冯左昭仪，郑重地点了点头。

看到保太后的承诺，冯左昭仪脸上泛起了一丝笑容。随即，了却了最后一桩心事的冯左昭仪，永远地闭上了眼睛。

……

料理毕冯左昭仪的后事，保太后迎来了自己政治生涯的最高峰。

这段时日，虽然贵为太后，但前面的那个"保"字却戳中了常氏心中的痛点。这个"保"字，时时刻刻暗示着"这家伙只是个保姆"。这一点令保太后非常不舒服。于是，兴安二年三月初八，保太后又让文成帝下诏，去掉了那个伤疤一样难看的"保"字，正式尊自己为"皇太后"。不仅如此，她还继续用自己的行为给天下诠释着"一人得道鸡犬升天"的含义：她的兄长常英被破格提拔为散骑常侍、镇军大将军，并赐爵辽西公，两年后封王；她的弟弟常喜封镇东大将军、祠曹尚书、带方公；她的三个妹妹皆封县君，就连妹夫王睹也做了平州刺史、辽西公；常英的母亲许氏，被封为博陵郡君……几乎一夜之间，常氏一门占据了魏国军政多个枢要位置，就连她已经死去的祖父和父亲，常氏也让文成帝追封为"辽西简公"和"辽西献王"，并将父亲的墓改葬至辽西，为之树碑立庙，还安排了一百家人口为其守墓……

对于常氏的做法，就连常氏的母亲都提出了异议，这种异议不为别的，就是因为她的不公平。常氏的兄长常英和常氏是同父异母的兄妹。当年他们一家逃难时，常英侍奉常氏的母亲宋氏时很不尽心，两人关系不太融洽，而常氏的妹夫王睹则对宋氏侍奉得周到。由于逃难的路上没有那么好的出行条件，有一次宋氏累得走不动了，王睹就背起了宋氏继续赶路，因此宋氏对这个女婿的好感远比对常英要好得多。到拓跋濬即位后，常氏突然发迹，宋氏心里感激王睹，就想让常氏好好封赏一下王睹。所以在常氏提拔了众家人之后，宋氏对女儿常氏说："王睹对咱们家人那么好，为什么不给王睹那个好后生封个王？常英那个葬良心的灰鬼，你赏他做啥？"

你猜常氏怎么说？常氏说："祖父和父亲都不在了，常英是长兄，是咱家的门户之主，家中一些小小的不顺畅，哪里值得去计较？王睹那个人虽然尽了力对咱们家人好，但是他姓'王'，可不姓'常'。他是外姓，怎么能在常英之上？封他一个公爵，也是够瞧得起他了！"

这种浅陋、狭隘的话语和行为，真实地表明了常氏的格局眼界小到了什么地步。但作为皇帝唯一亲近的人，她有权力尽情地任性，并且没有人胆敢表达不满。常氏更是肆无忌惮地挥霍着手中的权力，在提升了家人的政治地位之后，还大肆提升了家族的经济地位。据《魏书》记载，常氏一门财富迅速积累，到了孝文帝时期，常家"家童人者百人，金锦布帛数万计，赐尚书以下，宿卫以上"，这充分说明了常氏给常家带来的强大的经济实力。

至此，常氏一族已经获得了无上的尊荣、权力、地位和经济条件。鉴于此时的北魏，文成帝在皇太后常氏面前还是个只知听话的乖孩子，所以，皇太后常氏才是真正意义上的北魏第一人。

皇帝的保姆取代了生母，成为母系干政的又一力量，这无论如何都不符合建立"子贵母死"制度的道武帝拓跋珪的初衷。"子贵母死"的本意是消除母系对皇权的影响，但只要皇权专制还存在，母系对于皇权的贪欲就会存在，这种母系干政的现象就不会消除。事实上，"子贵母死"制度在北魏沿袭七代、历经百年，但母系干政的现象从未被消除过，后宫中反而相继出现了很多干政的女强人，如窦太后、常太后、冯太后、高皇后、胡太后等。可以说，北魏的母系干政现象，甚至要比未施行"子贵母死"制度的其他朝代还要严重。并且随着时间的推移，"子贵母死"这种泯灭人性的制度，已经演变成为后宫中铲除异己和争权夺利的最好借口，成了一个国家的不稳定因素，随时会危及国家的安全。显而易见，"子贵母死"制度是北魏所有政治制度中最大的败笔，也是中国历代政治制度中最愚蠢的发明。

太后寂寞如雪

在"子贵母死"制度的帮助下，常氏顺利登顶皇太后宝座。她老人家最近总是哼着一首小调："这一年总的说来高兴的事挺多，家人不错、朋友不错、自己也不错……"整日神清气爽，心情舒畅，牙好，胃口就好，吃饭倍儿香，肚子倍儿圆。

为什么这么高兴？那还用说——放眼望去，朝廷内外尽是匍匐者，不论是内官外宦，在她面前都是低眉顺目，连大气都不敢出；就连家里的母亲、大哥等人见了她，也是好言好语一箩筐，生怕惹得她不高兴。一句话：这个感觉，爽！

不仅别人对她的态度变好了，就连需要她操心的事情，暂时也都没有了，每天只需要指指画画、惩罚一下不开眼的奴婢，再想想怎么给家里人升个官就好了。以前，常太后最大的愿望就是吃喝不愁，什么事都不用操心，现在，她感觉自己已经超额实现了人生理想。

可是这种整日除了吃饭睡觉就别无他事的日子实在是没趣，常太后她老人家突然又觉得自己成了全天下最没有用处的人，这个世界有她没她根本没什么两样。她就回忆，业界的老前辈窦太后是怎么做的？于是就把冯左昭仪当初给她讲的故事又捋了一遍。这一捋不要紧，常太后惊起一身冷汗！因为她又想起了一个非常重要的细节：窦太后在最风光无限的时候，逛了趟崤山。这个非常的重要细节，她怎么给漏过去了呢？

同为由保姆被尊为保太后、继而又成为皇太后，同样是风光无限，以前常太后对窦太后的行为没有真正理解，此时才真正明白了窦太后的想法。以前常太后认为，窦太后不愿被葬入皇家的陵园金陵，而是选择崤山为葬地，这表达了非常复杂的感情。一方面，窦太后自认为抚养大了一任皇帝，自己的地位也是尊贵无比的，理应享受皇家的待遇；另一方面，窦太后又因为出身保姆，不是真正的皇家中人，即使生前地位再高，百年之后也不可能被葬入金陵。所以窦太后为自己而叫屈，赌气不愿葬入金陵。

同为保姆出身，常太后对窦太后的这种心思比其他人理解得更透彻。

现在，常太后成了全天下最大的一条闲蛆，饱食终日，无所用心，脑袋就闲了下来。这么一闲下来，可以调动的脑细胞就更多一些，思路也就更加清晰了。她突然清醒地认识到，窦太后此举其实还有着更深层次的含义：普天之下，最危险的地方就是皇宫。皇宫之内各种关系错综复杂，一向是争名夺利最严重的危机四伏之地，窦氏由保姆一跃成为保太后，已经惹得不少人眼红了；继而又立下了大功，更是遮挡了别人的光芒。尽管她性情温和，人缘不错，但是在政治利益面前，谁还管她人缘不人缘的？所以，窦太后不得不愈加低调。为了表明自己的低调，她还为自己选择了一个金陵之外的葬地——此举表明，自己并没有在皇家争夺位次的野心，有这些野心的人如果为此猜忌自己，大可不必！大家该立功的立功，该升官的升官，该发财的发财，都各忙各的去吧，与我老人家无关，都散了散了。

相比窦太后而言，常太后此时的处境就非常危险了。常太后盘算了一下，不管是论人缘还是论功劳，自己都比不上窦氏。而且，乌雷直勒当了皇帝以来，自己在短短的这些天里大肆封赏亲信，还干掉了皇帝的生母，这已经不知道惹了多少仇家了。再这样下去，自己怎么死的都不知道。

不过幸好，自己发现了其中关节，那就一切好办了。窦太后可以去趟崞山，难道我常太后就不可以去吗？于是常太后就撺掇着文成帝出巡。文成帝此时对常氏是言听计从，所以在常氏被尊为皇太后的两个多月之后，就带着文成帝出巡了。这是文成帝即位以来的第一次出巡，目的地就是崞山。

崞山，据现代学者的考证，就在今山西省大同市浑源县城的西边。当时这座山上，建有窦氏的陵墓和寝庙。常氏带着文成帝在这里对窦氏进行了场面浩大的祭拜。祭拜的过程不必详述，单说常氏在整个过程中一言未发，朝野上下就已经明白了她的意思。窦太后葬于太武帝时期太平真君元年（440），距离这次祭拜不过十余年时间，窦太后当年的言行，大家都不至于淡忘，于是众人很容易就回忆起了窦太后当时的心迹，再与常太后进行联想。而这，正是常太后想要的效果。常太后就是借这次崞山之行，向众人表明自己的心迹，那就是自己虽已贵为皇太后，但她愿以窦太后为榜样，不参与在皇家中位次的争夺，更不会做出危及拓跋氏统治地位的举动。

事实证明，常太后的这一步棋下得非常高明。稳定压倒一切，这在什么时候都是社会的需要。不论是后宫还是满朝文武，对她的怨气消失了大半，她基本可以高枕无忧了。于是，常太后又回到了那种无所事事的日子。常氏不禁感叹：太后真是寂寞如雪啊！

人一闲下来，就爱瞎琢磨。这一日，掌御膳的太官尚书给常太后送来了一盘切好的香瓜。这香瓜据说是从西域进贡来的，十分珍贵，仅皇帝和常太后两人有口福能尝到。常太后夹起一块，优雅地尝了一口，然后又优雅地赞了一声："真他阿母的好吃！"这香瓜确实是好水果，汁水饱满，口感酥脆，最主要是味道异常香甜，吃起来十分爽口。常太后不禁感叹："为啥人就要往高处爬呢？不当上皇太后，怎么能吃上这么好的东西？想当年，这可是只有赫连太后才能享受到的待遇啊！"

想到这里，常太后往嘴里喂香瓜的手突然停在了半空，整个人的动作就停顿了，如同石化了一般。赫连太后？这段时间怎么把这个人给忘了呢？常太后心中渐渐涌起一阵兴奋：下雨天逗太后，闲着也是闲着，不如找赫连老太后耍耍去。

下雨天逗太后

与常太后最近高唱"今天是个好日子"不同，赫连太后的心情相当灰暗。

赫连太后一直没有搞明白，自己怎么走着走着就到了这步田地？想当年，咱赫连家也是有名望有势力的大家族，咱家统治的大夏国疆域方圆数十万里，都城统万城是天下有名的坚城，可是一夜之间就树倒猢狲散，赫连家就没落了。虽然家族没落了，咱姓赫连的人可跌不到地上，就我这一小女子，到了鲜卑人的魏国，不也是一国的皇太后吗？不过……不过……天下还有这么憋屈的皇太后吗？自从拓跋焘那个死鬼没了以后，老娘的日子就一天不如一天了。想当年，老娘我想欺负谁欺负谁，但这两年呢？谁想欺负谁欺负。就连那些卑贱的宦官、保姆，都能随时过来对我吆五喝六的，我还不敢不听，这是太后过的日子吗？

想当初，咱赫连太后也是个有理想有抱负的有为青年，可是在世俗的染缸中，慢慢失去了自己的理想。人啊，之所以失去了理想，不仅仅是因为诱惑太多，更是因为现实太残酷啊！当那个失了心疯的宦官狞笑着掏出一份懿旨，让你给盖个玺，你能不给盖吗？当那个丧家犬一样的孩子后面有一堆人举着刀到处找他，你敢收留他吗？当那个狗仗人势的小保姆来威胁你，你敢不听话吗？谁敢？谁敢谁来当这个皇太后试试！活在这个世道下，我容易吗？

唉！世风日下，人心不古啊！算了，这些伤心事不提也罢。老娘我也累了，与其这么胆战心惊地活着，给人当枪使，还不如一了百了。从明天起，做个幸福的人，喂马，劈柴，周游世界。从明天起，关心粮食和蔬菜……

"皇太后驾到！"一声拉长了的嗓音，打断了赫连太后的自说自话，将赫连太后拉回到现实中来。

"皇太后驾到？"赫连太后一时没反应过来，"我不是一直在这儿吗？"

"吱扭"一声，紧闭的殿门被猛然推开，外面射进来的阳光刺得赫连太后眼睛生疼，不由地用袖子挡住了眼睛。

"哈哈，太后挡着脸做什么？是做了什么事情不敢见人吗？"一个人影进了门来，嘴里调笑道。

听了这么无礼的话，赫连太后顿时火冒三丈，正欲发飙，突然惊觉：这不是常保姆的声音吗？

赫连太后强压下了火气，沉声道："原来是常太后驾到，请进，请进！"

不待赫连太后再让，常太后已经自己走了进来，坐在了榻上。

赫连太后见状，走过去坐在榻的另一端，也不开口，只是静静地坐着。

常太后打破了沉默，一开口又是戏谑："太后啊，最近每天闭关，是在参悟什么道法吗？"

"当年太武皇帝崇奉天师，显扬新法；当今皇帝照祖宗旧例，曾亲登道坛，接受符箓。予就算是参悟道法，也没什么不妥。"赫连太后的这几句话引经据典，无可辩驳。

常太后又开口道："赫连太后果然学识渊博，识得大体。可是并不是所有人都能像您一样识大体的。比如，我听说世祖太武皇帝的舅父阳平威王杜超，深得世祖垂青，其父杜豹被追封为镇东大将军、阳平景王，其母被追封为钜鹿惠君，可谓尊荣无比，结果却被自己的手下所害。还有当今皇帝的生母景穆恭皇后，自以为儿子当了皇帝，就不可一世，还是赫连太后你深明大义，依故事赐其一死。可见这人哪，不管到了什么时候，都得看清自己，千万不能得意忘形。"

说完这话，常太后扭头看着赫连太后。

赫连太后越听越气：你这是说自己呢还是说谁呢？还把皇帝他阿母的死都推到我的头上？反正我也生无可恋了，你还想要挟我做些什么呢？于是开口道："常太后说得没错。这人哪，不管到了什么时候，都得看清自己，千万不能得意忘形。就比如当年世祖太武皇帝的窦太后，一生谨小慎微，才得善终。作为一个'保'太后——赫连太后特意在'保'字上加了重音——如果真以为自己是盘什么菜，说不定哪天就稀里糊涂地离开这个世界了。"

赫连太后越说越解气，说到最后，心里已是万分畅快。但常太后可不畅快了，她没想到赫连太后竟敢这么对她说话，一怒之下，猛地站起来，抬手指着赫连太后："你……""你"了半天，却气得说不出话来。

赫连太后面色轻松，抬手握住常太后指着她的手指，轻轻将常太后拉得重新坐下，开口道："常太后别动气，小心气大伤肝。大家都是混太后界的，都不容易，说个明白话吧，予这一辈子，当过大夏国的皇家公主，也因国破家亡当过阶下囚，在宫里小心翼翼地看过别人的脸色，也当过皇后、皇太后，更是下过旨杀过大臣、王爷甚至还有当今皇帝的生母。你做过的，我都做过；你没做过的，我也做过。怎么当个成功的太后我不知道，但怎么当个失败的太后，我却比你经验丰富。所以呢，经历得多了，我也看明白了。这人啊，违心的事做多了，该来的总会来。"

一口气说完这些话，赫连太后的心里越发畅快了。她对自己今天的表现很满意。无欲则刚，就是这么自信。

常太后却不淡定了，那句"该来的总会来"，令常太后这个虔诚的佛教徒大为恼火。常太后用看死人一样的目光看着赫连太后："赫连太后您贵为世祖太武皇帝的皇后，当世嫡皇孙有难之时，却不思保护，反而纵容宗爱阉贼谋逆，下旨杀害大臣，更是伪立南安王为帝，不如有何脸面上对先帝、下对臣民？"

"有何脸面上对先帝、下对臣民？"赫连太后将常太后的这句话重复一遍，突然笑了。笑得是那样的凄凉，那样的悲伤，那样的痛苦。笑着笑着，已是泪流满面。

看着这一幕，常太后的眼中闪过一丝悲哀，心中突然没由来地一痛。这种感觉令她感到害怕，几乎使她无法把持住自己。她再次看了一眼坐在那里一边笑一边流泪的赫连太后，后退几步，转身拉开了殿门，迈步走了出去。

走出殿外，身后突然传来赫连太后的叹息："该来的，总会来……"

常太后逃也似的往自己的寝宫奔去，后边的奴婢怎么追也追不上……

兴安二年（453）闰五月乙亥，赫连太后薨。

文成帝下旨，追尊赫连氏为太皇太后，陪葬于金陵太武帝墓侧。

第三章 巩固帝位

凡事不能太过

只有尽快结束一个旧的时代，才能迎来一个新的时代。对于这一点，常太后看得很清楚。所以，她愿意为此做一些原本没有必要去做的事。至少，逼死赫连太后，于她本人来说并无必要。

但是，只有赫连太后的离世，才能代表太武时代的终结。只有终结了那个旧时代，眼前这个崭新的时代才能来临。

同样，常太后原本也不必大肆封赏亲信。她是保姆出身，和窦太后一样不可能进入皇家位次的，那她还费个什么劲？她就安心当个尊贵的皇太后不就行了？可是她放心不下啊！她所有的任人唯亲，还不是因为乌雷直勒的岁数太小了？主少国疑，大臣未附，百姓不信，这可不是一个好现象。身边没有一拨亲近的人帮衬着，难免会有人打皇位的主意。所以，她这么做都是为了乌雷直勒啊！

基于以上原因，常太后一直觉得自己很高尚，也很有政治远见，所以她乐此不疲地一直在实施着自己的大计。

就在常太后为了拓跋濬的皇权稳固而实施大计的时候，刚十三岁的拓跋濬也一直没有闲着，他在思考很多问题。这种思考，与常太后在操作层面上的思考相比，就显得有些形而上了。而这也正显露出了他那与年龄不相符的政治上的成熟。

当年拓跋濬年幼时，就被叱咤风云的太武帝相中，这说明拓跋濬自有过人之处。这一点在拓跋濬登极之后，也表现得尤为明显。虽然年仅十三岁，但拓跋濬已经懂得从旁观者的角度来审视自己的民族和国家。审视了半晌，他得出个结论：凡事不能太过。

客观地说，鲜卑这一族的人，非常有韧性，也非常聪明。他们打不

烂，拖不垮，压不倒，整不死。他们有机会要发展，没有机会创造机会也
要发展。

秦汉之际，匈奴是蒙古高原的老大，是称雄中原以北的强大游牧民族。
在匈奴的东边有一个民族叫东胡，对匈奴不太服气，结果匈奴老大发了狠，
东胡被好一顿揍，分两路败退向了乌桓山和鲜卑山（今大兴安岭一带）。
到了山脚下，东胡退无可退，只好臣服于匈奴。因为他们的老大匈奴本身
就没什么文化，而作为原始部落的东胡更没什么文化，不怎么会掐算起名，
就把自己所居住的山名作为族名，最终形成了乌桓和鲜卑两个民族。

东汉初年，鲜卑跟在匈奴屁股后面满世界去砸场子，陆续得了不少好处，
慢慢地发展壮大。结果匈奴玩得过火了，一时得意忘形，惹了不该惹的人——
南边的汉王朝，被分化打击得一路狂奔，逃到了中亚，让出了蒙古大草原。
汉人打跑了匈奴人，但自己又对草原没兴趣，蒙古大草原就成了无主之地，
这就便宜了鲜卑人。汉人和匈奴一路向西打去，鲜卑人就跟在战场后面一
路拾荒，拾着拾着，一不小心拾了个蒙古草原出来，晋级成了土豪。

西晋以后，众多游牧民族逐渐内迁，在中国北方建立了好多小国家。
其中鲜卑土豪趁乱跟进，先后建立慕容氏诸燕、西秦、南凉、代国等好多
个国家，其中代国就是拓跋这一支建立的。但鲜卑人虽然霸占的地盘多，
却没什么金牌打手给看场子，结果在一次火并之后，被氐族给灭了。氐族
建立的前秦发展比较迅猛，把北方包括代国在内的好几个场子都给砸了，
自己当了个更大的老大，野心也变得更大了。但从他们的匈奴前辈的下场
就可以看得出，凡事都不能太过，玩得过头了就容易出事。前秦也是玩得
过头了，一不小心惹了不该惹的人——东晋。

东晋的那帮小资们，原本对侵占他们北方地盘的人是没想法的，既没
有收拾旧河山的雄心，也不理会周边的那些打打杀杀，每天只顾着吹牛、
喝酒、嗑药。但即使这种昏吃闷睡的日子也没法正常混下去，因为氐族人
打上来了。于是东晋很生气，我们只想安心嗑药而已，这么简单纯朴的快
乐也不让我们拥有吗？于是就热情地回应了一下，组织了几万人和前秦在

淮南、淝水打了两仗。

历史证明，誓死捍卫自己嗑药权力的人是很可怕的，原本有望千秋万载一统江湖的前秦老怪，被东晋劈头盖脸地来了一顿花式吊打，百十多万的部队，就让东晋的八万人给收拾了。最后这支本想着要"投鞭断流"的前秦人马，在"草木皆兵""风声鹤唳"中，饥寒交迫，死了个七七八八，剩下一小撮人灰溜溜地逃回了老巢。虽然前秦的人逃回去了，但扛把子的威严已经没了，手下的那些小弟们不想跟着这么个没前途的老大讨生活了，就各自重新立起了旗杆子。这时候，拓跋鲜卑又趁机重建了代国。

公元398年，拓跋鲜卑的老大道武帝拓跋珪，将国号定为"魏"，史称"北魏"，将都城定在了平城，即今天的山西省大同市。拓跋珪的孙子拓跋焘是北魏第三任皇帝，在位二十八年，先后破柔然、灭胡夏、打北燕、伏北凉、征山胡、降鄯善、逐吐谷浑，一套漂亮的组合拳打下来，统一了北方大部分地区。南朝的刘宋政权跑出来蹭热度，派军队进行北伐，结果反被拓跋焘打了回去，丢掉了自己的好多领土，吓得刘宋顿时凌乱了，求和不迭……就这么着，太武帝拓跋焘成了打遍天下无敌手的打架王，为北魏版图的扩张立下了赫赫功劳。

但有能力的人往往容易得意过头，别人还不敢劝。拓跋焘骑着战马风光了一辈子，感觉自己真的是天下无敌了，开始变身人形凶兽，想杀哪一个就杀哪一个，想诛哪一族便诛哪一族，连自己的亲儿子景穆太子拓跋晃都给逼死了，还进行了历史上第一次大规模灭佛运动，果真是人挡杀人，佛挡杀佛。经过太武帝后期的一系列不懈努力，把国内政治搞得一片鬼哭狼嚎，再加上固有的民族矛盾、阶级矛盾，以及长期征战给民众带来的负重，北魏地盘内已经变得千疮百孔了。

就这么一个烂摊子，交到了文成帝拓跋濬的手里。对此，拓跋濬感到万分头疼，他不知道自己能交出什么样的答卷。

祖传的烂摊子

北魏自公元386年立国，到公元452年文成帝即位前，历经了道武帝拓跋珪、明元帝拓跋嗣、太武帝拓跋焘、南安王拓跋余四任皇帝。

四人中，拓跋余是被宗爱扶上台、没几个月又被杀害的短命皇帝。其余三位老大，都是以赫赫战功闻名江湖。尤其是道武帝拓跋珪和太武帝拓跋焘，只看他们谥号里的"武"字，就知道他们绝对是凶名在外。建国的六十多年里，这三代统治者一心扑在了军事扩张上，对文治不太注重，到了文成帝这时候，各种矛盾已经空前尖锐。

首先是民族矛盾。拓跋鲜卑的手下收拢了好多小弟，除汉族外，主要是匈奴、羯、氐、羌。这些同时跟着拓跋鲜卑混的数个小弟，由于民族感情的因素，不仅互相之间经常敌对和仇杀，就是对老大拓跋鲜卑，也经常要干上一仗。这是固有的民族矛盾。

随着北魏的扩张，民族矛盾随之复杂起来。既然要扩张，就需要占有一定的地盘，可是这地盘原来也不是无主之地呀，这是人家汉族兄弟的场子。于是，拓跋鲜卑在扩张的过程中，与当地的汉族原住民积下了仇怨。扩张的过程中，还必须征服其他民族建立的政权。在这个征服的过程中，北魏统治者对被征服者实行了欺凌政策，疯狂的种族屠杀也时有发生，因而各种民族矛盾不断激化。

然后是阶级矛盾。抛开那些民族仇恨不说，不论是拓跋鲜卑，还是汉族的地主、贵族，抑或是其他民族的酋长、头目、山大王之类，各个族的掌权者们要求劳动人民交保护费的利益是一致的。于是经过长期的民族斗争之后，胡汉各族的地主、贵族、山大王之流趋向联合，共同压迫和剥削各族劳苦大众。同时，北魏连年征战，被统治阶级加在百姓身上的赋税、徭役等各种负担十分沉重。而且除常项的赋税之外，还经常巧立名目临时加征，百姓不堪重负，农民起义愈演愈烈。

不仅如此，统治阶级内部也有矛盾。自十六国的混战开始，各种乡间的地主、豪族组织本地民众结堡自卫，建立了私人武装，以保护自己的家园，到后来就演变成了无数的坞堡经济体，坞堡的首领成为一个地区的实际统治者。当这些坞堡归附了某一政权后，坞堡首领与国家统治者之间存在着利益分配的矛盾，妨碍了国家的政治统一与税收利益，形成了地主阶级与封建国家之间的矛盾。北魏政权是在十六国的废墟上建立起的，因而也历史地继承了十六国遗留下的这些矛盾。

还有吏治腐败的问题。北魏建国之初，作为原始游牧民族的酋长们没怎么当过皇帝，经验不足，导致官吏俸禄制度十分混乱，贪污腐败现象特别严重。而且，由于国家把主要精力都放在了军事上，对于地方民政和经济建设不怎么上心，地方经济不堪重负，各级官吏们不作为、胡作为，成了激化阶级矛盾的又一诱因。

同时，文化的冲突不能不提。拓跋鲜卑自身作为一个少数民族，统治着数量庞大的汉族和其他民族，尽管经过六十余年的磨合，但在文化方面不可避免地存在着冲突，还有很多其他方面的矛盾，也是由于文化的冲突所导致的。这种少数民族入主中原之后面临的文化冲突，在中国历史上发生过很多次，毫无遗漏地考验着少数民族统治者们汉化的决心。马克思说的那句"野蛮的征服者总是被那些他们所征服的民族的较高文明所征服"，就是对这种规律的总结。北魏初期，统治者积极寻求与汉族精英的合作，想要摆脱落后的现状，但因为忙于军事，对汉文化的吸收进展得不太顺利。当然，这些统治者们可以选择强迫其他民族都接纳他们的文化。不过，面对中原强盛的文化，他们的那点文化实在是拿不出手。所以，当文化问题处理不好的时候，各种冲突、屠杀、战争的发生就屡见不鲜了。

与文化的冲突比较相似的，还有生产力低下所带来的问题。拓跋鲜卑虽然在北方完成了军事上的统一，但是封建化的进程才刚刚开始。一个正常的封建国家的经济收入，主要来源于广大的自耕农，但此时北魏的国家经济收入，毫不遮掩地显露着他们的野蛮本性——主要靠掠夺。他们不仅掠夺财富，也掠夺人口。掠夺而来的人口，成了他们的奴隶。这种生产力、生产关系和生产方式，都是奴隶制性质的，这对于从战国时期就进入封建制阶段的中国来说，显然是一种倒退。而开历史倒车的人或民族，被历史淘汰是理所当然的。所以，拓跋鲜卑能用武力征服半个天下，却改变不了被征服地固有的先进生产方式。按照"经济基础决定上层建筑"这一逻辑，北魏国家的上层建筑应该是汉化的，这与拓跋鲜卑初期的政权诉求显然不符，因而形成了一个比较严重的矛盾。不解决这个矛盾，任何少数民族在中原都没有立足的社会基础，此时的拓跋鲜卑也面临这个困境。

此外，施行了几十年的严刑峻法，也显露出了副作用。北魏前期一直处于军事扩张时期，需要用严刑峻法来威慑那些敢于反抗的民族和国家以及不法官吏，致使在北魏初期，有大量人口死于峻法之下。由于当时北魏属于军事扩张期，随时可以掳掠大量人口来补充劳动力，所以这种做法的危害还没有显露出来。但随着天下的安定、战争的减少，所能掳掠到的人口也大幅减少，如果继续施行严刑峻法，将不利于社会的稳定。

除了以上这些矛盾亟须解决，另有与柔然、吐谷浑、南朝刘宋的边境冲突等一大堆问题。这位年仅十三岁的文成帝拓跋濬，稍稍忆一下往昔峥嵘岁月，差点步他爹后尘惊惧而死。但到底是正版的拓跋家子孙，心性相当强悍，于是他决定想尽各种办法来改变现状。

但是，以上说的那一箩筐破事，目前看来就是天空飘来的五个字：那都不是事。因为眼前有一件更为危急、更为紧迫的事需要他去应对，如果应对不当，他的皇位、他的性命将全都成了浮云。这件事就是：有人要搞政变！

别跟我玩政治

皇帝这种生物，说强悍，那是非常强悍；说脆弱，那也是相当的脆弱。他们虽然气象森然一言九鼎颐指气使，但也是一直活得战战兢兢如临深渊如履薄冰。但如果有谁误以为他们是可以让人藐视的，那就又犯了错误，甚至会付出生命的代价。

纵观文成帝拓跋濬上位的经过，令人唏嘘。在这个黑暗混乱的时代，作为"世嫡皇孙"的拓跋濬，本来是皇位的正统继承人，但他的上位，竟然是靠一群武将的"政变"来实现的。

既然他是通过非正常手段上台的，那么也会有人动同样的心思。凭什么只许你政变，不许我政变？人，生来就有政变的自由。

存在这种想法的人不在少数，所以文成帝的皇位就不那么稳固了。

当时，虽然宗爱等一干阉人已经伏诛，但屡经动乱的北魏朝廷，依然人心惶惶。虽然北魏政权在太武帝的父亲——明元帝在位之时，就已经确立了储君制度，但还没有建立起稳定的嫡长子继位制度，因此皇位更迭之时，免不了要发生争权夺位的事情。一直以来，鲜卑族"兄终弟及"的旧规矩根深蒂固影响深远，绝不是一两代皇帝用铁腕就可以阻止的。对于这个皇位，他的叔叔们就没点想法？

答案是否定的。既然乌雷直勒你小子能通过政变来上台，那么我们这些皇亲国戚、封疆大吏们，怎么就不能政变？于是大家纷纷针对政变搞起了可行性研究。经过研究，在这个乱世里，众多权贵取得了可贵的共识，那就是：可行。

首先站出来用这份研究成果来理论指导实践的，是文成帝的两个叔叔——太武帝拓跋焘的第四子拓跋谭、第五子拓跋建。

不算那些早夭的，太武帝共有六个儿子，除了文成帝的老爸拓跋晃外，还有五人。其中晋王拓跋伏罗，比拓跋晃还早死四年。秦王拓跋翰、南安王拓跋余，已被宗爱给结果了。只剩下临淮王拓跋谭和广阳王拓跋建，但是有相当的号召力。

拓跋建是太武帝的第五个儿子，由于岁数年轻，哥哥太多，还未轮到他有什么建树。但第四子拓跋谭，那可是响当当的人物。当年太武帝征伐南朝的刘宋时，拓跋谭是中军大将军。那次南征时，宋军在邹山（今山东省邹城市东南二十里）这个险要坚固的地方存储了许多粮食，做好了长期死守的准备。但拓跋谭艺高人胆大，专啃硬骨头，哪里险要坚固就往哪里打，硬是攻破了刘宋的邹山要塞，缴获了里面储藏的三十万斛米，大长己方士气。后来拓跋谭带着军队势如破竹，一路打到了淮河边上。宋军料定有淮河天险，魏军不敢轻举妄动，自以为可以高枕无忧。没想到拓跋谭连夜指挥手下赶造了几十个渡河的竹筏子，悄悄渡过了河，如天兵天将般出现在了南岸。防守的宋军猝不及防，惊慌失措，纷纷溃散。拓跋谭趁势追杀，将宋军将领胡崇斩于刀下，另有一万多将兵被砍下了首级。

有拓跋谭这样的悍将存在，在文成帝皇位未稳之时，无疑是一种极大的威胁。首先，作为文成帝的叔叔，他身上流淌的是皇家血脉，人气又高，很容易被人推向前台，成为政变的旗帜。同时，拓跋谭和拓跋建风华正茂、血气方刚，并且作为藩王，其政治资源和军事实力都非常庞大，具有政变的能力。所以，这哥俩儿眼看着毛都没长齐的小侄子登了皇位，眼热得不行，就动起了别样的心思。

不过，政治这个东西自古以来就是天字第一号危险品，任你是指挥千军万马的杀神，还是富可敌国、地位尊崇、人脉广泛、智商超卓的什么大咖，都有可能与政治无缘。很多强行参与政治的人，在自以为登上巅峰的时候，却又摔得粉身碎骨，因为他们只知道政治有可能给人带来什么，却没考虑过一个问题：政治需要什么。

拓跋谭和拓跋建哥儿俩毫不客气地谋划着抢夺小侄子皇位。年仅十三岁的文成帝毫不手软，在他即位不到一个月的时候，某一天里让两个叔叔无疾而终。拓跋谭和拓跋建这两位地位尊崇的皇叔，用自己的生命证明了一个定理：政治需要的是牺牲。

对于这两人的死，在史书中只记载了十个字："广阳王建薨，临淮王谭薨。"这简简单单的十个字背后，却又不知道发生了多少腥风血雨。后世也有人持不同意见，他们推断：是拓跋濬为了防患于未然，先下手为强了。其论据就是：这个案子没有形成大案，没有株连到其他任何人。如果是拓跋谭和拓跋建有了谋反的事实，那绝不会只死他们两个人。

目前为止，我们还无法确定事实的真相到底是什么。但英国历史学家卡莱尔早就说过：历史除了人名是真的以外，其他都是假的。金克木和杨绛两位先生都对此观点表示赞同。既然如此，那么对于历史，我们也不必太较真。我们只要知道一条就行了，那就是，政治需要的是牺牲，管他是谁牺牲。

当然，在文成帝看来，政治需要的是别人的牺牲。

作为一个刚上任的少年皇帝，能够干净利落地解决掉两个大威胁，不能不说是常太后起了作用。试想，一个十三岁的少年，怎么会懂得把一切对自己有威胁的因素消灭在萌芽中？而且被消灭的对象还是自己的亲叔叔。在这其中，常太后的言传身教功不可没。如果说在拓跋濬的幼儿时期，对他影响最大的人是祖父太武帝拓跋焘，那么少年时期无疑就是他的保姆常氏了。正是常氏冷血无情的教育，使拓跋濬使出了冷酷的铁腕。也正是由于常太后的"任人唯亲"，使围绕在常太后身边的一拨人成了小皇帝的真正后盾，使拓跋濬能够有机会使出与其年龄不相符的手腕。所以，此时常太后的"任人唯亲"对北魏帝国的维稳是有利的。

在即位的第一个月里取得的这场胜利，也令拓跋濬信心爆表。皇帝的身边，只需要匍匐的人。在这种皇权至上的年代，政治只是被皇帝一人豢养的禁脔。所以，这个年仅十三岁的孩子，被下了一剂"皇权"这么猛烈的春药后，瞬间早熟，他摩拳擦掌，热血沸腾，勇敢地冲向了敢于同他玩政治的人，准备用更多的生命来血祭只属于他私人定制的政治。

三十六计杀为上

杀戮，是一种直截了当地解决问题的方法，与说服教育、劳动改造、利益交换比起来，显得更加老少咸宜、居家必备。对于一个手握生杀大权的皇帝来说，更是如此。

文成帝的心很大，视野很宽，他有很多事要做，没有时间耗在内部的斗争上。同时，也由于常太后的冷血教育，这位少年皇帝杀伐果断、心狠手辣。他手攥屠刀，冷眼观看，任谁千方百计给他添堵，他只有一条对策——杀过去！自他以横刀立马应万变以来，已有数拨人扑到了他的刀口上。

第一拨被杀的属于"尸位素餐型"。

明元帝拓跋嗣时期有一位老臣，名叫古弼，官至司徒，封灵寿侯。古弼为人忠诚谨慎又富于军事谋略，明元帝亲自为他赐名为"古笔"，取正直而有作用之意；后来又改赐名为"古弼"，意思是说他有辅佐君王的才能。后来太武帝拓跋焘也曾对左右的人说："有臣如此，国之宝也"；"笔公果如朕所卜，可谓社稷之臣。"可见古弼在朝廷中的分量。

还有一位张黎，更是北魏开国皇帝道武帝拓跋珪时期的有功旧臣，先后几任皇帝都对他加以表彰奖励。张黎镇守长安时，以清廉公正闻名。卸任的时候，家中一点多余的财产没有，轻装就回朝了。太武皇帝拓跋焘在位时，张黎南征北战，立下了赫赫战功。景穆皇帝拓跋晃监国时，张黎尽心辅佐，忠心侍奉，自己的私事从来都不考虑，给大家留下了非常好的印象，最终被委以辅佐重任，官至太尉。

就这么两位被众人寄予厚望的肱股级大咖，在气节和胆量上却令人尴尬了。在宗爱立志要做史上最疯狂宦官的时候，这二老缩起了脖子，别说斗争了，他们甚至还听从了宗爱的指挥。可谓人越老越没了骨气，典型的尸位素餐。

一个人的能力越大，声望越高，他所负担的责任也越大，别人对他的期望也越大。但当他没有负担起那份责任时，别人对他的失望也会更大。所以文成帝一上位，就给令他失望的俩人每人一个"外都大官"的官衔。这个官衔，本来是很高级的，但到了他俩身上，只表示恩宠而没了实权，这就相当于把他俩免职了。

人性说起来是很怪的。当一个人遇到了毫不讲理的对手，他可能会毫无骨气地摇尾乞怜。遇到了讲道理的对手时，他却又变得义正词严甚至强词夺理了，因为讲道理的人至少不会胡来，所以他们不用怕。这就是人善被人欺的道理。

古弼和张黎就是这样，宗爱疯狂的时候，他们害怕，畏缩，不敢吭一声，甚至跟着一起疯狂。到了文成帝让他们为自己的疯狂付出一点代价时，他们却觉得文成帝对他们太狠了，所以他们要据理力争，维护他们的正义。因此，在他们被免职以后，不仅没有维护文成帝的权威和领导，还在意识形态上没有向文成帝看齐，到处埋怨诽谤造谣生事，甚至还使用了巫蛊的手法要加害文成帝。

他们敢这么做，就是因为他们料定文成帝是白道上的人，不会跟他们按黑道规矩办事。但他们漏算了一件事：别看文成帝年纪小，可是他杀伐果断，心狠手辣，根本没有耐性同他们搞文斗。

文成帝不耐烦地问："还有没有其他能耐了？"在二位老先生表示很蒙圈的时候，文成帝毫不讲套路地就把他们给处死了。两位肱股级元老，就这样毫无价值地被消灭了。

第二拨，该"专横权臣型"的了。

专横权臣，就是不把小文成帝放在眼里的，比如常太后的两位老战友——长孙渴侯和拓跋寿乐。

前文提过，在文成帝刚即位的时候，常氏就让拓跋濬下诏，拜和自己关系比较好的拓跋寿乐为太宰、骠骑将军、都督中外诸军事、录尚书事，又拜长孙渴侯为尚书令、加仪同三司。按理说二人应该感激涕零，再立新功。但是长孙渴侯因为曾在文成帝上位时立下了大功，封赏却不如拓跋寿乐，因而心中不爽；而拓跋寿乐寸功未立，却骄横跋扈，得意忘形，因而两人之间很快就开始不和谐了，整日争权，遇事不能互相合作，把朝中搞得乌烟瘴气。文成帝很郁闷，你们这么闹，想过我的感受没有？

文成帝很生气，后果很严重。正当两个人闹得不可开交时，文成帝突然出手了，而且一出手就是死手。长孙渴侯和拓跋寿乐这两个权臣，连半点浪花都没翻起来，就被处死了。

下一拨，轮到"恃宠而骄型"的了。

文成帝即位后，大赏有功之臣。如陆丽、源贺、刘尼等一大批人，都被封了王。

其中有个名叫周忸的，原先只是个平南将军、宋子侯，在文成帝即位后，不仅越级封他为"乐陵王"，更是官拜太尉，成为掌管军事的最高长官，一时风光无限。这个周忸一激动，觉得不尽情张扬一下，就无法向世人证明自己在文成帝眼中的地位，于是就大肆往自己的兜里装钱，连赈灾的银两物资都敢装。结果装着装着，就把自己装进去了。事发之后，文成帝十分气愤："身为一朝太尉，竟然还不满足，私自克扣饷银妄图据为己有，罪大恶极！"然后，周忸被文成帝毫不犹豫地处死了……

以上这些人物，都是比较典型的。另外还有许多被躺枪的、连名字都没留下的人，不知凡几。在文成帝即位初期，被处死的大臣不计其数，朝中的官员已经换了好几拨了，以至于每天官员上朝时，会发现今天好几位站在身边的人都不曾谋面，可以想象出当时的内部争斗有多么激烈。

尽管这过程很血腥、惨烈，但关于皇权的斗争，一向是容不得掉以轻心的，如果文成帝胆敢有一点优柔寡断，那么他绝对会死得更惨。所以，在清除了来自皇亲国戚和朝廷内部的威胁之后，他还不能高枕无忧，在常太后和一票死党的支持下，他必须继续战斗下去。

专治各种不服

自古以来，草原上的民族都是具有"狼"性的，他们嗅觉敏锐，勇于出击，善于战斗，穷追不舍。最重要的是，狼遇到了猎物，并不是咬死一只果腹而已，而是在最短的时间里，能放倒多少就放倒多少，极富杀戮精神。所以，文成帝拓跋濬这么一个小孩子具有那么强的战斗力，就毫不意外了。

在诛除了宗室诸王和朝内权臣之后，文成帝着手清除其他反对派。他决定不给反对者任何的机会，他继承了鲜卑族的光荣传统，道武帝拓跋珪、太武帝拓跋焘在这一刻灵魂附体。文成帝一个人代表了鲜卑族悠久的历史和传统，在这一刻他不是一个人在战斗，他不是一个人！

"还有谁？"少年文成帝俯视四周，寻找试图与他战斗的对手。刚经历了与宗室诸王和朝内权臣两场战斗的他，瞬间满血了。

首先上台来表示不服的是陇西屠各部落。

屠各是一个匈奴人的部落，在文成帝上台后没几个月，他们觉得新皇帝年纪小，万事好商量，是展示他们屠各部落的自主权的时候了。于是就倚仗地势险要，要造反夺权，给自己内部私封了好多王侯，以此来显示自己的主权。

文成帝厌烦地说："最讨厌你们这种夜郎流的了，一点技术含量都没有。"就命统万城镇守将领、南阳王拓跋惠寿和外都大官于洛拔率兵讨伐，然后……就没有然后了，屠各部落三千多户人家，被强行迁徙到了其他地方，连自己的地盘都没了。

按理说，文成帝痛下杀手，连续处理了这么多王呀公呀部落呀的，其他人应该被吓住了吧？可是总有那么一小撮人，他们认为自己高人一等，做事比别人强，所以前赴后继地跑过来给文成帝的成长当垫脚石。

屠各部落的事刚结束一个月，又有一个叫杜元宝的出事了。

杜元宝原先只是个镇西将军，虽然也是位高权重，但算不得朝廷大员。在三个月前，文成帝刚升他为司空，正式晋升为朝廷大员；现在更是封他为京兆王，这下地位更加尊崇了。按照礼制，他应该入宫求见文成帝，当面叩谢。但事有不巧，他的父亲杜遗，在他要面见文成帝之时，突然去世了。为父亲操办丧事，走不开啊，等有空了再说吧！

但文成帝不知道他正在家里给他爹操办丧事，心想："哟呵，朕给了你这么大的富贵，你还架子挺大，是不是拿我不当回事？"于是吩咐身边的人："赶紧把他给我叫来。"

杜元宝听说皇帝要见他，就准备进宫去。这时旁边有人拦住他："你家里在办丧事，按照礼制，你要以孝为先，你得推辞啊！"

杜元宝手一挥，"没事，我和皇帝，我们哥俩多少年的交情了，不用讲这些。"自信满满地就跑进了宫里谢主隆恩去了。

然后……也没有然后了，这位新晋的司空、京兆王杜元宝大人，以"谋反"罪被砍了脑袋。史书记载："以谋反伏诛。"

以谋反伏诛？

这段写杜元宝的文字里，提到过谋反的事吗？

没有啊，确实没有。历史有时候就是一本糊涂账，尤其是和政治挂钩的时候，满本都写着两个字："吃人"。杜元宝根本没有谋反的心思和动机，他只不过是太拿自己不当外人了，结果触犯了少年皇帝的尊严。恰逢文成帝刚至舞勺之年，以政变上位，自己都不大自信，对身边胆敢冒犯自己的言行过度敏感，急需除掉一些对手以继续自己的主线任务，所以他才能以极度的热情去一次又一次原地满血复活，继续寻找下一个对手。这时候的杜元宝，真的是撞到枪口上了。

杜元宝死后，文成帝还不解恨，继续扩大战果。

有一位建宁王拓跋崇，是明元帝拓跋嗣第六子，按辈分，文成帝得叫他一声"叔爷"。拓跋崇的儿子是济南王拓跋丽。这爷俩和杜元宝关系比较亲密，所以被文成帝以杜元宝谋反的理由，一块儿除去了。

就在杜元宝系列案件结束后的第五个月，濮阳王郁久闾若文，征西大将军、永昌王拓跋仁谋反。结果——老规矩，同样没有了然后。

就这样，文成帝在上任的一年多时间里，不断与各种不服之人进行战斗，而他自己则像一个超级土豪玩家，或者是开了挂，来之能战，战之能胜，终于杀到了没有人敢再藐视他的权威，实现了政局的稳定。而在这个反复的不服与反不服的过程中，文成帝逐渐建立起了自己的朋友圈。

在斗争中成长起来的人，信奉"斗争就是力量"，所以他的朋友圈就是为了斗争而生的。

在借助常太后的朋友圈干掉了反对者之后，他理所当然地会被常太后的朋友圈所制约。为了与这种制约相斗争，他大力发展自己的圈子。为了避开常太后的势力范围，他选择了几个圈子发展他的势力。

第一个圈子当然是拓跋氏的圈子。文成帝先后封异母皇弟拓跋新成为征西大将军、封爵平阳王；拓跋子推为侍中、征南大将军、长安镇都大将、封爵京兆王……此举笼络了宗室诸王。

第二个圈子是他的生母郁久闾太后的亲属。郁久闾太后的兄长郁久闾毗被封为平北将军、河东公，然后一年之内又加官侍中、征东将军、晋爵河东王；郁久闾太后的弟弟郁久闾纥为宁北将军，封零陵公，一年之内又被加官侍中、征西将军、中都大官，封零陵王……这些人都是文成帝的亲舅舅，是一股可靠的力量。

第三个圈子，就是朝中的部分文臣武将。这是文成帝的整个圈子的核心。

而这个朋友圈的核心中的核心，就是武将陆丽、源贺，以及令公高允。

不知道自己姓"陆"的陆丽

中华浩瀚五千年历史,涌现出形形色色各种皇帝。他们中间有很多昏君,用各种昏庸的方式充实着历史素材:有的喜欢酒池肉林,有的喜欢杀人,有的喜欢戏弄诸侯,有的喜欢乱伦……

当然,这个队伍里还有一些明君。这些明君每个人都有自己的特质,但总体上符合三条岗位要求:

一是有识人之明。一个明君,未必聪明绝顶,未必才华横溢,未必武功盖世,但一定要有识人之明。因为一个国家大大小小各种事务,不可能是皇帝一个人全部搞定,他所选拔的官吏很重要。所以,只有用合适的人去做合适的事,才是明君该做的事。

二是有兼听之明。一个王朝的专制与集权,能够带来高效的决策,但它的弊病更大,当皇帝犯错时,整个国家会跟着犯错。而皇帝即使贵为"天子",他也是个人而已,不可能不犯错。所以,懂得"兼听",才有正确的决策。

三是有使命之明。身为封建帝国的皇帝,即使是明君,未必有"维护世界和平","解放全人类"这样的崇高觉悟,但他一定要懂得需要把社稷好好地传下去。为了这个目标,他至少不会开历史倒车,而是会不自觉地向着历史前进的方向努力,比如发展生产力、发展文化等。所以,一个懂得"水能载舟,亦能覆舟"的统治者,即使弱智得一塌糊涂,在历史上的名声也不会差。

对照这三条标准,魏文成帝拓跋濬即使因为在位时间较短而声名不显,但也绝对是位明君。因为文成帝亲手提拔了一批能臣,并在这批能臣的辅佐下,成功带领北魏由一个奴隶制游牧民族所建立的政权,转型踏上了封建化的道路，为后面的孝文帝改革打下了基础，成为北魏政权转型乃至中国历史发展的关键性人物。在这个过程中，陆丽、源贺、高允等一干能臣功不可没。所以，我们有必要在这里首先提一下陆丽。

"陆"是个非常有历史的姓氏。相传，尧帝掌管天下时，吴回时任火神祝融，他的儿子名叫终，因为在生活陆乡一带，所以人称"陆终"，陆终的后代，就以"陆"为姓氏。"陆"也是个非常有火气的姓氏。只"火神祝融"这四个字就几乎令人中暑。到了三国时期，他家有个叫陆逊的后代，玩起了祖传手艺，一把大火烧了刘备的三百里连营，几乎亡了蜀汉一个国家。

不过，陆丽的"陆"字和那个爱玩火的家族没什么关系，甚至陆丽本人都不知道自己姓"陆"。

一个人不知道自己姓什么？此话听起来有点扯，但真心不是胡编。

陆丽原本姓步六孤，他的全名应该叫"步六孤丽"。

步六孤是个鲜卑族古老的姓氏，在孝文帝改革时，"步六孤"才被改成了"陆"，但那时距陆丽离世已经有三十年了。所以，他如果知道自己姓"陆"，那才真是有点扯。不过，按照历史的习惯，此处仍然称他为"陆丽"。

公元452年，宦官宗爱变身皇帝杀手，先是弑太武帝，又杀东平王拓跋翰，立南安王拓跋余为帝，但在当年又将拓跋余弑杀。这些惨事发生后，被刘尼得知了消息。由于事情太大，刘尼也不知道该怎么办，于是找到了源贺，源贺又找到陆丽，陆丽又联合了长孙渴侯等一干小伙伴儿，发动政变推翻宗爱，文成帝由此上位。

文成帝即位后，对力挽狂澜的陆丽感激不尽，就要下旨封陆丽为平原王、官拜司徒。

但此时陆丽却拒绝了。不为别的，只为一个"孝"字。

陆丽的父亲陆俟是太武帝时的大将，深谋远虑，决断非凡，屡次平定叛乱，赐爵建业公。任冀州刺史时，朝廷考核州郡官员政绩，陆俟名列第一。

当文成帝封陆丽为司徒、平原王时，他拒绝不受。他认为：我的功劳比起我的父亲，实在算不上什么。现在我的父亲尚且没有封王，我怎么敢居父亲之上？

此言一出，传播了无穷的正能量，令文成帝大为感动。

于是文成帝豪气地说："这又有何难？朕将你们爷俩同时封王！"

但这时，陆丽仍在拒绝。这时候拒绝，不是他老父亲的原因，而是因为他的谦虚谨慎。你支持皇帝上位又怎样？古往今来，因得意忘形或恃才放旷而死在皇权下的有功之臣，还少吗？

陆丽越是拒绝，文成帝越是感动，也对他更加信任，不仅封他们父子为王，更是封陆丽的妻子为王妃。要知道，北魏自建国以来被封王的不少，可是妻子能被封为"王妃"的，可就不多了。这时候的陆丽，绝对是"万千宠爱于一身"。

"夫唯不争，故天下莫能与之争，圣贤诚不我欺啊！"春秋时期的老子的这句话，陆丽一定感叹过。因为他绝不仅仅是个武夫，他是鲜卑人中少有的喜欢研究文学的人，以他的文学水平已经在教学生们学习了。这说明在当时的朝堂之上，他绝对是一流的学者、文学家，也为文成帝带领全体鲜卑人接受汉文化起到了极大的促进作用。

这么一个文武全能型的人才，又相当低调，文成帝不喜欢才怪。于是在那些文成帝"三十六计咔嚓为上"的日子里，很多和陆丽一起并肩战斗过的老战友，如长孙渴侯和拓跋寿乐之流倒下的时候，陆丽却依然低调、奢华、有内涵地活了下来。

秃发后代：源贺

源贺是文成帝的又一老铁。说起这个老铁，整个鲜卑族乃至五胡，都得感谢他的祖上。

源贺的原名叫秃发破羌，鲜卑名贺豆跋，"秃发"是他的族名。关于"秃发"这个超有个性的族名的来历，说法不一。有人说因为鲜卑人原来的发型是地中海流的，他们爱好剃光头顶、四周的头发编成小辫子，所以叫"秃发"；有人说这和头发没关系，就是"拓跋"这个词的另一种音译；不过又有人说了，"拓跋"这个词本身就是"秃发"的一种谐音，因为游牧民族的发型一向是别出心裁的……

还有一种说法就比较沾染"出生伴异象"的不良习气了：传说，东汉末年，鲜卑秃发部的首领名叫寿阗。据说寿阗的母亲分娩时正在睡觉，对于预产期的到来毫无觉悟。待感觉有异时，寿阗自己就从被子里钻出来了。因为鲜卑人管被子叫"秃发"，所以因为这个神人一样的首领，这个部落也就得名"秃发"部。

寿阗死后，由其孙子秃发树机能继位。秃发树机能在历史上大大有名，正是所有占据北方的少数民族都要感谢的人物。

秃发树机能即位时，由于西晋的暴政，他起兵反抗，先后大破西晋的封疆大吏胡烈、苏愉、牵弘、杨欣等人，一举攻陷了凉州，威震天下。晋武帝司马炎吓得失声惊叹："即使是东吴、蜀汉那么难缠的家伙们，也不可能做到这样的事情！"

但很可惜，秃发一族的势力还是太单薄了，秃发树机能最终兵败身死。此事史称"秦凉之变"。

历时九年的秦凉之变虽然结束了，但秃发树机能消耗掉了西晋的四名悍将和数万人的百战老兵，并且得到氐、羌、匈奴等各民族的响应，直接影响到西晋王朝的整体局势。

在晋武帝去世后，各族人民再次起兵反抗西晋，渐渐演变成了势不可挡的五胡乱华之势。从这个角度看来，秃发树机能虽然起义失败，却成了北方游牧民族入主中原的先驱。

秃发破羌就是秃发树机能的后代，得到了明元帝拓跋嗣的赏识，赐姓"源"。后来，这位"源破羌"随太武帝拓跋焘四处征战，屡立战功，太武帝赐名"贺"。至此，这位秃发破羌，抑或秃发贺豆跋，终于有了一个洋气的名字：源贺。

正平二年（452），宗爱大逞淫威之时，源贺统率禁军，与陆丽等人一起发动了政变，迎立拓跋濬上位。同年十二月，文成帝封源贺为征北将军、给事中，并进爵为王。不仅如此，为了报答源贺的功劳，文成帝让他在国库中任取财物作为赏赐。

在众人羡慕嫉妒恨的目光注视中，源贺保持着清醒的头脑。他婉拒道："南有刘宋虎视眈眈，北有柔然蠢蠢欲动，国家随时随地可能要打仗，国库不可空虚，臣不敢领赏！"

越是这样，文成帝越是过意不去。最终，在文成帝坚持下，源贺只是挑选了一匹战马牵回家。此举既表示了不爱财的意思，又表达了"随时为陛下去开疆拓土"的忠心，令文成帝大为满意。

源贺是北魏时期一位不可多得的军事专家。他参考古今兵法及先贤著述特别是诸葛亮的《八阵图》，结合自己的作战经验，编写出兵法著作《十二阵图》，呈送给文成帝御览。文成帝当即命令组织宫中的卫队，照其中的阵法进行了演练，受到了百官的好评。不过非常可惜，因为年代久远，《十二阵图》早已失传。

在这员虎将威猛的外表下，还含着一颗惠民爱民的仁爱之心。源贺讲究仁治，曾针对北魏前期刑罚残酷、株连滥杀的弊端，上书文成帝施行仁政，对北魏的刑罚改革做出了很大的贡献。文成帝曾动情地对群臣说："当年源贺劝谏朕，宽宥所有的死刑犯人，让他们充军到边境戍守。从那时算起，一年能活下来戍边的人就很多了。这样不但保存下许多人的生命，而且满足了戍守的兵源。假若人人都能像源贺一样为国出力，朕统治天下还有什么可担忧的！"

太安二年（456），源贺被任命为征南将军、冀州刺史，改封陇西王。由于北魏多年来大兴徭役、民众痛苦不堪，源贺一上任就发起改革，不兴劳役、兵役之事，清廉节约。在冀州担任刺史的七年里，他身体力行，勤政爱民，裁断官司时通情达理、明察秋毫，深得人心。朝廷进行功绩考核，源贺政绩年年被考评为最上等。

但是，既然是改革，就总会牵动一些人的利益。当时武邑郡有个官员名叫石华，诬告源贺与他人勾结密谋造反。这个消息被呈送到了文成帝面前时，文成帝放心地说："源贺造反？这根本不可能！仔细查查，到底是怎么回事？"

有司详加审讯，石华果然招供了，的确是诬告。于是文成帝将石华处死，接着对源贺进行了一番鼓励和嘉奖，还对源贺说："你以丹青般的洁白而蒙受了苍蝇的玷污，这是不公平的。我已经穷究核实，将诬告你的人处以极刑。这些事你不要操心，好好地做你的事，将地方治理好，不要因诽谤的影响致使你的为政之策半途而废。"

不仅如此，文成帝还对左右亲信大臣道："源贺忠心耿耿，尚且招致诬告毁谤，那些不如他的大臣，更得小心警惕啊！"

虽然诬告者已经伏法，但源贺已经深深体会到高处不胜寒。期间，源贺数次要求卸任刺史职务，朝廷都没有允许。终文成帝一朝，源贺始终兢兢业业、忠心耿耿，以国家大事为己任，与陆丽等一道，为文成帝期间武功向文治的转型立下了汗马功劳，并在献文、孝文帝改革期间，仍然大放光彩，成为历史上有名的能臣。

北魏第一臣：高允

太平真君十一年（450），太武帝拓跋焘在位时，有一名汉臣崔浩，编撰了《国书》，尽述拓跋氏的历史，详备而无所避讳，直书了拓跋氏一些不愿人知的早期历史，其中不免有一些见不得光的东西。《国书》编出来后，被刻在石碑上树立在通衢大路旁，引起往来行人议论。北魏的鲜卑贵族们看到后，无不愤怒，都跑到太武帝拓跋焘面前告状，说崔浩有意让鲜卑族出丑。太武帝就命令收捕崔浩及秘书郎史，审查罪状。

时任太子老师的高允，因参与编写《国书》也受到了牵连。

在崔浩下狱的第二天，太子拓跋晃去找高允："高老师，咱们进去见我爹。假如我爹有什么话问你，你可得看清形势，别把命搭进去。"

高允说："这是闹哪样呢？"

拓跋晃说："进去你就知道了。"

于是两人就进去见太武帝。

拓跋晃对太武帝说："高老师是我的老师，我与他相处多年了，非常了解他。高老师虽然与崔浩一起编撰了《国书》，但他绝对不敢对皇家有什么贬低的言辞，那些讥讽皇家的话都是崔浩说的。高老师级别太低，崔浩的意思不敢违背啊。爹呀，您就饶了高老师吧。"

太武帝有心给太子面子，就问高允："《国书》都是崔浩那厮写的吗？"

高允回答说："《太祖记》，是前任的著作郎邓渊所写。《先帝记》以及《今记》，是臣与崔浩一起写的。但是崔浩政事太多，只是总裁修订而已。所以，大体上我写得比崔浩写的要多。"

太武帝一听，勃然大怒："你比崔浩的罪行还严重，我凭什么放过你？"

拓跋晃急忙拉住高允，一边使眼色，一边打圆场说："高老师一见了您有点怯场，说胡话呢。我先前问他，他说都是崔浩那厮写的。"

太子想要保一个人，这点面子还是要给的。于是太武帝整理了下心情，对高允诱导式地发问："这事儿，真像太子说的那样吗？"

太子急得一个劲儿给高允使眼色，高允却全当没看见，他朗声说："我这个人文采不太好，胡乱写了些文章，却没想到触犯了天威，罪应灭族。今天已死到临头了，我还有什么可乱说的？您也别生太子殿下的气，太子给我说好话，是因为我是他的老师，他不忍心看着我去送死。但我说的都是实话，如果陛下您不问我，我也不会说这些话；您既然问了，我不能欺骗您，我是有一说一、诚信为本。"

拓跋晃心里着急，又赶忙快跪下，向太武帝求情。

太武帝感慨地对高允说："一个人一时正直不难，难的是一辈子正直，而像你这样面对死亡还能保持正直，这就更难了！而且对我能够不说一句假话，真是个忠贞的臣子。就凭你刚才这一番话，即使你真的有罪，也应该得到宽恕。"于是，太武帝一高兴，竟然宽恕了高允。

后来，太武帝命令高允拟诏书：自崔浩以下、僮仆吏卒以上一百二十八人全部夷灭五族。

高允心里骂：你这杀神啊！在外面大杀四方还不够，回来也这么狠啊？于是迟迟不肯拟诏。

太武帝等了半天见不到诏书，就派人催了好几次。高允请求再见一次皇帝，太武帝就召见了高允。高允说："崔浩是不是有别的罪，我不知道。如果只是这一项罪，那不至于被杀。"

太武帝一怒之下，令人把高允绑了起来。

太子拓跋晃听说了这个消息，绝望地哀号。

但绝望归绝望，还得到他爹跟前去求情。

等拓跋晃见了太武帝，太武帝的火气也消得差不多了，对拓跋晃说："如果没有这人和我据理力争，就该多死几千人了。"

这是什么意思？拓跋晃心里纳闷，但也不敢多问，领着高允就跑回去了。

后来拓跋晃才明白了是怎么回事。太武帝原本想着自崔浩以下、僮仆吏卒以上一百二十八人全部夷灭五族，最后定罪的时候，虽然崔浩最终还是被灭了五族，但其余的人都仅以身死，家人都免去了灾祸。所以有的人在临刑前充满感激地说："高允曾劝陛下放过了我的家人，高允一定是个圣人吧！"

由以上这事就可以看出，高允绝对是一个勇于进谏的直臣。而历史的经验告诉我们："明君出直臣"，当一个朝代有这样的直臣，并且这个直臣还能活得挺滋润的时候，那当时的帝王也差不到哪去，比如李世民和魏征这对搭档。

文成帝和高允，也是这么一对模范君臣。高允有时情绪比较激动，进谏时言辞比较激烈，文成帝总是耐心从容地听着他的话。有时候文成帝实在是被高允惹毛了，就一挥手，命令左右侍从把高允搀扶下去，但是他始终对高允很好。高允经常自己又跑进来再谏，文成帝也没有办法。

有时候高允早晨进了宫，晚上才出来，甚至有时晚上都还在宫里，和文成帝一聊就是几天。

后来有人揣摩上意，上书提意见：陛下，您太不爱惜自己身体啦，老高这家伙太不像话啦。

还有的措辞激烈地批评朝政却不得要领。文成帝对这些人说："你们这些人虽然每天手持刀箭，站在朕身旁伺候，却不过是白白地站着，没有一个人劝谏过我一句话。而只是在看到我心情高兴时，要求赏赐一官半爵。现在，你们全都没有什么功劳，却都做了王公。而高允辅佐治理国家几十年，他的贡献不小，可他仍然不过是个郎官，你们这些人难道不感到惭愧吗？"说完这话，便给高允连升两级，任命为中书令，帮助自己处理政务。

因为那时的官吏俸禄制度十分混乱，很多官吏是没有俸禄的，收入全靠平时鱼肉百姓、贪污受贿。高允也是没有俸禄的官员，但高允是不会贪污的，所以他的官是升上去了，但实际待遇仍然比较差。

这一点陆丽比较了解，就和文成帝说："高允虽然蒙受您的恩宠，但他是没有俸禄的，家里贫穷得像普通百姓，妻儿都无以为生。"

不仅如此，当初同高允同一批入朝的，很多已经被封侯爵了，即使是以前高允的部下，也有一百多人官至省部级了，而且拿着二千石的高薪。唯独高允从来不争不求，厅级干部一当就是二十七年，从没有升过官。即使没有俸禄，高允也从不鱼肉百姓、贪污受贿，而是让自己的几个儿子砍柴采果来填饱肚子。

文成帝很惊讶，他根本没想到会这样，于是埋怨陆丽："你怎么不早说啊。"

文成帝亲自跑到高允家中去看望。当看到高允家中只有草屋几间、布被麻袍，厨房中只有一点腌菜时，文成帝感慨道："自古以来，朝廷官员有清贫到这种程度的吗？"立即赐给高允绵帛五百匹、粮食千斛，拜高允长子高忱为绥远将军、长乐太守。对此，高允多次上表坚决推辞，文成帝就是不答应。

当时有个叫游雅的大臣，写了一篇文章，夸赞高允的品行："从前史书上曾经称赞汉代卓茂、刘宽的为人，心地狭窄的人不相信那是真的。我和高允相处为官四十年了，从未看见他把喜怒哀乐表现在脸上。我这才知道古人古事都不是假的。高允内心文采光明，外表温和柔顺，就是说话总是慢腾腾的，好像不会表达一样。从前，司徒崔浩曾经对我说：'高允博学多才，是一代俊杰，他所缺乏的，恐怕只是一点儿刚毅的风骨。'我也是这样认为，直到崔浩犯了罪，陛下亲自审问时，崔浩吓得浑身发抖，声嘶力竭说不出话来。时任著作郎的宗钦等官员，也都吓得趴在地上，汗流浃背，个个都面无人色。只有高允一个人站在那里详细陈说事件的经过，进一步阐述是非曲直，表达清晰而有条理，阐明的事理清楚有深度，而且声音高亢洪亮，连陛下听着都为之动容，听的人没有不为他捏着一把汗的，这种行为，不是刚毅的风骨又是什么呢？"

种种事情，令文成帝对高允越来越敬重。后来，文成帝都不直呼他的名字了，而是尊称之为"令公"。于是"令公"的名号远播四方。

高允虽然出仕晚，但是为官时间很长，他历经北魏世祖太武帝、高宗文成帝、显祖献文帝、高祖孝文帝，辅佐四位皇帝，历时五十八年，伴随着北魏王朝一步步走向巅峰。像高允这样做人、做事、做官都有尺度，永远保持着做人的原则，既受皇帝信任，又得百姓称赞，子孙后代继续得当权者照顾的臣子，真不多见。他本人更是享年九十八岁，可谓北魏第一臣。

第四章　后宫风云

皇后养成计划与意外

在文成帝忙着经营自己朋友圈的时候，常太后也没闲着，她一心为小皇帝的后宫操心。

一个皇帝的后宫，必须有一个靠谱的皇后给掌管着，才能使一国之君不至于每天为后宫的家长里短操心。所以，皇后是一个很重要的位置，她对皇帝会起到非常大的影响。至于给小皇帝掌管后宫的人选，常太后早就想好了，那就是冯左昭仪临终前托付给她的小侄女冯氏。

在常太后看来，让冯氏来做小皇帝的皇后，那是太合适不过了。冯氏是冯左昭仪托付给常太后的，所以冯氏就是她常太后家里的孩子，将来冯氏长大后，理应是要回报常太后的养育监护之恩的，所以让冯氏做小皇帝的皇后，那是给自己上了双保险，这辈子再也不用担心什么了。而且冯氏小丫头别看年纪小，但天生聪慧、懂事，又在冯左昭仪的教导下知书达礼、温婉有仪。在小皇帝落难鹿野苑的时候，是冯氏每天陪伴在身边，因此两人也称得上是青梅竹马、两小无猜了。同时，从出身来说，冯氏也应当能够配得上小皇帝。

冯氏是个传奇女子。她出身于长乐（今河北省衡水市冀州区）冯氏。长乐冯氏是著名门阀大族，409 年冯跋取代了拓跋族的慕容氏，建立了北燕。430 年，冯跋病重，其弟冯弘乘机夺得了王位。而这位冯弘，就是眼前的冯氏小姑娘的祖父。436 年，北魏太武帝拓跋焘灭北燕，冯氏的父亲冯朗向北魏投降。到了 441 年，冯氏出生，这时距北燕灭亡已有五年了，北魏太武帝拓跋焘也已完成了中国北方的统一。冯朗投降北魏后，官至秦雍二州刺史，爵位至辽西城郡公，但最终还是被太武帝给杀掉了。冯朗死后，按照惯例，家中女性被没入宫中为奴，冯氏就被送进宫里做起了奴婢。

成为奴婢的冯氏，如果不出意外的话，她将就此劳作一生，最终老死在这个岗位上。但万幸的是，她遇到了冯左昭仪。

冯左昭仪是北燕国君冯跋的女儿。公元 434 年，北燕向北魏称藩，冯弘将其作为和亲的人选送入北魏宫中，被太武帝封为左昭仪。按辈分来说，冯左昭仪是冯氏的姑母。

作为一个远道而来担任和亲重任的女子，冯左昭仪在北魏的皇宫中分外孤独。在遇到侄女冯氏之后，冯左昭仪就把冯氏调到了自己身边，当作自己的孩子一样进行抚养教育。由于冯家本是汉族门阀，冯左昭仪自小就受到了汉文化的熏陶，在北燕宫中接受了程度很高的教育，再加上冯左昭仪本身就很聪明，通史书、晓翰墨、识大体，绝不同于一般女子。在她的教导下，侄女冯氏也变得知书达理、聪慧机敏。

因缘际会，冯左昭仪又在宫中遇到了同样来自北燕的常氏。冯左昭仪帮着常氏一步步走上了至高的位置，并在临终前将冯氏托付给了常氏。而常氏对冯左昭仪感恩戴德，又非常喜欢冯氏这个小丫头，更是指望将来冯氏对她投桃报李，因此在拓跋濬即位之后，便将冯氏安排为"贵人"，正式成为文成帝拓跋濬的嫔妃。

按太武帝为后宫制定的等级，嫔妃这个职业也是个金字塔型的晋升通道。顶尖的是皇后一名，然后是左、右昭仪，然后是贵人三个、椒房三个，下面就是一定数量的中式、世妇、御女等。

冯氏被安置在"贵人"的岗位上只是暂时的，常氏还会慢慢将她推上皇后的宝座。

当常氏的皇后养成大计正在进行中时，意外出现了。这个意外来自于一个刚进宫的奴婢李氏。

李氏本是南朝人，家住蒙县（今安徽省六安市以东），其父李方叔为南朝宋文帝时的济阴（今山东省菏泽市区域）太守。李氏本身长相十分出众，即使放到人堆当中，也能迅速吸引到男性的注意力，而且又是大家闺秀，属于典型的白富美。如果生在太平盛世的话，她也许会真的有一个美好的归宿。可惜，她生在了南北朝。

北魏太平真君十一年、南朝宋元嘉二十七年（450），宋文帝刘义隆发动了第二次北伐战争，想要统一天下。结果仍和第一次北伐一样，错估了双方的实力对比，反被北魏太武帝拓跋焘给南下饮马长江了。

当时，太武帝麾下有一位永昌王拓跋仁——就是后来在文成帝刚即位时因谋反而被杀掉的那位，这位老兄是明元帝的孙子、太武帝异母兄弟拓跋健之子。他带兵围攻寿阳，结果寿阳没攻下，却把蒙县给打下来了。进了蒙县，在李家后宅偶遇姿色动人的李氏和她的妹妹，就把姊妹俩一起掳掠回了长安纳为姬妾。

李氏姊妹天生姿容美好、妖娆多姿，对男人具有极大诱惑，因此拓跋仁对她们疼爱之极，夜夜宠幸，将二女调教得更加惹人喜爱。

可惜这种夜夜笙歌的日子很快就到头了。文成帝即位的第二年，濮阳王郁久闾若文以谋反罪被杀，征西大将军、永昌王拓跋仁受其牵连，以同谋之罪被赐死，家中男人尽数被杀，女人则按惯例没入宫中为奴。

兴安二年（453）七月二十五，永昌王府的姬妾们被州郡派遣的军士们从长安押解上路，向着京师平城进发。由于地势复杂、路途遥远，整个队伍行进得非常缓慢，一路无聊的野蛮军士们，就以这些姬妾为发泄对象，尽情欺侮淫乐。李氏姊妹由于天生媚态、美色迷人，自然成了军士们的抢手货，随时随地都有可能被拉去蹂躏一番。由于不堪折磨，李氏的妹妹死在了路上。而李氏当年已经二十多岁，可能由于年纪稍大、身体强健一些，虽然受尽了屈辱，但好歹活了下来，终于挨到了平城。进了平城，军士们就不敢那么放肆了，李氏随即被送进了宫中，虽然还是地位低下的奴婢，但是不用遭受那种折磨，得到了一定的休养，又恢复了美丽动人的模样。

接下来，美丽动人的李氏，将要在文成帝后宫的一潭深水中，搅起一片风雨。

李氏的春天

俗语有云："宁为鸡头，不做凤尾。"这是在告诫人：宁可在一个低层次的环境里当老大，也不要在一个高层次的圈子里给别人当跟班。

但很多实例证明，只有反其道而行之，成功的概率才会更大一些。做个鸡头，只能整日与鸡为伍，永远无法提升自己的层次；而选择做凤尾，则更有利于接触优势资源，起点更高，走得更远。

比如皇太后常氏。尽管她的父亲曾经贵为一地太守，但是家道说破落就破落，连自保的能力都没有，一家人只好去逃难。最后进了北魏的皇宫为奴，傍上了冯左昭仪和文成帝，才有了崛起的机会。

再比如此时文成帝身边的嫔妃冯贵人。虽然出身北燕皇族，但仍然无济于事，偌大个国家说没就没，父亲也被杀死了。还是进了北魏的皇宫为奴，才有机会成为皇帝身边的嫔妃，并且还有人给她做好了当皇后的职业生涯规划。

所以，做人要"宁为凤尾，不做鸡头"才对。归根结底，圈子很重要。有什么样的圈子，就有什么样的人生。

兴安二年（453），被押解到平城的李氏迎来了她人生的中的一次重大转变，因为她的圈子发生了重大变化。

在进入北魏的皇宫之后，尽管李氏只是最底层的一名奴婢，但她的安全相对得到了保障。随着时间的推移，她将得到更多的机会，然后生活得到彻底改变，因为凭着过人的姿色，她不难在众奴婢中脱颖而出。

这不是痴心妄想，在这里，一切皆有可能。因为这里是北魏的皇宫，全天下最顶级的圈子。

在进入这个圈子的三个月之后，改变命运的那一刻来临了。

那是一个初冬的清晨。在若有若无的晨风中，鲜亮的阳光从云层中穿透下来，送来了一丝和煦。文成帝趁着这难得的好天气，在一群侍卫的簇拥下，在宫中闲逛，逛到了皇宫南边的白楼上，举目远眺。正眺望间，看到了正在下面做营生的一群奴婢。文成帝瞟了一眼之后，目光就移不开了，因为他看到了李氏。光彩照人的李氏竟是如此地出众，看得文成帝当时就呆了。

虽然文成帝的身边已经有了冯左昭仪的侄女冯贵人做伴，但冯贵人此时才十三岁，还是个未发育成熟的黄毛丫头，如何能吸引文成帝的兴趣？而李氏就不同了，不仅天生丽质、妩媚动人，而且二十多岁的她已经发育得相当完全，浑身上下散发出一种迷人的气息，像一只熟透了的水蜜桃般，令人情不自禁地想咬上一口……

此情此景，令文成帝的雄性荷尔蒙瞬间井喷，他情不自禁地指着李氏，问身边的侍卫："那个女子长得美不？"

侍卫们顺着文成帝所指的方向望去，都由衷地点头赞道："确实很美！"

文成帝听了大家的认同，更加兴奋了，直接跑下了白楼，向着李氏奔去。

身后的侍卫们急忙跟在后面，边跑边喊："陛下驾到！"

那帮奴婢在进宫前经过了严格的礼仪训练，听到侍卫的喊话，都条件反射般地跪了下来。

文成帝丝毫没有理会那跪了满地的奴婢，径直跑到李氏的面前，托起了李氏的下巴，仔细打量着。这一打量，可就扎到心窝里去了——只见眼前的佳人媚眼如丝，眸中含羞，唇红齿白间似笑非笑、勾人心魄。文成帝顿时被荷尔蒙淹没了大脑，抱起了李氏就往旁边的斋库走去。斋库的守门人一直看守着这里的厨房用品，何曾见过这种场面？此刻有了为皇帝服务的荣幸，当然尽自己所能，小心翼翼伺候皇帝，给文成帝挪出一个还算舒适的铺位。

接下来，只是因为在人群中被文成帝多看了一眼的李氏，就和文成帝在这个斋库里，发生了不可描述的事情……

翻云覆雨、春风一度之后，这场姐弟恋令文成帝食髓知味。和冯贵人的青涩相比，成熟的李氏才叫迷人。她善解人意、经验丰富、技巧老到，令年轻的文成帝飘飘欲仙、欲罢不能。文成帝就动了心思，想将李氏纳入自己的宫中，以便整日厮守恩爱。

回去以后，文成帝就要实施这种想法，但遭到了常太后的坚决反对。当日之后，常太后详细查过了李氏的来历，知道李氏是从南朝宋被掳掠来的，曾是拓跋仁的姬妾，又于近期被押解来平城。对于这样的履历，常太后很明白这意味着李氏都经历过什么。这种红颜薄命、卑身贱体的残花败柳，如何能入了皇家的门？更重要的是，有李氏的存在，冯贵人该怎么办？她的皇后养成大计该如何继续进行？常太后对李氏这种随意加塞的行为大为不满。

于是，常太后就将文成帝叫来，摆事实、讲道理，对小皇帝进行劝阻。可是，爱情的力量是伟大的，这些日子以来，文成帝对李氏日思夜想，对于常太后的阻挠已经满肚子怨气。因此，一向对常太后言听计从的文成帝，决心要冲破封建家庭的束缚、寻找自己那真挚而热烈的爱情，坚决要将李氏留在宫中。

色不迷人人自迷。面对被迷了心窍的文成帝，常太后也没有办法，她心想：此时的文成帝正在热恋之中，已经昏了头。等这段热乎劲过去以后，再处置那个奴婢吧。

于是，这件事就这么搁置下来。可是搁着搁着，事情又起了变化。

正当常太后和文成帝冷战的时候，一个对常太后和冯贵人非常不利的局面出现了：李氏怀孕了！

矛盾的诱因

文成帝和李氏在斋库里春风一度的两个月之后，李氏就开始散布一条消息："我怀孕了！"

经过太医的确认，这条消息在北魏的皇宫中掀起了轩然大波。

常太后对此颇为恼怒。给小皇帝正儿八经选定的妃子冯贵人还没有怀孕，你一个下贱的奴婢怎么能、怎么敢怀孕？再说了，你们俩就亲热了一回而已，哪有那么巧你就怀孕了？你肚子里那孩子，不是死鬼拓跋仁的，就是来平城的路上押解你的哪个臭烘烘的军士的，或者是其他什么人的，绝不可能是皇家之种！

于是常太后把李氏找来，告诉李氏：要正确看待自己怀孕的事情，不要随便攀附皇家，这种做法是不稳妥、不成熟的，予对此事持保留态度，并对将来事态的发展严重关注。

李贵人明白，自己能不能活命，就看能否过了这一关了。于是一口咬定腹中的孩子就是文成帝的，并将怀孕的时间、当时在斋库的情形说得清清楚楚。

常太后于是亲自跑到了斋库进行调查，找来当天的守库人进行问话。守库人不敢有半点隐瞒，将当时的情景原原本本地讲述了一遍。末了，他又抛出一条铁证：为了日后便于负责编修《起居注》的起居令史掌握原始材料，事发当日，他将事情的经过记在了墙上。

常太后仔细地看了记在墙上记录，就不再说话了。铁证如山，证人众多，这事是无法赖掉了。她白了一眼那位极有责任感和主人翁精神的守库人，就转身离去了，留下了尽职尽责的守库人在原地不知所措。

回到自己的寝宫后，常太后再次将文成帝找来进行谈话，她要最后再做一次思想工作。

"陛下啊,这个奴婢你想好了没有?准备怎么处置?"常太后耐心地问。

"处置?"文成帝惊讶地道,"阿母,为什么要处置?她是我的女人,她怀了我的孩子啊!"

常太后打断道:"可是她的身份卑贱,怎么有资格成为你的女人?"

"身份卑贱?可是阿母,圣贤有云:'天下无生而贵者''人皆可以为尧舜'。"文成帝的话语里,意味深长。文成帝当然不可能是一个人权主义者,只是,拓跋氏自进入中原以来,主动向汉文化靠拢,其"子曰""诗云"的功夫日益见长,用孔孟之道来讲道理是再好不过了,绝对可立于不败之地。

文成帝后面还有话,但很含蓄地没有说出口。你常太后,原先不也只是个奴婢?要不是恰巧抚养了我这么个皇帝,你哪来的太后可做?那个贵人冯家妹妹,不也是被充入宫中当奴婢的?要不是有冯左昭仪,她现在还不知道是当厨娘呢,还是当浣娘呢?

尽管看破不说破,是行走江湖安身立命的法宝,但文成帝的小表情已经充分表达了前面这些意思,这令堂堂太后非常恼怒。

"你这孩子!"常太后怒道,"你难道不知道她在入宫前的那些经历吗?宫中的嫔妃,必须要清清白白、守身如玉,你要她当嫔妃,成何体统?"

文成帝也很委屈:"为什么不行?我一个皇帝,竟然连自己的妃子也不能自己选吗?"

"当然不能!"常太后异常坚定,"你不是学汉人的文化了吗?你数数历朝历代的皇帝,除了那些昏庸的无可救药的,有几个是凭自己的喜好选嫔妃的?"

论文化程度,文成帝自幼接受各种精英的教育,当然要高于常太后。但是论起弱肉强食、优胜劣汰的丛林法则,已经干倒两任太后的常太后,对这种法则的理解远比文成帝这个毛头小子要深刻得多。因此,虽然常太后这番话有些绝对,但也阐明了一个道理:皇帝的婚姻,政治意味远远要大于爱情的意味。要知道,不是任何人都有资格当皇帝的女人的。身为皇帝的嫔妃，要贤德聪慧，有母仪天下的风范；要知书达理，摆得正自身位置；还要能监督皇帝的行为，对皇帝起到劝谏作用。所以，皇帝身边的女人，要成为天下其他女人的表率和榜样。

以上这些，是关于嫔妃的岗位要求。但这只是明面上的，还有一条潜规则，比那些明规则还重要，那就是通过选妃，可以拉拢嫔妃身后所代表的势力，以稳固皇权。这就是为什么从古至今有那么多和亲事件发生的原因。但和亲的同时，又要谨防嫔妃身后的势力对皇权进行影响和干预。因此，为皇帝选妃，不仅仅是皇家的家事，而是牵动许多门阀势力的大事。这也是为什么很多皇帝在婚姻一事上不能随心所欲，要听从皇太后甚至朝中大臣等人的意见的原因。

可文成帝不管这些。在他看来，连谁当妃子都不能自己做主，这个皇帝当得还有什么意思？还不如一个乡下的土财主。事实也是这样，一国的皇帝由于其权力过大，牵一发而动全身，因而有数不清的人试图用自己的意愿来影响皇帝，以使皇帝的决策向有利于自己的方向进行。所以，皇帝的任何一个决策，都关系到各方面的利益的平衡，会受到各方的掣肘，往往不能由着自己的性子胡来。

既然不能由着自己的性子，那么文成帝就觉得很窝火。

在文成帝小的时候就能够被雄才大略的拓跋焘相中为继承人，这证明他自有过人之处。从史书上对文成帝在位期间的记述来看，他的确是一位优秀的政治家。所以，这么优秀的一个人物，即使是在年少的时候，也不可能傻乎乎地没有自己的想法。一直以来，他对常太后百依百顺，这里面固然有一个孩子对于长辈的依赖，但其中也包含着另一层意思，就是他需要常太后用自己的阅历经验、人脉圈子，在他即位之初去帮他稳固皇权。事实上，在他最初稳固自己的位置时，正是常太后的"任人为亲"，客观上为他组织了有效的后盾力量，才能不费多大力气地干掉了拓跋谭、古弼、张黎、长孙渴侯、拓跋寿乐、周忸、陇西屠各部落等一大批不稳定因素。所以，文成帝在即位之初，能够顺利地整顿秩序又带有凌厉的杀伐之气，其中常太后的影响不可忽视。

可是，一个有想法的皇帝，不可能满足于永远活在皇太后的阴影里。随着他慢慢地长大、成熟，他有自己的想法需要实现，所以就不可避免地与他的监护人之间有了矛盾。李氏的出现，就为这种矛盾的产生提供了诱因。

老谋深算的常太后知道这种矛盾不是靠争论就能化解的，于是她就停止了这种毫无意义的争论。在她看来，这种争论确实毫无意义，因为在这个宫中，还是她常太后说了算。李氏肚里的那个孩子，她老人家有一万种方法，让他消失。

皇长子降生

"亲生之子，怀之十月，身为重病，临生之日，母危父怖。"《孝子经》所言，并非危言耸听。在医学不够发达的那个年代，孕妇产子是一项非常危险的事情，所以才有"生日就是父忧母难之日"的说法。

兴安三年（454）仲夏，李氏临盆的日子越来越近了。据太医讲，李氏肚子里怀的十有八九是男孩儿。

男孩儿！这意味着，皇长子就要出生了。

皇长子即将出生，这对于文成帝和李氏来说，当然是个好消息。文成帝有后，李氏的地位稳固，这是个皆大欢喜的局面。而且这个消息对于整个国家来说，也似乎是一件大好事。在那些朝廷大臣们看来，皇帝有后，是关乎江山社稷的大事，至少将来在继承人的问题上，会少了很多争斗，而一个国家的稳定，是人人都乐于看到了，所以，这应该是一个喜大普奔的消息。

但此时宫里的反应，却有些耐人寻味了。

冯贵人对于此事没有发表任何意见。即使有意见，别人也不一定关心。

此时的冯贵人，在众人的眼中处于可有可无的地位，有她不多，没她不少。大家关心的，是常太后的态度。作为目前宫中的老大，常太后的态度至关重要。

显而易见，皇长子即将出生，这个消息对于常太后和冯贵人来说，可不是个好消息。如果李氏生下了皇长子，那么这个孩子将来极有可能被封为太子，而冯贵人将失去竞争力，皇后的宝座将离她越来越远，她本人将就此消失在历史中，常太后也将无法实现她的战略目标。出现这种状况，常太后会允许吗？

此时的宫中，异常宁静。

对于李氏即将产子，冯贵人没什么动作。一来，冯贵人还是个刚刚十来岁的小丫头，也许对此根本就没什么想法。二来，她的地位全是建立在文成帝和常太后对她的喜爱之上，如果这俩人不为她出头，她毫无应对的能力。所以，即使她对此事有些想法，但文成帝在这事上不会给她出头，她只有常太后可以依靠了。

但意外的是，常太后对此也非常淡定，持不鼓励、不支持、不反对、不拒绝的态度，总而言之就是没态度。如果这种淡定对冯贵人来说还算正常的话，那么搁在常太后的身上，就显得非常诡异了。连瞎子都能看出来，常太后是不满意李氏的，她绝不允许李氏打乱她的计划。那么她为什么没有动作呢？难道是接受了既成的事实了吗？

其实常太后心里早有打算。"父忧母难之日"，这充分说明了这是个一切皆有可能的日子，婴儿可能夭折，产妇可能出意外……既然临盆的日子是最危险的日子，那为何不再给这个最危险的日子加上点不确定因素呢？不管出了什么事情，都可以将责任推到临盆的危险上来。

为了充分体现临盆的危险性，常太后已经做好了万全的准备。太医，选了最听话的；产婆，那一定要嘴巴最紧的；打下手的奴婢，都是跟了自己很久的……总之，没有危险，就要制造危险；已有的危险，要让它更危险。

万事就绪之后，只等着李氏临盆了。常太后安排的所有与接生有关的人，全部摩拳擦掌，只等一声令下就冲向产房第一线。

可是等来等去，李氏生产的消息没等来，常太后的命令没等来，却等来了一个万万想不到的消息，文成帝带着李氏出巡了。

即将临盆的李氏，竟然跟着文成帝出巡了。这是要在宫外生产的节奏吗？常太后的脑子一时间没转过弯来，皇帝的女人，可以在宫外生产吗？

文成帝的这一招，打得常太后等人措手不及，一切布置都落了空。

兴安三年（454）六月初一，怀孕已经八个多月的李氏，随同文成帝前往阴山却霜。

"却霜"是当时鲜卑族的一种祈暖却寒的习俗。阴山在距离平城北面六百里的地方，纬度较高，天气寒冷，即使是在夏天，山上也有残存的冰雪。皇帝在这里进行却霜，即祈求温暖。这也是小冰河时期的一种祈求上天保佑的仪式。

带着一位即将临盆的孕妇去却霜，是冒了极大风险的。李氏本是南方女子，对于北方的气候与水土本身就不习惯，现在再去更加寒冷的阴山去却霜，还要在那种恶劣的环境下分娩，危险极大，一旦有个闪失，母子二人都难以成活。

但是，文成帝没有其他的办法。夏季却霜，这是拓跋族的老规矩，他不能轻易更改。而留李氏一个人在宫里，他也不放心。他的亲身经历告诉他，皇宫这个地方，自古以来就是个是非之地，藏污纳垢，阴谋汇集，天下还有比皇宫更险恶的生存环境吗？阴山那里的环境与皇宫相比，倒显得更具亲和力了。

"陛下，为了奴婢这样做，值得吗？"在马车上，依偎在文成帝怀里的李氏，轻声问道。

看着李氏那精致的面庞，文成帝不禁又一阵心情激荡。他爱抚着李氏的脸庞，有些心疼地道："什么值得不值得，以后不要说这种话。只是苦了你，身怀六甲，还得跑到这等苦寒之地……"

李氏伸出手指，按在文成帝的唇上，不让他再说下去，然后又给文成帝宽心："奴婢这些年来，经历了家破人亡的大变故，早以为自己这一生再也没有指望了。但现在，能够陪伴在陛下您的身边，您还为了我大动干戈，我还有什么不知足的呢？我出生的时候，我父亲寻高人给我批过八字，说我命中注定大富大贵。但愿我能够有此福气，一直陪伴在您的身边。"

受李氏情绪的感染，文成帝也动情地说："愿佛祖保佑……"

或许是文成帝向佛祖许的愿得到了应验，或许是李氏本身确实福气无边，三十四天之后的七月初五，李氏在阴山临盆，生下一个大胖小子，母子平安！

文成帝大喜，在阴山却霜期间，下诏改元"兴光"，为皇子取拓跋名"第豆胤"，封李氏为"贵人"。

消息传回宫中，常太后恼怒异常。在摔了诸多家具、惩罚了若干不开眼的下人之后，她突然又想到了一招撒手锏。这一招使出来以后，她确定可以彻底解决李氏这个祸患。

李贵人的喜与悲

在皇长子满月后的八月十一，文成帝带着李贵人母子返回了平城。

返程的路上，年轻的文成帝雄赳赳气昂昂，像个凯旋的出征者。他对自己的发散性思维非常满意。当常太后在宫里进行周密安排的时候，当一大帮各色人等在常太后的指挥下布下大口袋的时候，他却虚晃一枪，带着一大帮产婆、奶妈、奴婢之流的，抽身北上了。这一招叫什么？瞒天过海，声东击西，还是暗度陈仓？文成帝心里自鸣得意。谁说皇帝的女人一定要在皇宫里生产？我甚至都不在京师，直接去了北边。这步棋有谁能猜得出来？

文成帝这一手棋确实下得很漂亮。当他的仪仗队进了平城，满朝文武、平城百姓夹道欢迎。虽然当今的皇帝还是个少年，但他们仍然为了皇帝有后而喜悦。这种喜悦，来自于国家的平稳，来自于社会的安定。只要皇帝有了后，将来政权交接的时候，出现变故的概率才会大幅降低，大家的安稳日子才能继续过下去。要知道，兴，百姓苦；亡，百姓苦。一句话，稳定压倒一切！

看着跪了满城的黑压压的一片人头，文成帝的心中突然冒出了一种从来没有过的想法。这不是他第一次出巡，但回来以后受到的礼遇，却从没有如此重大。

皇帝有了儿子，又不是他们家的事，他们为什么会由衷地喜悦？文成帝心中当然不会冒出"兴，百姓苦；亡，百姓苦"以及"稳定压倒一切"之类的话，但此情此景，却给了他很大的触动。

一路思索着进了皇宫，见了常太后的面，他才从沉思中清醒过来。

常太后满面春风，乐呵呵地指挥着下人们把李贵人搀扶进早已准备好的寝宫中，还不忘安顿下人们"小心伺候着"。接着抱过小皇子，又是亲又是逗，还亲手为小皇子指派了一大拨伺候的人，一副慈祥长者模样。

文成帝被常太后的表现弄得丈二和尚摸不着头脑，但他也乐得一派融洽，便任由常太后进行安排。只是，在常太后的安排之外，他还多了个心眼，往奴婢们的队伍里安插了几个信得过的人，以防不测。

常太后对文成帝的小动作一笑而过。自从文成帝带着李氏北上却霜之后，常太后就知道，她和文成帝之间公然对抗的局面已经不可避免地出现了。对于这种裂痕的出现，她很伤心，很难过，但从不曾逃避。那个曾经像小鸡崽子一样小心翼翼躲在她身后的乌雷直勒，如今已经羽翼丰满，成了这个国家最有权力的人物，每日里像个真正的男子汉一样站在巅峰上发号施令。对于乌雷直勒的这种成长，她非常高兴。在她的心里，乌雷直勒就是自己的孩子，她希望乌雷直勒能够像他的祖辈们那样，以一代帝王的雄风，君临天下，让所有人匍匐在他的脚下颤抖。为了达成这个目标，她愿意背负起枷锁，将所有阴暗的、负面的、龌龊的事情，全部了结在她的手中，而留给乌雷直勒的，则是一个光明的、美好的、远大的未来，即使背负骂名，即使乌雷直勒不理解她，她也无怨无悔。她认为，这是一位母亲的担当。所以，就目前看来，她有义务、有责任为年轻的皇帝打理好他的后宫，直至他有了一个像样的皇后，那时的她就真的可以安享晚年了。

基于这种心理，常太后对于文成帝的防备与戒心，丝毫不以为忤。常太后心里发笑：到底是个孩子而已。不管他在外面有多么威风，在她的眼里，他仍然是个孩子。历史上，有哪个人当了皇帝以后，就可以不认自己的母亲的？基于这一点，宫中的事，还不是她常太后说了算？在伺候李贵人和皇子的事情上做手脚，这也太小看她常太后了吧？

事实上，文成帝的担心确实有些多余了。自李贵人带着皇子回宫以后，常太后将方方面面都安排得非常周到，小皇子生龙活虎地慢慢长大，李贵人也越来越对常太后充满了感激。而常太后也越来越有慈祥长辈的风范，夸李贵人俊俏可人，夸小皇子机灵乖巧。整个后宫一派母慈子孝的和谐景象。

随着时间的推移，李贵人母子的地位越发稳固起来。兴光二年（455）六月初一，文成帝下诏，为李贵人所生的皇长子取名为"弘"，改元"太安"。

此时的皇长子拓跋弘，越发长得虎头虎脑、活泼乖巧了，渐渐获得了大家的喜爱。由于是皇长子，半年之后，立拓跋弘为太子的事情就被提上了议事日程。

自己的儿子就要成为太子了！对于李贵人来说，还有比这更好的喜讯吗？就在三四年以前，她还是一个罪人家的奴婢，过了今天不知明天还能否活下来，但转眼之间，她的儿子竟然就成了这个国家未来的主人，那她自己，岂不是很快就能变成皇后？以后儿子登极，自己岂不就是皇太后？天哪，这个位置，以前想都不敢想啊，现在竟然离得自己如此之近。

幸福来得如此突然，李贵人几乎被砸晕了。心情变好了，看什么都觉得更加顺眼了。就连这一天打断她和小弟豆胤在御花园玩耍的常太后，都变得更加可亲起来。

"皇太后圣安!"看到皇太后常氏走了过来,李贵人和一众奴婢均躬身行礼。

常太后挥挥手,示意众人免礼平身,然后笑呵呵地抱起小拓跋弘,逗弄了一会儿,便将拓跋弘交给身边的奴婢,让奴婢们带小皇子到别处去玩耍。

众人心知常太后这是要和李贵人谈事情,便知趣地抱着小皇子走开了。

看看四周清静了,常太后张口道:"李贵人啊,关于立皇长子为太子的事情,想必你也有所耳闻。不知你意下如何?"

李贵人当然是点头不迭,然后还不忘感谢常太后:"谢太后恩典!"

"谢我倒不必。"常太后稍微谦逊一下,"这也是为了皇家的将来、为了我大魏的江山着想。"

"太后您深谋远虑,是我大魏之福!"李贵人讨好道。

"不过,"常太后看着李贵人的表情,慢慢地道,"作为太子的生母,有些事情,必须要说给你知道。"

李贵人于是正襟危坐,做出一副垂首恭听的样子。

接下来,常太后就给李贵人讲了几个"旧""故事"。

李贵人压住心中的惊恐,颤声问道:"太后,不知道这个'以旧法薨'的'旧法',是什么意思?"

常太后看着李贵人,认真地答:"所谓'旧法',是开国的烈祖道武皇帝定下的规矩,至今没人能够违反。这个旧法就是——子贵母死!"

"子贵母死?!"这四个字犹如四个炸雷在李贵人的头顶上炸响,李贵人两眼一黑,晕了过去。

又见"子贵母死"

汉乐府诗中的《孔雀东南飞》，讲述了一对恩爱夫妻焦仲卿、刘兰芝，由于焦母的顽固和刘兄的蛮横而被迫分离并双双自杀的故事。这一首爱情的悲歌，取材于东汉末年间发生的一桩婚姻悲剧。其实这种悲剧，在北魏期间发生了很多起。譬如太安二年（456）发生的这一起。

腊月的平城，日头被寒冬凝结成了惨白的一块，无精打采地垂在天边。寒风像刀一般，不知从哪里砍下一块块冰雪，剁碎了，丢在这座毫无生气的城市中，白色的雪花没头没脑到处乱撞，把整个城市弥漫得一片缟素。树叶子早已掉光了，只剩下光秃秃的枯枝，在风中吱吱作响，试图进行最后的挣扎。然而一切的对抗都是徒劳，所有曾经的希望、温暖、喜悦、收获，仿佛从来不曾存在过，它们换上一副副狰狞猥琐的面孔，跑过来掐住了人的喉咙，令人喘不过气来。

寝宫的门窗都紧闭着，将外面的嘈杂隔绝开来。室内的炭火烧得正旺，但这座寝宫的主人，心里却还是一片冰凉。

刚才常太后来过了，对她的身体状况表示了关心，还让太医过来，像模像样地把了脉、开了药，还有人郑重其事地去煎药了，煎好了一大碗汤药，给她送了过来。但这个时候，做这些事情又有什么意思呢？那个狠心的老太婆，笑容满面、语气温柔地告诉她：你必须死。都要去死了，还号什么脉、喝什么药呢？

苏醒过来的李贵人，对着放在桌上的汤药发呆。当年汉武帝杀勾弋夫人，她听说过；拓跋魏因此立下了"子贵母死"的规矩，她也曾当作传说故事一般与人讨论过。但那时的"子贵母死"这四个字，离她是那么遥远，简直是另一个世界的事。她曾心想，儿子当了太子，母亲就要死去，这种逻辑是多么的搞笑。谁知世事无常，一转眼，这四字成为她面临的搞笑逻辑。

"作为太子的生母，你为社稷立下了大功。可是自我大魏立国以来，为社稷立下大功的也不只你一个，她们不都得乖乖遵守祖宗定下的规矩？那可是祖宗定下的，是不能变的，你是大魏的女人，就得遵守我大魏的规矩。唉，也不知道你修了几世的福气，儿子刚生下来，就要当太子了。人要是到了这个地步，就算是离开这世上，又有什么遗憾呢？"常太后说完这些话，就腰肢款摆地离开了，留下李贵人一人在那里发呆。

儿子要当太子了？我立下了大功？可是我为什么必须要被处死？你们凭什么？她要去找皇帝问问，我要被处死了，你知道不知道？你不会那么狠心，要让你深爱的女人去死吧？你是那么爱我，怎么会对我做出这种事？一定是那个老太婆和姓冯的那个黄毛丫头合起伙来欺骗你的，对不对？咱们夫妻俩同心协力，看谁能欺负了我们……

可是没等她动身去找文成帝，文成帝已经派身边的小宦官过来了。那小宦官眼神里透露出来的同情令她绝望。

小宦官说，陛下刚才在太后那里，两人大吵了一架。陛下红着眼问太后：阿母，为什么要处死李贵人？

太后瞪眼：是我要处死她吗？那是祖宗定的规矩，谁敢违抗？

陛下说：规矩是人定的，怎么就不能改？

太后很生气：规矩当然是人定的，但定下来就是让人遵守的！列位先帝们的生母，有谁敢违抗这条规矩？就连你的生母景穆恭皇后，也不遵守了这个规矩了吗？

提起景穆恭皇后，陛下的眼更红了，他冲太后大声说：我身边的亲人一个个都没了，我活得还有什么意思？

太后也发火了：什么叫亲人一个个都没了？什么叫活得有什么意思？你是皇帝！拓跋家的皇帝！你是这个天下的主人！你要的不是有意思，你要的是君临天下。

陛下大喊：那我不当皇帝行不行？我只要我身边的人和我在一起。我要李贵人，我要我的阿母。

太后就哭了，眼泪流得哗哗地：你要你的阿母，你的阿母……那我是谁？在来大魏的路上，我和我的男人、孩子走散了，我那可怜的孩子，再也没有见过面，也没有吃上一口我的奶水，吃我奶水长大的，是你啊！五年前，宗爱那个贼子发了疯，我一个妇道人家，带着个男孩儿到处躲避，根本不怕得罪宗爱。我那是为了谁？为了你！在鹿野苑，我整日提心吊胆地在外面放风，连屋子都不敢进，就怕乱兵来了，里面的人没有防备被捉了去。你知道里面的人是谁吗？还是你啊！我为了你，连自己的命都可以不要，为什么啊？因为我拿你当我的孩子，我，就是你的阿母啊！

太后哭得泣不成声。陛下也哭了，他走过去抱着太后的胳膊，嘴里叫着：阿母，阿母……

听到这里，李贵人的心越来越凉。她抱着一线希望，问小宦官："陛下他……最后怎么说？"

小宦官没有答话。他掏出一副文房四宝，铺开了纸，磨好了墨，摆上了笔，对李贵人说："陛下说了，贵人您还有什么家人亲戚需要照顾的，就把名字写下来……"

后面小宦官还说了些什么，李贵人已经听不清了。她觉得这个世界已经完全坍塌了，她捶胸破肝，号啕大哭起来。

不知哭了有多长时间，小宦官不知道什么时候离去了。李贵人抹了抹眼泪，拿起笔，在纸上依次写下了几个名字：李峻、李诞、李嶷、李雅、李白、李永、李洪之……这些人，都是李贵人的兄弟。每写下一个名字，她就痛哭一阵，待写完这些名字，她已经瘫软在地，口鼻还有呼吸，但双眼已经空洞无神，透露着无限的死意。

太安二年（456）正月，一代佳人李贵人在人生中最美的年华里，带着她曾经经历过的高傲与卑贱、喜悦与痛苦，为一位皇帝的生平增添了一点花边新闻之后，永远地离开了这个世界。正可谓：

花谢花飞花满天，红消香断有谁怜？

福祸相依的李洪之

十年生死两茫茫，

不思量，自难忘。

千里孤坟，无处话凄凉。

纵使相逢应不识，

尘满面，鬓如霜。

夜来幽梦忽还乡，

小轩窗，正梳妆。

相顾无言，唯有泪千行。

料得年年肠断处，

明月夜，短松冈。

北宋时期，有位大文豪苏轼，给自己的亡妻写了首悼词，名曰《江城子·乙卯正月二十日夜记梦》，其词感情真挚、凄婉痛绝。世上真挚的爱情，大抵如此，北魏的文成帝也不例外。

毫无疑问，有李贵人陪伴的那两年，是文成帝最开心的日子。那时候，他们恩山义海，整日里耳鬓厮磨，如胶似漆般不愿分开一刻。李贵人占据了文成帝感情生活的全部，她用一场轰轰烈烈的姐弟恋，燃烧出了自己人生中最光芒四射的时刻。然而，她身边的这个男人不是一般的男人，而是一个皇帝。这是一个政治属性要远远大于自然属性的角色。在一桩婚姻中，有这么强的政治属性，再加上一些顽固派的坚持，这桩婚事十有八九是个悲剧。李贵人，就是这个悲剧的主角。

李贵人之死，也让我们为文成帝担忧起来。在文成帝十三岁那年，他眼睁睁看着亲生母亲被处死；十七岁的这一年，情窦初开的他又眼睁睁看着自己心爱的女人因同样的理由被处死。这样惨绝人寰的事情，两次发生在一个世界观、人生观正在养成的少年的身上，会对这个少年的心理造成怎样的影响？整日受"千里孤坟，无处话凄凉"的心境折磨，怎么看这都是要把一个少年逼疯的节奏。

所幸，我们在史书中并未见到文成帝发疯或是抑郁了的记载，反而能够看到，文成帝在他的执政时间里，为北魏政权的封建化、汉化做出了巨大的贡献，为拓跋氏统治的文明化、儒化立下了汗马功劳。因此，我们有理由相信文成帝是一位相当出众、心智不是一般坚强的皇帝。这一特质，在鲁迅所说的"吃人"的年代，是尤为可贵的。所谓"吃人"，可不一定是统治者在吃人，难道当皇帝的，就不会被"吃"吗？从十六国南北朝时期大多数皇帝的在位时间来看，一位皇帝的任期平均也就是两三年而已，随时会有新人崛起，将现任皇帝赶下台。而被赶下台的皇帝，其下场不必多想，定然是一个"死"字。所以皇帝也是一个随时会被"吃掉"的角色。就皇帝的政治属性和自然属性的占比来看，没有几个皇帝是能够享受到真正的快乐的。

从这个角度来看，文成帝着实是一位了不起的坚强之人。

在李贵人香消玉殒之后，文成帝强忍着悲痛没有被逼疯，他将对李贵人的感情转移到了另外两类人身上。一个是太子拓跋弘，另一个就是李贵人的兄弟们。

李贵人死后，文成帝派人将李贵人的兄弟都召到了平城。李贵人的长兄李峻被拜为镇西将军、泾州刺史、顿丘公，其余的五位兄弟也都拜官封爵，满门荣耀。除了这些亲兄弟外，还有一个山寨货也跟着沾了光，那就是李贵人的族兄李洪之。李洪之原本不叫这个名，而是叫"李文通"，家住弘农郡（今河南），原本与出身寿春郡蒙县的李贵人八竿子打不着。李文通的履历很丰富：小时候入了沙门，修行了若干年之后，可能觉得自己六根不尽、尘缘未了，成年之后又还了俗。还俗之后，李文通入了行伍，在永昌王拓跋仁的部队里混饭吃。

这种勉强糊口的日子，可不是李文通的梦想。作为一个有着远大理想的青年，他整日盘算着怎么能改变自己的生活。

在拓跋仁的麾下，他亲眼看到了拓跋仁对李氏姐妹的宠爱，善于钻营的他就打起了走夫人路线的主意。但是人家李氏姐妹和他非亲非故，凭什么帮他？他就绞尽脑汁，在和李氏姐妹同为姓"李"上做文章。他打听到李氏有个长兄叫李峻，字"珍之"，就给自己改名"洪之"，造成一种几人是失散多年的同宗兄弟的假象，以此来接近李氏。而李氏由于父母兄弟们都在南朝，身边没什么亲人，在北朝能够遇到李洪之这样"同宗的亲人"，喜出望外；再加上李洪之舍得投资，会讨李氏欢心，所以双方之间越处越近。

然而李洪之把宝押在李氏的身上，也是够步步惊心的。

在傍上了李氏后，还没等李氏做通永昌王拓跋仁的工作、给李洪之足够的优待之时，拓跋仁就被文成帝给干掉了，李氏也被作为奴婢，给带到宫里去了。这让李洪之心欲滴血，在李氏身上所下的心思就不说了，光是花掉的那些钱，可怎么回本呀？

还没等李洪之想出回本的方法，京师又传来消息：李氏让皇帝看上了！而且好消息一个接一个：李氏生下了大皇子，李氏被封为贵人，李氏的儿子要被封为太子。李洪之大喜过望，这下要发达了。

还没等想好让李氏找文成帝给自己封个什么官，又有一道霹雳在天上炸响：因为儿子要当太子，所以李氏被处死了。听说这个消息之后，他突然觉得这个世界竟然不是他所熟悉的那个世界，他心中呐喊：这不科学。但他毫无办法，他只有烧香拜佛，只求李贵人之死别连累到自己。

但过了几天后，宫里派人告诉他，说李贵人在临死前将他的名字写了下来，托文成帝进行照顾。这一下天降横福，李洪之表现得相当淡定。这些年来，他已经被好坏消息交替着折腾得心力交瘁了，以他的经验来看，祸兮福之所倚、福兮祸之所伏，遇到一点好事，实在没什么可高兴的。他这种淡然处之的表现，令人对他高看一眼，这倒是一个意外收获了。

一直到被尊为太子亲舅、文成帝亲自给他封了官之后，李洪之确定后面不会有什么意外发生了，才真正放下心来。他心想：这几年来，你们这些不作为乱作为的腐败官僚，对我这人民群众的需求漠不关心，把我玩得死去活来的，血压也高了、心率也快了，丝毫不考虑人家的感受。等咱有了出息，一定要不负青春不负梦。

于是李洪之开始大肆享受这历经千辛万苦得来不易的荣耀，他决定要大把捞钱。在他后来升任怀州刺史、召入京城拜为内都大官之后，在治理戎人夷人方面能够恩威并施，很有些能力。同时，他慢慢开始收受贿赂，越收越胆大，渐渐成了巨贪，在朝野之中声名狼藉。由于他是太子亲舅，文成帝念着李贵人的旧情，没有把他怎么地。但到了文成帝的孙子孝文帝时期，官员们对他进行了揭发检举，孝文帝对他可谈不上什么感情，就把他锁送京城。孝文帝亲自对李洪之数说他的罪行，然而因为他是大臣，决定给他留个全尸，让他在家中服毒自杀。李洪之回家后，沐浴后换好衣服，临自尽的时候却又胆怯了，想跑出去，却被看管他的士兵挡了回来，就这么跑了几次没有成功，他哭泣叹息了好久，只好躺下服毒。

服毒自尽之前，李洪之又最后感叹了一次：祸兮福之所倚，福兮祸之所伏。

伤脑筋的问题

一个人之所以坚强，是因为他不想让别人看到自己的眼泪，也不愿让别人看到自己的狼狈。他强忍着痛苦，让理智来控制自己的情绪，将自己脆弱的一面很好地隐藏了起来。但这并不代表他的悲伤会比别人少一些，恰恰相反，由于得不到宣泄，他心中的酸楚会给他带来加倍的痛苦，他所受到的煎熬，要比其他人更甚。

这些天，文成帝深深地陷入了这种煎熬当中，他无法不去想李贵人的事情。李贵人的兄弟们都被封去做官了，皇子拓跋弘被领到冯贵人那里扶养去了，身边再也没了有关李贵人的痕迹。但那张小宦官呈给他的纸条，总是不知道什么时候又被他攥在手心里。那上面写着李贵人兄弟们的姓名，纸上星星点点，是李贵人的泪水将墨洇开后又干涸的墨晕。这是李贵人留在世上最后的笔迹。纸条已经快被他磨烂了，但他又舍不得扔掉。紧紧抓住这张纸条，他就仿佛抓住了李贵人，他的空落落的心就能被填上一点。

这一天，他出了寝宫透透气，但一抬头就看见了灰蒙蒙的天，像一块大泥团，随时会坠下来将这个世界压扁、砸得一塌糊涂。他觉得心中更加气郁，只好转身又回到了殿中。

刚从殿外回来，就有宦官前来禀告：冯贵人求见。

文成帝不置可否。宦官们察言观色，将冯贵人请了进来。

"陛下！"冯贵人趋步进殿，躬身行礼。

文成帝没有理会，泥塑一般坐在那里发呆。

冯贵人一挥手，让下人们都出去了，自己拿起壶斟了杯茶，放在文成帝的面前。

文成帝的眼睛都不曾转一下。紧张的沉默挥之不去，将空气凝固成了厚重的一块，阻隔在两人之间。

冯贵人小心翼翼地坐在文成帝的身旁，沉默了半晌，开口道："陛下，皇儿会叫'父皇'了，等天气好的时候，臣妾带皇儿来见您。"

提起小皇子拓跋弘，文成帝感到自己的心脏抖动了一下。但他依然坐在那里，目不转睛地盯着窗棂。

冯贵人继续道："臣妾已经安排了人，去南边寻找李姐姐的亲人们。"

听见"李姐姐"三个字，文成帝有了反应。他转过头来，冷冷地道："已经表完功了，你可以走了。"话中的寒意，令冯贵人心碎。

冯贵人抿着嘴唇，脸蛋涨得通红，眼中泪光闪动，泪珠顺着面颊流了下来。眼前这个人，毕竟是大魏的皇帝。这几年来，他杀伐果决、心狠手辣、玩弄权术于股掌之中。回到后宫，他仅有的一点温情，也全部给了李贵人，即使李贵人没了，她也无法享受到那些原本属于她的温情。这所有的一切，令她感到陌生和害怕。

看着默默流泪的冯贵人，文成帝的心中又有些不忍。这几年，他的全部心思都在李贵人的身上，对冯贵人不闻不问，天知道冯贵人多少次梦啼妆泪红阑干了？而冯贵人从来没在他的面前抱怨过，以至于他早已忽视了冯贵人的感受。

但是……但是……李贵人被处死，其中毕竟有冯贵人的原因啊！要不是常太后有意让冯贵人当皇后，怎么会想方设法处死李贵人？！文成帝一想到李贵人的死，刚有些软下来的心又渐渐硬了起来，看冯贵人的目光也重新冰冷起来。

对面的冯贵人，看着文成帝的双眸一点一点又变得冰冷，她的心中似在滴血。想起以前的种种恩爱，她肝肠寸断。伤心之下，她突然情不自禁地轻启双唇，叫了一声："乌雷直勒哥哥……"

这一声"乌雷直勒哥哥"，直击文成帝心中最柔弱的部分，将文成帝的思绪又拉回到了在鹿野苑避难的时候。那一年，冯贵人还是个小丫头，整日跟在他的屁股后面"乌雷直勒哥哥""乌雷直勒哥哥"地喊个没完，和他一起吃饭、一起玩耍、一起承受那些威胁生命的恐慌和风险。而他，却自私地将那种恐慌和风险，心安理得地带给了她和冯左昭仪。但她们姑侄只是尽心尽力地帮助自己，从来没有一句怨言。这两年，后宫的几个嫔妃都相继为他诞下了子嗣，但他故意冷落了冯贵人，使冯贵人的肚子一直毫无动静。这样的做法，怎么对得起冯家小妹为他的付出？怎么对得起已经故去的冯左昭仪？

想到这里，文成帝的心中有些内疚。他转过身来，充满歉意地握住了冯贵人的双手。

此时的冯贵人，黑色的秀发梳成了漂亮的灵蛇髻，娇丽的面庞略施粉黛，那水波盈盈的双眸，在素齿朱唇的映衬下更加吸引人。再加上身上穿着的青色蚕衣，整个人显得美丽端庄又不失干练。

仔细端详着冯贵人，文成帝突然觉得这些年自己真是忽略了身边的人，竟然没有发现冯家小丫头已经长大了！

冯贵人在文成帝的注视下，脸竟然烫了起来，顿觉羞涩无比。这种小女人的娇羞令文成帝心中一热，情不自禁地将冯贵人拥在了怀中。两人就这样彼此相拥，听着对方呼吸的声音，感受着彼此的心跳，静静地享受着这久违了的温馨……

也不知过了多久，文成帝不知想起了什么，放开了冯贵人，站起来踱了两步，问道："太后最近在做什么？"

听见"太后"这两个字，冯贵人知道文成帝的心中还是有许多不满。对于常太后，文成帝一向都是叫"阿母"的，那是真的把常太后当作了母亲来看待。自从李贵人被处死，文成帝就有了心结，待常太后再也不像以前那样亲近了，能不见则不见，称呼上也由"阿母"改成了"太后"，疏远的意思不言而喻。

"太后她……"冯贵人也站了起来，答道，"最近也是心情不太好，她总是问下人们最近陛下食量怎样？心情怎么样？身体没受影响吧？……"

"哼！"冯贵人还待再说，却被文成帝打断了。这从鼻子里冒出的寒意，令人发抖。

听见这冷冷的声音，冯贵人心中叹息，知道他心中这个结还是不能解开。冯贵人试着劝解道："陛下，太后和您的感情自不必说，她老人家所做的一切，本意还是为了您好。"

"为了我好？"文成帝冷笑道，"为了我哪里好？"

"哪里好？"冯贵人想了想，答道，"当然是为了您的帝位更加稳固吧。"

听了这话，文成帝"哈哈"笑了起来，他又拉住冯贵人的手坐了下来，轻松地道："我的帝位？我从来没把这个位置当回事，如果因为想要稳定这个帝位需要做些什么，那我还真懒得做。"

冯贵人有些不解了，问道："乌雷直勒哥哥，那你做了那么多事，为的是什么？"

"做了那么多事？"文成帝一怔，忽地又明白了。自即位以来，他先后干掉了拓跋谭、古弼、长孙渴侯、拓跋寿乐、屠各部等多方势力，冯贵人所说的"那么多事"应该指的是这些吧。

可是，冯贵人认为他所做的那些事，是为了巩固自己的帝位，这个说法他可不赞同。做那些事，是稳固帝位不假，可是他的目标远远不是稳固自己的帝位而已。稳固帝位，也是为了能够做好更多的事。在他的心里，有着很远大的志向。比如高允给他灌输的道理：为君者，绝不仅仅是为了一人、一家。但如果不是为了一人、一家，那是为了什么？对于这点，他很懵懂、很模糊、无法言表，但绝不仅仅是为了自己的帝位这么狭隘。

文成帝把自己心里的想法这么大致一表达，冯贵人也糊涂了。不是为了帝位，那是为了什么？她替乌雷直勒哥哥分析："是为了拓跋吗？"

"拓跋？"文成帝沉吟片刻道，"在芸芸众生之中，一个拓跋，又算得了什么？又如何当得起我这么大动干戈？"

"也不是？那是为了什么？为了鲜卑？"

"那更不是了！"文成帝否决道，"鲜卑之下，部落族群众多，早就离心离德了，谁还有什么'为了鲜卑'之类的想法？"

"哦，我明白了！"冯贵人觉得自己探得了秘密，"那你就是为了大魏吧？"

文成帝深思半晌："好像也不是。大魏不就是拓跋家的吗？我所做的一切，不是为了拓跋，那也不会是仅仅为了大魏了。但是你说我是为了什么呢？这种感觉我说不出……"

"这也不是，那也不是，那是为了什么啊？"冯贵人胡口乱猜，"总不会是为了天下苍生吧？"

"天下苍生？"文成帝心中一动，呆在那里。自己是为了天下苍生吗？如果是，那可真是伟大光荣正确了。但自己有那样的情怀吗？别听高允他们乱说，自己真能管得了天下的事吗？

冯贵人还在那里掰指头："数来数去，归根结底你只有三个选择：第一是你自己，第二是拓跋，第三是天下。你到底是为了哪一个呢？"

自己，拓跋，天下。三个选择摆在了面前，文成帝和冯贵人俩人大眼瞪小眼，一时难以抉择。

自己，拓跋，天下。当皇帝，为的是哪一个呢？

手铸金人

没有了李贵人那个障碍，冯贵人又成功唤起了文成帝对她的感情，于是在常太后的推动下，立冯贵人为皇后就被提上了议事日程。

但是，在北魏当皇后可不是一件容易的事。

北魏有一个奇特的习俗，就是册封皇后之前，要求当事人"手铸金人"，以占卜吉凶。《魏书·皇后列传》记载："魏故事，将立皇后必令手铸金人，以成者为吉，不成则不得立也。"这就是说，手铸金人成功的，才是吉兆，才可以被立为皇后；否则，不得被立为皇后。

道武皇后慕容氏就是这一习俗的受益者。慕容氏是道武帝拓跋珪的皇后，在她没当皇后之前，就很得道武帝宠幸，于是道武帝有意立其为后。慕容氏的人缘又很好，很得人心，朝廷的左丞相卫王仪等一批大臣上奏请立慕容氏为皇后，这个提议正合道武帝的心意。但是，尽管有皇帝的照应和群臣的支持，要想成为皇后，仍然得经过"手铸金人"这一关，于是按照习俗，慕容氏就进行了这项考核。结果很幸运，金人铸造成功，慕容氏名正言顺地被立为了皇后。

所谓"手铸金人"，其实就是当事人在工匠的帮助下，铸造一个铜人。别看那个时代铸铜的技术已经成熟得不得了，甚至可称为落后技术了，但要一个养尊处优的后宫嫔妃去指挥、参与一场铸铜的生产任务，这场面即使放在科技发达、工艺先进的今天，怎么看成功率都不会太高。有很多要晋升皇后的嫔妃就是栽在这上面。

比如道武帝的另一位贵人刘氏，当年和慕容氏同时要竞聘皇后这个岗位，结果没有铸造成功，所以落选了，在死后才被追封为宣穆皇后。

再比如明元帝的嫔妃姚氏，明元帝对其极为宠爱，有意立其为后，结果没有通过"手铸金人"环节的测试，未能成为皇后，也是在死后被追封为昭哀皇后。

由此可见，不论一个嫔妃有多么受宠、多么贤能，只要不能成功"手铸金人"，一切都是白搭。即使有的嫔妃在死后会被追谥为皇后，但活着时绝对上不了这个位置。没有办法，这和"子贵母死"一样，就是北魏的"故事"，是拓跋家的老规矩，谁也不敢轻易更改。

所以，当文成帝想立冯贵人为后时，也须让冯贵人经过这项考验。

不过冯贵人对于这一招可是早有准备的。别看冯贵人年纪小，很多事情都不曾经历过，但别忘了，她的身后曾经站的是谁！

当年，太武帝拓跋焘的左昭仪冯氏，对北魏的文化、历史诸事研究很深，既有城府又有胆识，堪称后宫中的"谋略家"。冯左昭仪既然能给保姆常氏规划一条太后之路，并且这个目标真的实现了，那她没有理由不给自己的侄女做好"当皇后"这一职业生涯规划。当年，她把自己的亲侄女从洗衣局里搭救出来，留在自己身边百般训导、千般培养，只盼有朝一日能够出现奇迹。所以关于手铸金人这等大事，早就交代得清清楚楚，甚至连每个具体细节都请了工匠进行了详细的指导和安排。万事俱备，只等着一试身手了。

事不宜迟，常太后翻了半天皇历，迫不及待地颁下了懿旨，选择了一个良辰吉日举行手铸金人大典。

大典举行那天，宫中所有嫔妃、朝中文武百官都各自沐浴焚香，按时来到了典礼现场。大典的现场布置得异常隆重。年轻的文成帝拓跋濬居中而坐，常太后坐在文成帝的旁边，其他观礼的人员分坐两边。在场地中央是早已准备好的铸造用的模具、铜块，炼铜水的熔炉烧得正旺，炽热的火苗不时从炉口探出，给气氛热烈的现场再增添一丝热量。

吉时已到，文成帝一声令下，仪式开始。在各种司仪的冗长发言之后，冯贵人的出现将现场气氛推向了高潮。在一片嘈杂的气氛中，冯贵人不紧不慢来到场地中央，她先向文成帝和常太后等人行了大礼，然后走到操作场地前，稳住了呼吸、定了定神，按照不知在脑海里演练了多少遍、早已成竹在胸的程序，一步步地开始进行操作。

场边人声嘈杂，议论声和欢呼声不绝于耳，场内工匠们的号子声、口令声也是此起彼伏，但这一切都没有对冯贵人造成任何影响。她没有丝毫的慌乱，沉着地亲手制作着模具，并在工匠的帮助下，将熔化的铜水灌进模具当中。这一串动作行云流水、毫不拖沓，就连场外久经大浪的常太后都被她的神态迷住了，她不得不对这个小女孩的沉着冷静打心眼里钦佩。文成帝的心也随着冯贵人有条不紊的动作，慢慢地平静了下来。他越来越觉得立冯贵人为皇后，应当是一个明智的选择。

全神贯注的时间总是过得非常快。所有铸造的步骤都进行完毕，待工件冷却之后，自有工匠上前，轻轻地剥掉了模具。剥模具的那一刻，所有坐在场边的人都紧张得站了起来，大家连呼吸都不敢太重，生怕影响了最后的结果。

不一会儿，模具被剥开了，展现在众人面前的是一个十分精致、金光闪闪的铜铸雕像。"好漂亮的金人啊！""真是栩栩如生啊！"四周洋溢的都是赞叹声。

金人被呈送到了文成帝的面前，文成帝高兴地赞叹："好！好！"常太后在旁边看着，也是激动得说不出话来。于是，在一片赞叹声中，文成帝册封皇后的诏书被当场宣读，并且在宣读完毕后，文成帝亲手将诏书和皇后玺交到了冯氏的手中。

接下来，冯氏被安排到文成帝旁边就座，所有的嫔妃和文武大臣行跪拜大礼，山呼："皇帝陛下万岁，皇后千岁……"

第五章　文成复法

复法的决心

> 崇岩吐清气，幽岫栖神迹。
>
> 希声奏群籁，响出山溜滴。
>
> 有客独冥游，径然忘所适。
>
> 挥手抚云门，灵式安足辟。
>
> 流心叩玄扃，感至理弗隔。
>
> 孰是腾九霄，不奋冲天翮。
>
> 妙同趣自均，一悟超三益。

东晋名僧、净土宗始祖慧远在这首《庐山东林杂诗》中，深感佛道两家均以出世为修行方式，以忘情山水为乐，应当没有隔阂。

但实际上，在四十多年后，北魏即暴发了中国历史上第一次灭佛运动——太武灭佛。其事件背后的原因之一，正是佛道之争。自太武帝拓跋焘灭佛开始，佛教一直势微。这种形势直到文成帝登极后才有所改变。

太安二年（456）正月二十九，文成帝下诏，立冯贵人为皇后。二月初一，立皇长子拓跋弘为太子。自此，文成帝的后宫里面风平浪静了。

虽然冯贵人——哦不，现在应该叫"冯皇后"了——当初给他提的问题还没有捋清楚，他对于当皇帝是为了自己、为了拓跋，还是为了天下，还没有搞明白，但这并不妨碍他多快好省地建设北魏。

之前的几年里，文成帝在他刚上任的那段时期，不断与各种权臣和反对势力进行战斗，忙得不可开交。尽管如此，文成帝在这段时间里还做了件他以前一直想做却又没有能力做的事，这件事对后世的宗教文化起到了极为深远的影响。

由于身处乱世，各种政权、皇帝犹如过江之鲫，隔几年就换一茬，所以早熟的文成帝危机感十足。他深知：作为一个从北方草原来的游牧民族，要统治包括汉族在内的各民族共同聚居的庞大帝国，不在意识形态方面下点功夫是不行的。这个时候，如果有一个不同于儒家、道家以及草原等已有文化的新兴文化来居中和稀泥，那真是太对胃口了。于是，在西汉时期刚刚传入中国的佛教，就进入了文成帝的视线。而此时的佛教刚刚经历太武灭佛，其势渐微，眼看就要沦为地下邪教了，兴安元年（453）十二月十一，在即位的两个月后，文成帝下了一道诏令：

> ……况释迦如来功济大千，惠流尘境，等生死者叹其达观，览文义者贵其妙明，助王政之禁律，益仁智之善性，排斥群邪，开演正觉……今制诸州郡县，于众居之所，各听建佛图一区，任其财用，不制会限。其好乐道法，欲为沙门，不问长幼，出于良家，性行素笃，无诸嫌秽，乡里所明者，听其出家。率大州五十，小州四十人，其郡遥远台者十人……

文成帝的讲话精神有以下几个要点：

第一，佛教有助于国家的法治建设，有益于提高人们"仁善"核心价值观的建设，承担了巡民教化的社会责任，有助于消灭社会上的各种丑陋现象；

第二，我爷爷太武帝之所以在前几年进行灭佛运动，是因为有些奸淫之徒假借信奉佛教之名而托身寺庙，败坏了佛门的名声。因此我爷爷便对隐藏于佛门中的奸淫之徒进行了镇压，这一措施毫无疑问是正确的、伟大的，但有关部门在执行过程中却采取了武断的一刀切的方式，使人民群众没有真正体会到我爷爷的圣意；

第三，我爹景穆皇帝本来想纠正那些乱作为官员的行为，但是被当时国家军事政治等各方面的事情牵扯了太多精力，因而无暇去做这件事；

第四，从现在开始，我要继承我爹的遗志，重新复兴佛教事业。各级地方政府要选择民众聚居之地，大力建设佛教塔寺，这个钱由政府来出，但有老百姓想要捐钱的，也不要加以限制，给大家一个积功德的机会；

第五，对于那些喜好佛教、想要出家为僧的，不论长幼，只要是出自善良之家、政治历史清白、没有什么犯罪前科，都允许其出家。具体人数指标为：大的州可以设置五十人的编制，较小的州设置四十人，边远地区的郡则设置十人。这些出家人上岗以后，要各自安守本分，化恶就善，传播与宣扬佛教。

这五条精神的出台，主要是缘于太武帝"佛挡杀佛"的超励志行为。太武帝拓跋焘原本其实是信奉佛教的，他还经常与僧人谈经论道，但是后来在手下大臣崔浩的影响下，开始笃信道教，渐渐疏远了佛教。同时，由于佛教势力发展过于迅猛、佛教徒人口剧增，而这些僧人一向是可以免除赋税徭役的，这使得急于争霸天下却又缺人缺钱的太武帝大为不满。有一次，太武帝带兵镇压盖吴起义时，在佛寺内发现了武器，因此怀疑寺内的和尚与盖吴相勾结，于是在太武帝拓跋焘的主持和崔浩的推动下，北魏开始毁佛寺、焚佛经、活埋僧人、哄抢寺庙财物……这次运动史称"太武灭佛"。由于灭佛过程中杀戮过甚，新天师道的天师寇谦之曾对崔浩说："你造下如此罪孽，当心遭受天谴、满门灭绝。"连曾经是反佛推动者之一的道教领袖寇谦之都看不下去了，可见当时灭佛之惨烈。

文成帝拓跋濬的五条精神一出，天下震动。坊间掀起了极大的学习佛教热情，各种解读和辅导材料纷纷出炉。在全国上下一致的努力之下，以前被破坏的寺院也很快得以修复；被隐匿的佛像、经论也重见天日，流传民间。

眼看恢复佛法形势一片大好，但此时的文成帝却遇到了一个天大的困难：庙有了，佛像和经书也有了，但还是缺点什么。

缺什么呢？文成帝苦想了半天才想明白：缺和尚。万事俱备，只欠和尚。

虽然法律依据也有，编制也有了，办公场所和经费也解决了，但人员的招聘工作进展得异常缓慢。首先是符合岗位要求的人太缺乏了。出家为僧这事看似简单，但其中的技术含量太高了，一般的佛教徒怎么能够胜任？此外，最重要的是，刚刚过去的太武灭佛的惨剧，已经成为佛教徒心中永远的痛，谁知道这次复法是真心的，还是真心闹着玩的？万一再发生灭佛可怎么办？

就这么着，大家纠结来纠结去，愣是没人来捧这个饭碗。眼看着政府就要尴尬了，天才的文成帝想出一个好主意：让以前的僧人们奉诏再次出家。

太武灭佛时，很多僧人都隐藏了起来，不敢再大张旗鼓地进行弘法活动；更多的则是被迫还俗，这其中就有一位高僧师贤。

师贤，曾是魏都平城里的一位高僧，昔日声名远播。太武灭佛时，师贤被迫还俗，做了一个游方郎中，名为行医，实则向佛之心不改，晨昏念经、暗中弘法。

兴安二年（453），文成帝下旨，令包括师贤在内的五位高僧再次出家。为了向天下臣民表决心、达到千金买骨的效果，文成帝亲自拿起了剃刀，为师贤等五僧剃发。

在剃度之后，僧师贤被文成帝任命为道人统，就是中央所设立统治、监督寺院造像、法会、度僧等事务的最高掌管者。后来，在师贤的建议下，文成帝传诏各部，在五级大寺内为太祖以下五位皇帝铸佛祖立像五尊，各高一丈六尺，并且从国库拨出赤金（红铜）二万五千斤用于铸造佛祖铜像，真正向世人展现了复法的决心。

不过，建设的难度远比破坏要大，民众对于政府的信心不是一朝一夕就能够建立起来的。虽然在文成帝的努力下，一些僧人重新出家，但还有大批的僧人在太武灭佛期间，逃到了南朝境内。在文成复法时，那些逃走的僧人并未响应北魏朝廷的号召，他们仍然滞留在南朝，这里面很大的原因在于对北魏统治者灭佛的恐惧、失望与仇恨。同时，南逃的僧人没有返回北方，也与南朝境内佛教的兴盛是分不开的。唐代诗人杜牧有诗云："南朝四百八十寺"，可见南朝寺院林立、佛法兴盛，那些南逃的僧人们流连忘返。此消彼长之下，文成帝复法的事业进展缓慢，就眼前的情形看，他的宏愿似乎再也无法实现。

但是，佛度有缘人。不久之后，文成帝遇到了一个人，这个人帮助他立下了佛教史上的不世功德。

马识善人

兴安二年（453）的一天，文成帝骑着马在平城的大街上缓缓行进，路两边的人们都退让一旁，垂首而立。

文成帝对自己的坐骑非常满意。那是一匹白马，通体雪白，没有一根杂毛；肌肉有力，体型健美，走起来步履还非常稳健，无比神骏。在佛教传说中，白马是一种圣物，原因在于：东汉时期，迦叶摩腾、竺法兰两位高僧牵着白马，马上驮着佛像和贝叶经典，不畏万里来到中国传播佛法。汉明帝为纪念"白马驮经"的恩德，敕令建立中国第一座寺庙——白马寺，留下了"汉明感梦，白马东来"的千古佳话，白马在佛教中的地位也越来越高。

文成帝骑在马上，正冥思苦想该怎么解决佛法复兴的问题，突然，胯下的白马停下了脚步，打着响鼻东张西望，然后向路边一伸脖子，张口咬住了一人的衣袖。

身边的侍卫们大惊失色，立刻把那人围住，要办他惊驾的罪。但文成帝在一旁，伸手拦住了那些侍卫。对于白马咬人的衣袖，文成帝也感到很奇怪，于是打量着被白马衔住的人。

那是一名老僧，双眉低垂，目如止水，见文成帝望过来，双手合十，颔首行礼，毫无面见皇帝时的窘迫。

文成帝心中称奇，不待开口询问，身边已有侍卫认出了那名僧人，来到文成帝近前耳语了几句。听得身边人的汇报，文成帝哈哈大笑："看来是我的马识得善人啊！"当即下马行礼，将这名老僧请了回去。

原来这名老僧不是别人，正是和文成帝有些渊源、北魏有名的高僧昙曜。昙曜本是凉州人，年少的时候就出家了，品格非常坚贞，志气异常高远。他原在凉州修习禅业，后来迁到了平城，被文成帝的父亲、景穆帝拓跋晃所礼重。太武灭佛时，太子拓跋晃唯恐昙曜遭到不测，一再劝诫他明哲保身、还俗避祸。然而昙曜誓守沙门生活，隐居于中山(今河北省定州市)，将法物、法器带在身边，贴身穿着法服，没有片刻离身，赢得了时人的钦佩与赞叹。文成帝在施行复法后，日思夜想欲寻找到这位高僧昙曜，没想到他的御马竟然先帮他找到了，从而留下了一段"马识善人"的佳话。

回到宫中，文成帝和昙曜二人相向而坐，促膝长谈。

"大师道心坚固，束身而自修，纤尘不染，精进勇猛，可敬可佩啊！"文成帝称颂道。

"南无阿弥陀佛！"昙曜双手合十道："陛下立志弘扬佛法，发菩提心、行菩萨道，实乃世之大幸，功莫大焉。"

"可惜，世人不知我复法的决心，皆避犹不及，沙门之中人才凋零，复法大业难以进行啊。"说起当前现状，文成帝有些灰心。

"陛下有心复法，贫僧自当竭尽全力，助众生明心见性，脱离苦海沉沦。"

文成帝大喜："如此，有劳大师了。"

对于昙曜的相助，文成帝非常高兴，于是他委托昙曜协助当时的道人统师贤大师，共同进行复法的工作，对民众进行教化。

和平元年（460），高僧师贤坐化西去，昙曜承其志业，晋位道人统，成为整个复法运动的中心人物。之后，昙曜将"道人统"改名为"沙门统"。成为沙门统之后，昙曜又出了高招，设立了"两户"。

第一户是奏请朝廷拨给沙门统"平齐户"。所谓"平齐户"，是指以前北魏在与南朝刘宋的战争中，从齐州等地降伏的许多汉人。这些汉人当时被迁移到平城附近居住，成为了统治者的农奴。由于受到了百般苛役，这些被掳掠来的汉人心存不满，再加上各种天灾饥荒不断，民间怨气极大，社会中隐藏一股危机。昙曜上书文成帝，将这些"平齐户"移到自己统辖之下，一是藉佛法教化的力量，给予引导、教育，鼓励他们振兴农业，参与社会公益及佛教的福利事业。二是让这些人每年缴纳六十斛粟粮，这些粮食用来供养沙门，有储存下来的，再遇到灾荒年，更可以供作赈灾解厄的资粮。划分一些这样的隶户归属沙门统，就使沙门统的经济来源变得稳定。这一部分人口，又被称"僧祇户"。

至于第二户，是昙曜请朝廷将犯了重罪的囚徒、奴隶、战俘等，拨给沙门统统一调度使用。这些人被称作"佛图户"，专门供沙门驱使劳役，兼职些寺院扫洒工作，没事的时候还能到农田里去劳作。有了这些人，沙门统的劳动力变得更充足了。并且经由佛门的潜移默化，也使得心灵逐渐净化，乃至为己修福修慧，植种善根。

昙曜这两项措施，不仅改善了当时的经济，也为社会民心注入一股安定的力量，更是经济史上的一大贡献。

对于这种只要政策不要拨款的好事，文成帝一并应允，给了昙曜充分的权利。在昙曜的运作下，沙门统在各个郡县都建立起了基层组织，"两户"也随之在北魏全境遍地开花，使得佛教的组织力量迅速成长起来，摆脱了单靠施舍供养过日子的窘迫局面，在稳固的经济收入的基础上，走上了快速发展的道路。

有了财力、物力，很多事情就变得容易起来。几年间，昙曜从天竺请来了常那邪舍等高僧，共同译出新经十四部。其中有《净度三昧经》一卷，对规范僧俗二众，守持戒律助益颇深，可见昙曜致力复佛的方向。

此外，《付法藏因缘传》的翻译最是影响深远。《付法藏因缘传》也称作《付法藏传》或《付法藏经》，共六卷，由西域三藏吉迦夜和昙曜共同翻译。该传记述了释迦牟尼佛之后的二十四代佛祖绵延不断传续佛法的情形，这在人心惶惶的乱世，为广大平民提供了心灵依归的寄托，因而在面世之后影响极大，使中国佛教形成了一种法统之说而影响到宗派的建立。在隋、唐时代，台、禅两宗的法统说，均以本传为依据。

那些年里，昙曜还召集了沙门道进、僧超、法存等聚会平城，而且还组织了形色各异的演唱团体，用以佛法正能量舆论宣传，这大概是中国历史有记载的最早的官民联办文化团体。

不过，如果昙曜仅仅靠以上这些表现就成为青史留名的千古一僧，可能还是不太够。所以接下来，我们要重点说说昙曜开凿的云冈石窟。

开凿云冈石窟

探秘孰云远，忘怀复尔同。

日寻高深意，宛是神仙中。

跻险构灵室，诡制非人功。

潜洞黝无底，殊庭忽似梦。

岂如武安凿，自若茅山通。

造物良有寄，嬉游乃惬衷。

犹希咽玉液，从此升云空。

咄咄共携手，泠然且驭风。

唐代张九龄的这首《与生公游石窟山》，写的就是云冈石窟。作为中国规模最大的古代石窟群之一，围绕着云冈石窟流传着许多传说，其中最美妙的，当属云冈石窟的诞生。

相传，在一千五百年以前，黄土高原北部有个云冈村，村边有一天长出一个大沙丘，每当夜幕降临，沙丘里就会传出十分悦耳动听的音乐。这是怎么回事呢？有的人想挖开看个究竟，但挖了个深坑之后，却什么也没有发现，连音乐也消失了，于是就没有人再挖了。只有一个名叫武周的小羊倌，每天放羊时，趁着羊吃草，他就不停地挖呀挖，一直挖了十年。直到有一天，武周突然听见地下传来声音："我们要出去了。"武周非常高兴地喊："快出来吧，我等你们十年了。"这时，只听天崩地裂一声巨响，光芒四射，平地上凭空出现了一座壮丽宏伟的庙宇，有飞天起舞、乐手演奏，钟鼓声、琴瑟声、歌唱声连成了一片。武周看得入迷，不由得向前靠近。在他靠近的一瞬间，音乐戛然而止，所有的佛、罗汉、天女、力士等都变成了石人。这时，闻声赶来看热闹的人围了黑压压一片，不知道是谁叫了声"武周"，那名叫"武周"的羊倌也就变成了一个石人。人们为了纪念他，就叫那座山为武周山，那座石窟由于地处云冈村，被人们称为"云冈石窟"。

　　以上这个有关云冈石窟的传说，一直以来在山西大同地区广泛流传，为当地老百姓所津津乐道。实际上，有关云冈石窟的传说有众多版本，上面这个传说只是其中的一个。在这些不同的传说故事里面，有关人物、故事情节不尽相同，但中心思想却出奇的一致，那就是：云冈石窟是神力所为。这也难怪，在以前那种没有发达的科技、现代化的工具和手段的条件下，想要靠人力掏空那么一座大山、把里面雕刻成佛像石窟，在老百姓看来这简直是不可思议。所以，老百姓宁愿相信云冈石窟是靠"神力"形成的，这才是个看似比较合理、靠谱的解释。其实，往往那些人们不愿相信的事实更接近真相，云冈石窟还真是由人力左一锤子、右一扁铲凿出来的，这里面，当然离不开业主文成帝的英明决策和承包方昙曜大师的科学施工。

　　事情缘于兴安二年（453）的一天。有一天，昙曜对文成帝说："陛下，看来您并没有打妄语，信奉我佛是真心实意的，用了那么多铜、造了那么多佛像啊。"

　　文成帝很高兴："是啊是啊，费死劲了。"

　　"那您造的那些佛像有多高啊？"

　　"最高的有一丈六。"文成帝很骄傲。

　　"一丈六？"昙曜摇头，"用了多少铜？"

119

"光上一次造的那批佛像，就用了二万五千斤铜。"

"二万五千斤，陛下好大的手笔！这事原本应该是大功德一桩。不过……会不会助长奢靡之风？"

"嗯？"文成帝一听，昙曜话里有话，忙问道："大师的意思是？"

"我会造好几丈高的佛像，而且还不费一点铜。"

文成帝没听明白："愿闻详情。"

昙曜掏出一摞计划书："来来来，石窟艺术了解一下。"

……

由于双方志趣相投，昙曜成功说服了文成帝，开凿石窟的事情就这么定下来了。

要说昙曜提出开凿石窟的创意，可不是一时兴起，而是经过深思熟虑的。

首先，用铜来铸造佛像确实太过奢侈。铜是铸造钱币的原料，把大量的铜铸造成佛像，相当于用铜钱换铜像，这笔经济账相当地划不来，对社会经济发展造成的压力非常大。因此昙曜建议改为造石像，这属于利国利民的合理化建议。

其次，昙曜是见过巨型佛像的，知道此事具有可操作性。十六国的前秦时期，有位高僧乐尊在敦煌凿了座莫高窟，里面的许多佛像都有五六丈高。而昙曜打小就在凉州修行，曾经到过敦煌，见过莫高窟壁画里的大佛像，所以曾经沧海难为水，对北魏的小打小闹有些看不上。他想直接把石壁顺势直接雕成佛像，一定比莫高窟的壁画更气派。

最后，平城有适合凿石窟的良址。在平城的西面有一座武周山，这座山的石质非常坚硬，而且结构紧密，适合于佛像的凿刻。

所以，昙曜很顺利地就说服了文成帝，使云冈石窟工程正式立项、启动。自此，中国历史上最早的皇家石窟就开工了。

那么云冈石窟具体是如何开凿的？据后人研究，目前有两种意见。一种意见认为：昙曜把武周山的南坡从山顶切下，把山崖切成一个垂直的平面，然后搭上脚手架，从上到下同时开凿，提高了施工速度；另一种意见认为：

把山崖切开后，依佛像的设计高度，从窟顶开始往山体里挖洞，然后在洞里往下施工，免去了搭脚手架的烦琐和安全隐患，这样施工既省工省料，又方便利索。目前持第二种观点的人居多，而且第二种施工方式也是非常科学、便利的。

云冈石窟的开凿从和平二年（453）起，前后共历时七十余年，光凿石窟需要的人数就高达近三十万人，再算上其他后勤辅助人员，人数不知凡几。

这七十余年时间，当然不是昙曜一直在指挥开凿。在昙曜开凿了几个皇家大窟后，云冈石窟的开凿一直在如火如荼地进行着。在孝文帝迁都前的北魏国力最为鼎盛时期，云集了全国最优秀的工匠开凿了云冈石窟主要的石窟群。在北魏迁都洛阳之后，由于没有了皇家的投入，大型的开凿就停止了，只有民间组织力量开凿了一些中小型洞窟，主要有现在的21-45窟。这种开凿工作，一直到孝明帝正光五年（524）才停止，最终形成了东西绵延约1公里的石窟群，现存的主要洞窟有45个，大小佛龛252个，造像5万余尊，可谓气势恢宏。

从今天的眼光来看，昙曜不仅是复法的一大功臣，也是创造了奇迹的文化伟人。因此，昙曜主持开凿的"昙曜五窟"，是一定要仔细说说的。

昙曜的艺术宝窟

北魏地理学家郦道元在《水经注》里曾描述云冈石窟："山堂水殿，烟寺相望，林渊锦境，缀目新眺"可见它的历史地位和艺术价值非同一般。正是昙曜这位大功臣，建造了如此规模巨大、气势宏伟的石窟群，这在中国尚属首例，中国石窟文化从此进入了成熟期，佛教中国化的进程也因此加快。

当年昙曜亲自主持开凿的石窟共有五窟，就是云冈石窟现在编号的

16—20窟，是云冈石窟的第一期工程。

昙曜五窟的开凿揭开了大规模营造云冈石窟的序幕，同时也标志着当时中国的佛教中心已由凉州（今甘肃省武威市）转到平城（今山西省大同市）。在石窟的建筑格局上，昙曜选择了气势磅礴的大窟高像，石窟的平面皆作马蹄形，穹隆顶，大体上模仿了古印度的草庐形式。每窟都是一门一窗，外壁满雕千佛。窟内，主像形体高大，占据了主要位置，象征着皇帝。在大佛周围还雕刻有许多大小不等的佛像，簇拥着大佛，它们是群臣的象征。石窟顶部为巨型浮雕，刻有手执乐器、凌空飞舞的飞天，把大佛衬托得更加雄伟庄严，更突出了皇帝至高无上的权位。整个洞窟俨然是一幅封建统治的图像。

当时那些工匠们高超精湛的技艺、超凡的胆量和气魄，即使放在今天也令人惊叹。那些依山开凿的佛像，最小者仅有几厘米，高的有七丈多高。有的佛像，光手指头就有三尺多长，人站在佛像的面前，还没有佛像的脚面高。这些佛像表情各异，姿态千变万化，有的面目清秀，有的容貌庄严，有的高大魁伟，有的体态安详。在昙曜五窟中，有一尊高达13.7米的巨型露天坐佛，面部丰满、造型雄伟，成为了云冈石窟的"形象代言佛"。

昙曜五窟雕刻的题材以三世佛和千佛为主。窟中的佛像肉髻隆起，面相丰颐，高鼻梁、深眼窝、眉眼细长，蓄八字须，双肩齐挺，身躯健壮，著祖右肩式袈裟或通肩衣。菩萨像通常是圆脸、短身，头戴宝冠，宝缯翻飞，身着璎珞，臂上带钏，衣纹雕刻疏密适当。这些挺秀劲健、浑厚质朴的造像风格，反映了凉州石窟以及犍陀罗、笈多造像的一些特点，具有浓郁的西方风味。其最具典型性，佛像沿袭了西方旧有佛像服饰的外观。十分有趣的是，佛像的面部和佛经中的天竺僧人的长相并不相同，但也不是汉人的样子，而是厚厚的嘴唇、高高的鼻子，倒是和鲜卑人很像。这就不得不提到昙曜的政治智慧了。

说起来，北魏时期的高僧都比较富于政治智慧。北魏的开国皇帝道武帝拓跋珪有一次拜访当时最有名的高僧法果，请其为自己指点佛门迷津。

哪知法果看到道武帝后，便向他跪下深深一拜。

道武帝慌忙把法果请起说："听说佛教不礼世俗之人，大师为何如此？"

法果回答说："能弘道者人主也，我非拜天子，乃是礼佛耳。"

道武帝听法果如此恭奉自己，非常高兴。从此，便尊佛教为国教，在朝中设立了佛教机构监福曹，并封法果为道人统，佛教在北魏王朝开始了大幅度发展。自此以后，为了强化统治，"皇帝就是佛，佛就是皇帝"的说法被统治者进行了广泛的利用和宣传。

昙曜主持开凿石窟时，也有这种"不依国主，佛事难立"的想法，因而在开凿五窟时，在每一窟的中央都雕刻了巨大的佛像，佛像的面庞均模拟北魏自开国以来的道武、明元、太武、景穆、文成这五世皇帝的形象，有着"皇帝就是佛的化身"这一寓意。

在现在编号第十六窟中的施无畏印的佛立像，非常接近文成帝的真正形象。这尊佛像雕成之后，颜下、足上出现了两枚黑石，恰巧与文成帝身上的黑痣相对应。昙曜显然是在以此昭告世人：文成帝就是佛的化身，君权神授、不可动摇。

这事是偶然的巧合，还是人工镶嵌，一直是个谜。当时普遍认为，是文成帝复法之心纯诚，所以佛祖显灵，印证了北魏佛教"皇帝就是佛，佛就是皇帝"的说法。这事轰动朝野、震惊天下，文成帝一下子成了佛的化身，身价提高了百倍，极受人们的崇敬。每日来武周山的参拜者成千上万，络绎不绝。好多善男信女们，都还向着宫城的方向顶礼膜拜。

这种用佛像象征具体的个人的事情，在印度或其他佛教地区从未出现过。昙曜五窟的开凿，宣告了佛教中国化的加快。在昙曜之后，云冈就成了佛寺石窟的天下，后来不断地有人在这里开凿石窟、雕刻石佛，连洞壁的犄角旮旯也都刻上了小石佛。初步估计，大小石佛加起来有五万多个。

云冈石窟反映了北魏早期佛教的文化艺术，也是中国早期石雕艺术的代表，与敦煌莫高窟、洛阳龙门石窟、天水麦积山石窟并称为中国四大石窟。

在隋唐时期，随着政权的更替和其他各地石窟的兴盛，云冈石窟渐遭荒弃。到了辽代，对石窟进行了长达十年的整修。元明时期，云冈石窟又湮默无闻，由于武周山地僻人稀，林遮草掩，这座艺术宝库已不为世人所知了。在明朝时期，云冈石窟受到战火毁坏严重。清朝顺治八年（1651），又得以重修。在 1935 年调查的时候，就发现有 300 多颗佛头被凿掉窃走，佛像损毁达 1400 尊。直到新中国成立后，云冈石窟才受到国家和政府的重视，1952 年，国家专门设置机构对石窟进行保护，1961 年被国务院公布为全国首批重点文物保护单位，2001 年 12 月 14 日被联合国教科文组织列入世界遗产名录，这颗塞上高原的明珠才重新焕发出生命的光彩。

第六章　静以镇之

北魏的"精神文明之星"

> 微雨众卉新，一雷惊蛰始。
> 田家几日闲，耕种从此起。
> 丁壮俱在野，场圃亦就理。
> 归来景常晏，饮犊西涧水。
> 饥劬不自苦，膏泽且为喜。
> 仓廪无宿储，徭役犹未已。
> 方惭不耕者，禄食出闾里。

一首唐代韦应物的《观田家》，通过对农民终岁辛劳而不得温饱的具体描述，深刻揭示了当时赋税徭役的繁重和社会制度的不合理。韦应物在诗中说：农民就没有"几日闲"，整天起早摸黑地忙碌于农活，结果却家无隔夜粮，劳役没个完。又想起自己不从事耕种，但是俸禄却是来自乡里，心中深感惭愧。

诗中描写的农民赋税徭役的场景，尤其是"方惭不耕者，禄食出闾里"这两句，着实令人感动：韦应物身为封建制度下的一名官吏，能够这样自省，着实难得。

不仅韦应物，后来的白居易，在《观刈麦》一诗中，也有过这样的反省：

> 今我何功德，曾不事农桑。
> 吏禄三百石，岁晏有余粮。
> 念此私自愧，尽日不能忘。

127

现在的我，有什么功劳德行呢？我不用从事农耕蚕桑，一年领取薪俸三百石米，到了年底还有余粮。想到这些，我的内心感到惭愧，整日也不能忘却啊。

这就是白居易的想法。

文学是时代精神的反映。一个王朝是否伟大，不用看别的，看这个时代所孕育出的文学作品就可以了。所以，不说别的，就冲这两首诗，唐王朝就值得我们称赞。在唐王朝，身为封建地主阶级的官吏，能够写出这样的诗作，足以证明唐王朝文明程度之高、人文底蕴之深。像韦应物、白居易这样具有人文精神的官员，足以为其颁发"精神文明之星"奖。

那这两位"精神文明之星"，和北魏又有什么关系呢？因为这两位"精神文明之星"，在北魏有两位跨越时空的知己。那两位知己早已将"轻徭薄赋"这四个字付诸行动。第一位北魏的"精神文明之星"，就是文成帝。个中详情，要从兴安二年（453）说起。

这是文成帝登极的第二年。当各种乱臣、贼子，以及疑似乱臣、疑似贼子们被清理之后，他的耳边终于清静了，可以认认真真琢磨一些事情了。

北魏政权在统一北方的过程中，经历了许多大规模的战争，这些战争的后勤，就是靠广大民众的赋税徭役来保证的。因此，当时民众的负担是极为沉重的，除了要上缴常规赋税之外，还经常要应对临时加征。不仅如此，还要承受地方官以及富商大贾的剥削，甚至是官商勾结的侵害。因此，当时的许多百姓遭受的是多重的赋税徭役侵害。

在大规模战争结束以后，文成帝施行了新的文治政策，在他的面前摆着一个难题：如何使政府得到必要的赋税收入，又使民众正常生产生活？

在当时，没有现代的税赋制度，也没有科学的测量和计算方法，一切都充满了变数。文成帝唯一肯定的是：赋税是一定要减轻的。这把火，他准备从"杂调十五"烧起。

北魏前期的赋税，大体上分为田租、户调与调外，这三项属于常赋。"杂调"是北魏前期在常规赋税之外，对广大民众额外加征的一种赋税，"杂调十五"是对民众的一项颇为繁重的剥削。

在文成帝即位的第二年，他就与众臣商议，要取消这项赋税。许多大臣却表示了反对，比如金部尚书毛法仁提出了意见："杂调十五是国家收入的一个重要来源，许多军费都是从这里来的。停了这项税收，国家的财力和军力就要大大受损了。"

金部是掌管财政和税收的部门，毛法仁作为全国财税的最高长官，他的发言很有分量。

文成帝说："往军政里投资的目的，就是为了保障国民富足。假如田地能持续丰收，民众扩大生产的能力不减，百姓民众家家都有余粮，即使没有军政费用，我又有什么不满足的呢？"

由于文成帝的坚持，大臣们不敢再有异议。于是，朝廷下诏，取消了杂调十五。

这一政策虽然颁布了，但毛法仁还是反对。搞财务的人，手都比较紧，这也正常，否则一个手上没把门的人，哪个领导敢用他来管钱？毛法仁也算是尽到了职责。但他的反对还是引起了众多大臣的认同，许多人都以"国用不足"为理由，申请恢复杂调十五的赋税。

面对众多大臣的据理力争，文成帝也有些抵挡不住了。正在这时候，第二位"精神文明之星"出现了。

太宗明元皇帝拓跋嗣有个外甥，名叫拓跋素，此时贵为常山王。按辈分，文成帝还得叫他老人家一声"爷爷"。这位老将一出马，马上印证了"姜还是老的辣"那句话。这位老人家只用了八个字，就解决了争端——百姓不足，君孰与足？

这八个字出自《论语·颜渊》，意思是：只要百姓富足了，国家就不可能贫穷。反之，如果对百姓征收过甚，这种短期行为必将使民不聊生，国家经济也就随之衰退了。这句话深刻体现了儒家以"富民"为核心的经济思想。

当时朝堂上的有识之士，能深刻理解这八个字的含义，当然不会反驳这种思想；而那些整天只知道打打杀杀的野蛮人，当然企图要反驳。但是，与《论语》三观不合的人，又有什么水平来反驳《论语》？

所以，此八字真言一出，谁与争锋？

北魏的减赋政策，就在文成帝和常山王拓跋素这两位"精神文明之星"的倡导下，实施了下去。

暴君世纪的"千古一帝"

文成帝所生活的时代，是公元五世纪。这个世纪前后的一段时期，可以说是"暴君世纪"，原因在于这是个盛产暴君的时代。比如南朝刘宋帝国存在的六十年里，共有九任皇帝，其中六任是暴君，占全部皇帝的三分之二，他们虐待大臣、奸淫近亲、以不干人事儿为乐。刘宋之后的南齐，只存在了二十三年，有七任皇帝，其中三任是暴君，虽然数量少，但比刘宋的那些暴君有过之而无不及。比如南齐的第五任皇帝萧鸾，在每次制造大规模流血事件之前，都要令人费解地先去焚香祷告、痛哭流涕。更匪夷所思的是，有一次萧鸾一口气杀掉了萧铉等十位亲王。待杀掉这十人之后，才命有关单位告发那十个亲王谋反并要求处死。于是有关单位按照萧鸾的指示，开始告发。但令人想不通的是，萧鸾接到有关单位的报告后，不但没有批准，反而义正词严的大加斥责那些官员，不准处死那十人。有关单位于是站在神圣的法律立场，据理力争，再度请求，坚持前议。萧鸾这才迫不得已，向神圣的法律屈服，同意处死那十人——这简直就是把"暴君"这个职业玩成了"艺术"，令人叹为观止。

看到南方的同行们干得这么卖力，北方的业界内表示很不服气，他们的暴君也此起彼伏。比如：后燕帝国的慕容盛、慕容熙，后凉王国的吕隆，南燕帝国的慕容超，胡夏帝国的赫连勃勃、赫连定，北凉王国的沮渠蒙逊，北燕帝国的冯弘，西秦王国的乞伏炽磐，以及文成帝的先祖、北魏帝国的拓跋珪、拓跋焘。这十一人跟南朝的九人加在一起，共二十人，他们将"暴君"这一职业玩得花样百出、登峰造极。比如胡夏帝国的赫连勃勃，建造国都统万城（今陕西榆林靖边县城北）时，定下这么一条残忍的规定：所筑的城墙，如果用锥子插得进去，那么筑墙的人就要被杀死；如果锥子插不进去，那么使用锥子的人就要被杀死，总之，怎么也得有人死去。被杀死的人的尸体，将会连同其他建筑材料混在一起去建城墙。赫连勃勃没事的时候，常常站在城头上，把弓箭放在身旁，凡是看谁有一点不顺眼，当时就把箭射过去，亲自把人杀死；大臣们有谁不小心面对面看了他的，就戳瞎眼睛；有敢在他面前笑的，就割掉嘴唇；有敢向他进谏的，就说成是诽谤，先割下其舌头，然后杀死……这些暴君们在一起，将这个行当玩出了新高度、新境界、新层次，每个人的事迹拿出来，都可以演一部大卖特卖的电视剧。

在这种"暴君世纪"的大环境下，文成帝的贤明就显得格外难能可贵了。自古以来，暴虐的皇帝各有各的暴虐，但贤明的皇帝却是相似的，他们施政的措施是大体相同的，比如"薄赋"与"轻徭"。

前文提到的取消杂调十五，就属于"薄赋"。轻徭薄赋，道路漫长、任务艰巨，不是仅仅取消杂调十五就可以了，还涉及到徭役的问题。

徭，一般指普通的义务劳动，就是赴劳役、卖体力，干各种杂活。役，一般指兵役，打仗的时候，需要征调一些平民去当炮灰。徭和役的共同点，就是无偿，它是统治者强加于人民身上的又一沉重负担。当然，各种富二代、官二代是可以有很多办法躲避这种苦力活儿的，所以有很多官员都喜欢这种低成本、高效益、死道友不死贫道的国家建设方式，尤其是在有战争的时候，各种徭役名目繁多、办法严苛，残酷压榨平民百姓。

征徭役有个很大的特点，就是它是按人头来征的，自然意义上的人在，才能征人家去赴徭役；如果人不在，就没法征。所以，躲避徭役最好的办法就是跑路。在徭役繁重的地区，许多人会为了躲避徭役而跑路，导致流民增多。而流民的问题，一向是对政治、经济、文化及社会生产和生活诸方面产生着深刻影响的重大问题，他们脱离了政府的组织管理系统，既耽误正常的经济生产，又影响社会的稳定。

这些问题，需要文成帝和他的团队一点一点去解决。

就在文成帝刚刚即位时，有个给事中名叫郭善明，一心想巴结文成帝。有一次，他逮着机会，劝文成帝："陛下您初临大宝，要不要造一座宫殿显示您的威严啊？说到宫殿，去年我在陈家村遇到一班搞建筑的，他们手工精美、价钱又公道、童叟无欺，干脆我介绍您再定做一个吧！"

老臣高允正在旁边，听到了这话，赶紧插嘴："你给我闭嘴！我听说开国皇帝道武帝，是在平定天下之后才开始造的宫殿，绝不把这事当成头等大事。而且道武帝愙儿修造宫殿的时候，怕耽误了农民种地，每年都是挑农闲的季节才干活儿。现在建国好几十年了，建的宫殿也不少，已经够用了。如果想要接受万国的朝贺，永安前殿完全够用；如果陛下想要休息，来西堂的温室也就行了；就是想要看看远处风景，那也有紫楼可以用啊。如果想要再修更壮丽的宫殿，咱们也得慢慢地准备准备啊，这事儿可急不来！咱们先算一下：造宫殿首先要砍木头、运土石，你说干这些粗活儿，就需要多少杂役？我觉得怎么着也得两万多人吧？两万多？那是起步，成年人做工，老人和小孩儿帮忙做饭，怎么也得四万人吧？还得耗费个大半年时间吧？古人曾经说过：有一个农民闹罢工，就会有人为此挨饿；有一个织布的妇女闹情绪，就会有人受她的连累穿不暖。何况造宫殿，需要好几万人啊！这些人不能从事耕织生产，本身损耗就太大了，再加上他们所需的花销，实在太多了。希望陛下认真思考。"

文成帝一听，言之有理。就接纳了他的意见，不再提修建宫殿的事。

有的人还不死心，屡屡提出一些点子要征调民力，但都被文成帝否决了。事实证明，文成帝的从善如流，确实不是装装样子。

和平二年（461），文成帝规定："年八十以上，一子不从役。"这就是规定：凡是年纪在八十岁以上的人，可以免除他的一个儿子的徭役，以便老人的身边有人侍奉。这一项规定，减轻了许多低收入家庭的负担，绝对是一条惠民政策。

文成帝在位时，征调过的最大的徭役，就是云冈石窟的开凿了，除此之外，调动民众兴建宫殿等公共工程的活动，只有四次，分别是：

兴安二年（453）二月，调发京城附近民众，开凿天渊池；

同年七月，调发民力修筑了射马台；

太安四年（458）三月，开始修建太华殿，九月就完成了工程；

和平二年（461），调发并州、肆州五千人修治黄河以西狩猎道路。

这其中，最大的工程是修治黄河以西猎道，但也只动用了役夫五千人；而修葺太华殿那一工程，看似奢靡，实则仅仅历时六个月。六个月时间，即使是在现代化施工条件下，又能完成多大的工程量呢？而且这六个月的工程，连人数都没有记载，说明其工程量实在是小得不能再小了。不得不说，文成帝时期，农民的徭役确实是非常轻的。

文成帝不仅自己这样做，而且还规定地方官也不得擅自征发徭役。

和平四年（463）三月，文成帝又下诏："我效法历史上明君的制度，分掌职务设官，想要使各级官吏人们各司其职、弘扬政治教化，治理各种事情。你们这些在职的官吏，都曾受到了提拔，被委以了重任，应当强化自我约束，经常检查自己的言行，竭尽忠诚，一心减省徭役，使兵士民众悠闲安逸，家给人足。当前，有许多不法官吏，不注重保障和改善民生，肆意役使兵士民众，劳役繁多。从现在起，有擅自调发劳役、强迫雇佣者，都以违法定罪。"

同年七月，文成帝又下诏进行自我检讨："我命令官员们在每年秋季以后闲暇的月份，练习武艺，但大家为了习武，到处设立宫坛，耗费的财力、物力、人力非常大。我应该因循旧规矩，何必改变呢？"

……

终文成帝一朝，尽量不使用民力，更不滥发徭役为政府办事，这种情况，在北魏历代统治者中独一无二。即使放在整个历史长河中，文成帝也应能名列前茅。从这个角度讲，文成帝完全担得起"千古一帝"这个荣誉称号。

四斤高高的还饶两条

闲暇时候，当年还是贵人的冯氏无意中问的那句话，经常会在文成帝的耳边响起。

"自己，拓跋，天下。当皇帝，为的是哪一个呢？"

每次想到这个问题，文成帝就会有些迷茫。作为皇帝，他即位的过程险阻重重，好不容易才拨开了云雾，所以他格外珍惜眼前所拥有的一切。他想当个好皇帝，他也知道许多关于为君者的准则——那是儒家前贤早就论述过了的。但是就目前来看，以他的年龄和阅历，还无法很好地把理论贯穿到实践中去。他只知道，作为皇帝，他绝不能任着自己的性子胡来。至于怎样算是不胡来？也许，按照儒家"己所不欲，勿施于人"的修身守则，对所见到的事来个换位思考，效果会不会好点？

基于这种想法，文成帝经常会看到许多别人看不到的问题。比如今天看到的施工场面。

文成帝站在城楼之上，俯瞰着不远处的建筑工地。

身后的侍卫们都习惯了文成帝的这种举动。忙碌之余，文成帝经常会跑上这座城楼，只是在那里静静地站着。

毕竟还只是个十多岁的孩子啊，他应该想出去快乐地玩耍吧？侍卫们都这么想。他们看到那个十多岁的孩子，似在侧耳倾听着什么，于是他们也安静了下来，试图用双耳捕捉到一些线索。

风中传来的声音渐渐清晰，那是从不远处修建太华殿的工地上传来的，喝骂声、号子声中夹杂着时而出现却又很快消失的哀号声。这种多声源混响着实没什么美感，所以侍卫们很快放弃了从中寻找线索的企图。他们又重新望向文成帝，却发现那个年轻皇帝的眉头正紧紧锁在一起，侍卫们恍然大悟——

　　该死的包工头，肯定拖延工期了，那群蝼蚁，屁大点事也做不好，真是活得不耐烦了。

　　此时的文成帝，正注视着那群修筑太华殿的蝼蚁。他们之中有很多人，用那双娇生惯养的双手，把木石扛起在自己单薄的肩上，步履蹒跚地为太华殿的修建尽自己的一份绝对是"微薄"的力量，体力不支与伤病也不能减轻他们的丝毫负担，反而会惹来一顿喝骂，甚至是一顿皮鞭。

　　文成帝的眉越锁越紧。他想起了自己小时候的遭遇。

　　在他十三岁那年，他的父亲拓跋晃和他的爷爷拓跋焘闹翻了，最后他的老爸惊惧而死，他也受了牵连，差了被充了官奴婢。后来，阉人宗爱杀了他的爷爷，又不怀好意地到处寻找他的下落，保姆常氏带着他东躲西藏，连睡觉都睁着一只眼，生怕一觉醒来，迎接他们的是雪亮的钢刀……那一年来的遭遇，苦不堪言啊。这所有的一切，只因为他姓拓跋，是拓跋晃的儿子，是太武帝拓跋焘指定的"世嫡皇孙"，他的血脉注定了他要承担这些所有的责任和罪过。

　　所幸的是，后来在源贺、陆丽等人的帮助之下，他迎来了现在的日子。但是，这天下和他一样的人还有千千万。原本无辜的许多人，要承担本不属于他们的责任和罪过，只因他们所在的家族中，有人犯了罪，所以他们这些流淌着同样血脉的人，便被认定为有罪。他们用自己的血肉生命，救赎着他们的家族；而他们自己，又有谁来救赎？

　　他知道，那些人中，有很多都是罪犯家属，在统治者的眼中，他们只是些蝼蚁而已，使劲压榨他们身上的价值就行了；至于他们有没有劳保、福利怎么样？呵呵，还有比这更无聊的问题吗？

　　而文成帝之所以成为文成帝，就是他的想法要比别人多一些。他不是个同情心泛滥的人，也不是想着要完成什么救赎。他只是从这些蝼蚁的身上，看到了自己当年的凄惨模样，所以，他觉得自己应该做些什么，他在等那一天的来临。

那一天很快来临了。太华殿修建完成的那一天，文武百官都在啧啧称赞，从人字拱的美妙曲线夸赞到柱础覆盆的美丽莲瓣，又从覆斗形天花的设计巧妙夸赞到直棂窗的用料考究……当百官们向文成帝表示恭贺时，文成帝则拿出了一份早已准备好的诏令：

"飨群臣，大赦天下！"

飨群臣，就是要奖励眼前的百官；大赦天下，则是要给予许多罪犯重新开始的机会。

"陛下圣明！"众人山呼万岁。

经此大赦，文成帝默不作声地解救了许多身陷囹圄但实际并未真正犯罪的人。这些人当中除了一般的刑事犯外，更多的是被诛罪臣的家属，或是通过战争掳掠来的人口。他们被无罪释放，既往不咎，令许多家庭恢复了生气。

这一年，文成帝刚满十八岁。

其实在这以前，文成帝已经以各种理由在全国范围内进行了三次大赦；在京师平城的范围内或其他指定区域，进行了五次曲赦。这些大赦和曲赦的理由包括登极、生儿子、给儿子起名、把儿子立为太子……其中，找人刻了一方"子孙长寿"的玉印，就进行了一次曲赦。还有一次，实在找不到理由，干脆就不要理由，很彪悍地直接曲赦京师，解救了大批无辜的百姓。

没有理由，也没有人傻到去问理由。不论是曲赦还是大赦，罪犯都得了便宜，还能亏待他们这些官员吗？所以大家也乐见其成。

文成帝也乐得大家装糊涂，在太华殿落成的那次大赦之后，文成帝又相继进行了三次曲赦和大赦，其中两次仍然是非常彪悍，毫无理由。

次数一多，有的人心里不免嘀咕：飨群臣就飨群臣吧，还要大赦天下，这是四斤高高的还要饶两条的节奏吗？

其实他们不知道，"飨群臣"才是捎带着"饶两条"，那个"赦"字，才是真正的"四斤高高"！

还奴为良的政治家

在昨天以前，女孩从来没有对"皇帝"这个词产生过什么认识。对于女孩来说，"皇帝"是坐在云端的神一般的人物，在她的幻想中从来不曾出现过。但现在，她觉得她和那位云端上的神从未如此地接近，以至于直接改变了她的困境。她对那位云端上的神充满了无法用言语表达的感激，只因为神的一纸诏令，结束了她半年来的痛苦。回想起这半年来的经历，仿佛是一场噩梦……

半年前的一天。

当陌生人拉着女孩的手时，女孩有些无所适从。

她回头看着母亲，不知道该不该跟这个人走。母亲就在她的身后，是母亲亲手把她塞给陌生人的。

在女孩被陌生人拉走时，母亲哭得很伤心，从呜咽变成了号啕大哭。但是，母亲为什么不要她了？

以她的年纪，显然无法明白眼前所发生的事。她只记得来之前母亲叮嘱她很多次的一句话："乖乖地，好好干活儿，就有饭吃。"

"有饭吃"，这三个字的魔力，也使女孩的态度变得不那么坚决。

陌生人拉着她进了一座大院子。当然，走的是专供奴婢走的侧门。

这里是奴婢们干活儿的地方。男男女女很多人，有的在洗衣裳，有的在刷马桶，有的在劈木柴……

当女孩进来的时候，众人的目光齐刷刷射向女孩。有好奇，有惋惜，更多的则是冷漠和麻木。女孩怯生生地跟在管事的后面，在各种目光的直刺下不敢抬头。突然，在众多视线中，她感受到了一缕炽热的欣喜，那是一种发自内心的快活。

137

欣喜？快活？女孩感受到了那一缕视线中蕴含的热情，向目光的来源望去，却见是一位中年妇人，身着圆领短袖小褂，水桶般粗的腰前吊着一张皮质围裙，此时正将手中的猪鬃刷和马桶齐齐扔下，正如久违了的亲人一般将炽热的目光投向女孩。

我认识她吗？女孩低下头，在脑海里翻找这名刷马桶大婶的印象，却毫无头绪。不过，来到陌生的环境，有人显露友好，她本能地向对方靠近。管事仿佛知道她的心思，带着她向那妇人走去。

妇人兴奋地撮着双手："大人，这个……"

"这个奴婢交给你了。教会她刷马桶，你下午就去洗衣房帮忙。"管事毫不理会兴奋的妇人，丢下了一句话，也丢下女孩，转身离去了。

"是！是！谢谢大人……"妇人努力让自己的嗓门听起来不那么粗犷，冲着管事的背影不住道谢。

待管事走远了，为能去洗衣服而兴奋的妇人才回过身，瞅着身后一直盯着自己看的女孩，面色一冷，喝道："听到没？从今天开始，你就要刷干净这些马桶，要是刷得不干净，小心你的皮。"

女孩一怔，没有反应过来。也不能说是女孩的反应慢，实在是妇人的变脸水平太高明，不去学习变脸，实在是曲艺界的损失。

"看什么看？"妇人眉毛一竖，女孩胆敢无视自己话语，这让妇人感到自己受了冒犯。她很生气，一掴甩到女孩脸上，"手脚麻利点。"

女孩被打得头脑发蒙，惊恐地望着妇人。

那妇人的粗嗓门喊道："在有新人接替你之前，你就得一直在这儿干活儿。所以，从今天开始你得听我的。"

虽然不太明白是怎么回事，但挨打让她有了一个很痛的领悟：如果不把马桶洗干净，能不能吃饭不知道，眼前肯定是要吃亏的。于是她拿起刷子，一边刷马桶，一边任自己的眼泪掉落进桶里……

来的路上，女孩想象着自己会来到一个不愁吃不愁喝的天堂；来到这里才知道，这是一个要和臭气熏天的马桶打交道、一不小心就要挨打的地狱！

女孩默默流着泪，心里哭喊着母亲，她盼望着母亲能接她回家。尽管家里遭了灾、没有粮食可吃，但母亲至少不会打她骂她……

但她哪里知道，如果母亲还有一点点办法养活她，又怎么会让她沦为私奴婢？她又哪里知道，一旦变成了传说中的私奴婢，又岂是她想出去就能出去的？

自从她进了这个门，接下来的命运就已经注定了。

在有新人进来之前，她必须做好刷洗马桶这项工作。如果有一点点马虎，讲究生活品质的主人会因为马桶里散发出的污秽的气味，随便对身边的人发顿火，然后自会有管事的过来惩罚她这个责任人。

即使有新人接替了洗马桶这项工作，她也只是能够换个工作内容而已，其他一切都不会改变。也许，在她年龄稍长后，会显露出一些妙龄少女的青春气息，会引起主人阶层的注意，会被某位好色的主人召去当"妓妾"。成为妓妾之后，与普通的劳动奴婢有所不同：劳动奴婢是主人的机器，而妓妾则是主人的玩物。所以，仍然改变不了她作为奴婢的命运。

再大了一些，到了可以出嫁的年纪，她能且只能嫁给一名男性的奴婢。因为按照当时的规定，奴婢全无婚姻自主权，奴婢只能与奴婢通婚。而且她的配偶，也只能由她的主人选定。婚后所生的子女，也还是主人家里的奴婢……

也就是说，自从进了这个门，她和她的后代的命运就已经完全注定了，那就是祖祖辈辈私奴婢。

这一切，都是因为私奴婢是社会地位最低下的"人"。之所以"人"字要加引号，是因为他们甚至不被当作人来看待，他们只是主人的财产，可以被买卖、转赠、损毁、废弃，而主人不必为此承担任何责任。

《世说新语》记载，西晋的石崇经常邀请许多人到他家里花天酒地，喝酒时总让家里的美人来劝酒，甚至还制定了个规则——被劝酒的客人要是不一饮而尽，那么劝酒的美人就会被杀。有一次，王导和王敦两兄弟来石崇家里赴宴。王敦不仅不一饮而尽，而且只要有美人劝酒，他就坚决拒绝，只是为了看看石崇会不会真的杀人。结果，石崇眼都不眨地连杀三人，而王敦也还是面不改色，一直不肯喝酒。在一旁的王导实在看不下去了，就责备王敦，而王敦则一脸无辜地说："他杀他自己家的人，你操什么心？"

又据《魏书》记载，北魏中期有个叫高聪的大臣，收罗了十来个奴婢当作他的小妾。当他病危时，为了防止众美女在他死后被别的男人占有，强迫她们用火烧坏自己的手指，又吞下烧红的炭变成哑巴，使她们变成残疾人，然后再出家为尼。众妾为之身心俱残。

在《北史》中也有类似的记载，北魏末年有个叫卢宗道的尚书郎，有一次在家里大宴宾客，召集了一些乐妓奏乐助兴。演奏期间，宾客中有位中书舍人马士达，夸赞弹箜篌的女妓说："手甚纤素。"卢宗道听了这话，当场就要把弹箜篌的女妓送给马士达。马士达当时只是在兴头上随口一说，并没有这方面的想法，就拒绝了。但卢宗道异常慷慨，对马士达说："看来大人你喜欢的只是她的手。那好办，就把她的手送给你！"于是卢宗道就欲命人砍掉那个女妓的双手，好送给马士达。马士达一瞧：妈呀，还有这种操作？！于是赶紧接受了那个女妓，以避免一场惨剧的发生。

从以上这几件事就可以看得出：虐待奴婢是一门艺术，很多贵族热衷于在这门艺术方面推陈出新，他们在显露人性阴暗面的同时，大胆融入个人的猥琐风格以抒发其特殊的心理情感。尤其是卢宗道，以其创意之新颖、构思之巧妙、见解之大胆，为后世提供了"创作蓝本"。后世许多文学影视作品中的相关桥段，其原创首发非卢宗道莫属。

可是，看客眼中的情节越精彩，这些奴婢的命运就越有些不妙了。对于这一切，那位坐在云端上的神——文成帝先生，渐渐有了自己的想法。

文成帝也许会关心一个私奴婢的遭遇，但这应该不会是他产生一些想法的真正动因——那样他真的就成了社会主义核心价值观的践行者了。他就算再英明，也只是一个奴隶制向封建制过渡的政权的领袖而已。文成帝关心这件事，更多的应该是从国家经济生产的角度出发，认为此事不妥。

不妥的原因在于，私奴婢的数量越来越庞大。这些奴婢一部分来源于被征服地区的人口，更多的则是来自于无法生存的平民。每遇天灾人祸，有大量的贫民无法生存，只好卖儿鬻女，换取一口杂粮。而卖出去的儿女，一旦成了私奴，就永世不得翻身了，所以奴婢队伍的人数有增无减，越来越庞大；平民队伍则在缩减，尤其是遭遇严重自然灾害的地方，会有大批平民转化为私奴。据《魏书》《北史》《洛阳伽蓝记》等史料记载，北魏期间，各贵族官僚、地主豪强家里畜养的私奴数量惊人，如太武帝拓跋焘时的大臣李崇、献文帝拓跋弘时的大臣娄提、孝文帝元宏的弟弟元禧、孝庄帝元子攸时的高崇和王椿等，都是家中有奴婢过千的豪强；孝明帝时为丞相的高阳王元雍，家中有童仆六千，妓女五百；就连一干阉人宦官，家中没个几百奴婢，出门都不好意思和人家打招呼。这只是中央朝廷的情况，算上各地方的官僚豪强，平民沦为私奴婢的数量不知凡几。

平民是社会生产的主力军，他们承担着农、牧、纺织等各项生产任务，并且有交赋税、服徭役的义务，是国家财政的主要来源、建设的主要劳动力。而平民沦落为奴婢，就成为了主人家的私人财产，政府无法征用其劳动力和经济产出，国家就失去了生存的基础。这一点，作为政权首领的皇帝，是绝对无法容忍的。

于是，和平四年（463）七月，文成帝朝廷出台新规：有民众因遭受灾祸，不能养活自己和家人，以至于卖儿卖女的，各主人家都要将这些奴婢归还给原来的人家。有的凭借自己的权力、势力，私下捣鬼，使良家子女仍旧做奴婢的，必须马上改过，不能等着交来钱物才准许赎人。即日起，如果仍旧不放人回家，以掠卖人口罪论处。

所谓"掠"，就是强迫良人为奴的行为。强迫良人为奴，再转手倒卖，就是"掠买"或"掠卖"。不管是掠，还是掠买、掠卖，都是违法犯罪的行为。

这条规定，承载了文成帝检还奴婢、还奴为良的政策，有效地解放了生产力，保护了小农经济，为国家的经济发展创造比较好的社会环境。用我们后世人本主义的眼光来看，这个政策更重要的是解救了无数的小女孩、小男孩，无数的家庭对文成帝感激涕零、顶礼膜拜。文成帝不仅仅是个玩弄政治权术的政客，更是位具有政治远见和才干的政治家。

鲜卑特色封建主义法制建设

中国的古代社会，要说有没有法律，那不能说没有，因为历朝历代，至少会有一部刑法。那么中国的古代算不算法治社会？那当然不算，因为至少国君、皇亲国戚、部分大贵族在法律的约束范围之外，而且国君集立法、执法和裁判权于一身，具有超越法律的权力。这种法治，还是在人治之下的法治，依然是落后的。

拓跋鲜卑一直以来连个像样的刑法都没有，他们传统的刑法只能说是军法的社会化，并不是真正的民法，自占领中原以后，落后的法制与社会现实极不相称，于是开国皇帝道武帝修改、颁布了刑律，成为北魏第一部法典。到了太武帝时期，这部刑律曾修改过两次，使北魏法制有所变化，封建性质有所加强，但与封建化的进程仍有些不配套。

到了文成帝时期，下大力气加强具有鲜卑特色的封建主义法制建设，又增加了法律七十九章，其中关于满门诛杀的刑罚有十三种，关于砍头的刑罚三十五种，关于监禁、劳改的刑罚六十二种，法制力量大大加强。

但是此时的刑罚还有一个弊病，那就是刑罚过重，尤其是死刑。

北魏前期一直处于军事扩张时期，需要严刑峻法来快刀斩乱麻地处理后方的不稳定因素，因此死在刑律下的人口数量非常多。由于北魏前期通过扩张掳掠了大量人口，及时补充了劳动力，所以严刑峻法处死大量人、使劳动力短缺的现象还不十分明显。到了文成帝时期，不再通过战争来大规模掳掠人口，而依然有大量人口死在峻法之下，劳动力紧缺的现象就凸现出来。

针对这种情况，文成帝的老铁——源贺，在兴安元年（452）提出修改刑律的建议："在一个犯了谋反罪的家族里，如果有年龄在十三岁以下的，只要谋反这件事与他不相干，他只是受了家里人的牵连，那么我认为可以饶恕他的性命，让官府直接管理他，等他长大以后，就可以成为国家亟需的劳动力。"

文成帝听了这个建议以后，微微蹙眉，心自忖量。

源贺提出这个建议的时候，就有不被采纳的担心。按理说，谋反是封建帝王最不能忍受的罪行，因为它直接危害以皇权为核心的中央集权制，破坏着封建国家的统治基础和统治秩序，故自古以来对于谋反的人，不论是皇亲还是国戚，一律是严惩不贷，诛九族是常事，甚至到了明代，诛十族也是有的。此时，源贺却建议犯谋反罪的家族不要将人全部处死，不知是否会触碰文成帝的逆鳞。

但此时源贺的心里也是一片坦然。因为提出这条建议，他是纯粹站在国家的角度考虑，一心只想增加劳动力。自己对于文成帝的忠诚是毫无保留的，这里面绝对是满满的正能量。

文成帝最终的决定，也令源贺感动不已——文成帝在思索片刻后，便痛快地接受了这个建议，缩小了族诛的范围。从这里，足见文成帝对他的信任，也更显示了文成帝胸怀之宽广以及施行文治决心之坚定。

老铁源贺看到这样的建议都被采纳，受到极大鼓舞，再接再厉地又提出一条富有建设性的建议："如今北有柔然这样的强敌四处游荡，对我们的财产虎视眈眈；南边有刘宋那样依恃险要，动不动就攻打我们的狡诈贼人，我们的边境需要加强防守的力量，但是人手不足啊。所以我认为：如果不是大逆不道、故意杀人的人，其他那些犯了贪污罪、盗窃罪本该处以死刑的人，都可以免其死罪，罚他们到国境线上去守边。这样，就使本该受死刑之人得到活命，又能继续为国家出力。国内的那些良民们，他们的负担也能轻一些，可以得到休养生息。"

毫无意外，源贺的这个建议又被文成帝采纳了，马上批准执行。从此，除了谋反者和杀人者执行死刑外，其他犯了死罪的人，都能死里逃生去戍边。直到过了许久，文成帝还高兴地对群臣说："赦免各种死刑犯，把他们充军到边疆去，既保全了他们的性命，又增加了边境据点的守兵。如果人人都像源贺那么忠诚能干，我还怕治理不好天下吗？现在回想起来，这种合理化建议，好处实在是非常多啊。"

文成帝的法制建设围绕民生进行了一系列修改，其治理目标更多地围绕着休养生息来进行，整个社会的经济状况明显好了起来，出现了连年丰收的场景，以至于民间有了多余的粮食可以用来酿酒。但这时候，又出现了个问题：粮食多了，酒就多；酒多了，酒鬼就多了；酒鬼多了，社会问题就不可避免地多了起来。

太武帝拓跋焘时，有一个叫古弼的官员，就是后来由于尸位素餐被文成帝给"咔嚓"了的那位，《魏书》称其"以敏正著称"。同多数北朝大臣一样，古弼也好饮。一次，古弼讨伐北燕，北燕国主冯弘败退欲逃，古弼的一名部将高苟子欲率骑兵冲击，结果古弼酒后上岗，拔刀制止了高苟子的追击，让冯弘得以顺利逃到了高句丽。回来以后，太武帝大怒，将古弼撤职，由一名主帅降为普通的守门士卒。

还有当年跟着陆丽和源贺一起拥立文成帝的禁军军官刘尼，文成帝感念其功，命其出任征南将军、定州刺史。在定州刺史任上，刘尼非常清廉谨慎，但是他有一个毛病太爱喝酒，每日里喝得醉醺醺的，办正经事的日子很少，实在无法担任起治理一方的重任，文成帝只好又把他调回朝廷，任殿中尚书，后来还升任司徒。文成帝的儿子献文帝即位后，因刘尼在先朝有大功，更加敬重，赐给别户三十。但刘尼已经无可救药了。皇兴四年，献文帝北征，召开了誓师大会，结果刘尼昏醉得不成样子，大失体统。献文帝特别宽大处理，仅仅把他免官而已。

不仅是古弼、刘尼这样的高级将领，就是民间也是酗酒成风。因为多年的苦日子过去了，生活一下子变好了，很多人就开始放纵起来。但由于北魏民风剽悍，一旦喝大了，大家该出手时就出手，不该出手时也要强出手，于是社会上出现了许多因酗酒而导致的案件，其规模之大、数量之多，令北魏朝廷不得不重视。

于是，在太安四年（458），文成帝又颁布了一条禁酒令：有关酒的事物一律禁止，凡是酿酒、卖酒和饮酒者都处以死刑。如遇吉凶礼宾之事，可以开禁，但有严格日期规定。

与以往的为了增加劳动力的法令不同，这一条法令仅仅就是为了改变不良社会风气，这足以证明文成帝在民政治理方面所下的功夫。经过文成帝诸多的努力，一时之间北魏境内政治清明，百姓安居乐业，一片繁荣景象。

"文"字不是盖的

平城作为北魏前中期的都城，经过拓跋氏近一个世纪的营宫室、建宗庙、立社稷，历经六帝、七世，由汉代的一个县城，发展为当时北方的政治、经济、文化中心，成为中国北方第一名城。唐代张嵩在《云中古城赋》中写道：

> ……
> 开士子之词馆，列先王之藉田。
> 灵台山立，璧水池圆。
> 双阙万仞，九衢四达；
> 羽旄林森，堂殿胶葛。
> 当其士马精强，都畿浩穰。
> ……

可见当时平城的繁华景象。

但是，风起云涌，花开花落，一切都逃不过时间的荡涤。

145

岁月是无情的。庞大的宫殿群，达官显贵居住的里坊，王公大臣的冠冕与"衮服"，出征的将士手中沾血的长槊与骑枪，最终都化作一抔尘土，和在了黄土中，只能在大风的帮助下，用漫天的沙尘叫嚣着往昔的荣光。

岁月又是多情的。语焉不详的历史记载，生动的陶俑，精美的石椁，栩栩的壁画，坚硬的夯土，黝黑的瓦片……种种蛛丝马迹，又唤起了后来者对于往昔的追忆。

将目光转向 2003 年。这年 3 月份，山西省大同市对危困住房进行改造时，在城区内操场城东街发现夯土及大量磨光黑瓦，经过考古工作者半年多的大规模发掘，出土大量北魏筒瓦、板瓦、脊饰、瓦当等建筑材料。出土瓦当瓦面的文字有"皇□万岁""大代□□"等。此次发现的北魏大型建筑遗址，建筑面积及构件非常大，其方向是坐北朝南，建筑正面的斜坡踏步采用双阶这种先秦高级建筑的形式，这些信息无不透露着这一建筑具有皇家宫殿建筑的性质。

于是，2003 年 11 月，国内多家媒体发布了同样一则消息：山西大同操场城街发现大型北魏时期古建遗址，经考古专家考证为平城宫城遗址。

经过近年来对平城遗址的不断发现和发掘，有关北魏王朝的记忆渐渐从残砖断瓦中苏醒，那遥远的岁月和曾经的繁华，冲破了重重迷雾，向我们展露容颜，诉说着过去的故事……

一千五百年前的平城。

雕梁画栋，金碧辉煌，流线型的屋脊到了四角之处，忽又高高昂起，仿佛为这座殿里的主人而骄傲。它有权利骄傲，因为这里是北魏政权的大脑——永安殿，是文成帝处理朝政的场所。

在这里，文成帝将他的每个想法，与身边的智囊团进行沟通和论证之后，形成一项项决策，经尚书、中书、门下诸省的润色、梳理、完善之后，形成了一篇篇规章制度，下发至全国各个角落作为执行的准绳。

当初冯皇后问自己的那句话，仍然时常在耳边响起。他扪心自问：自己、拓跋、天下，当皇帝为的是哪一个呢？虽然还没有找到答案，但他会让自己凭着本心走下去，只要不太错误，那就好了。

所以，文成帝在位期间，着实不轻松。不仅要清除沉疴积弊，还要应付接二连三的自然灾害。翻检史籍，文成帝在位十四年，光救灾就下诏五次，灾害内容包括蝗灾、旱灾、霜灾、水灾……这不是因为文成帝点儿背，所有的灾荒都让他赶上了，而是文成帝对这些灾害非常重视，经常下诏安排赈灾，所以史籍上才会将诏书内容记载了下来。如果是其他的皇帝，遇到影响不太大的灾害，根本不会下诏安排赈灾，所以史书上也不会记载。

文成帝在救灾时，不仅采用常规的开仓放粮的方式进行赈灾，还进行了创新。

太安五年（459），中国北方遭遇了一场大旱，多地普遍遭遇灾旱，种下的庄稼没有收成。文成帝大急之下，采取了四条措施应对灾情：

第一，打开仓廪，救济百姓。这是传统的开仓放粮的方式。

第二，有在外流浪迁徙的，告谕其尽量返回故乡，以稳定社会并减少赈灾难度。

第三，如果有商人愿意从其他地区买进粮食、运往灾区出售的，可以给予政策倾斜，由政府出面为他们联系产地、疏通商路。

第四，如果各地区的官员不作为、慢作为、乱作为，使国家的政策不能传达到下层，各地民众得不到救济，则对官员处以重罪，决不姑息。

此四条措施，最具有创新性的是第三条，即允许粮食跨地区流通、自由买卖。为什么这么说呢？

北魏初期有内朝和外朝两大系统，政府机构虽然非常繁杂，但财政管理职能却相当粗放，并且效率极为低下。同时，在文成帝之前，北魏封建化进程极其缓慢，生产力非常低下；并且由于连年对外争战，使得粮食成为了首要紧俏的军需，受到了严格的管控。

而此时的文成帝，推行"与民休息、静以镇之"的国策，通过各种措施提升生产力，社会经济有所好转，使得粮食在一定范围内流通成为了可能。

于是，文成帝大胆创新政策，在赈灾中尝试了允许粮食流通，这就改变了以往单纯依靠政府力量救灾的方法，而是利用民间力量以此地之有余补彼地之不足，增强了民间自身的抗灾能力，收到了极好的效果。

由此可见，文成帝谥号中的"文"字，绝对不是盖的，以至于在一千五百年后的我们，面对湮没在历史尘埃中的故事，仍然不禁为其点赞。

第七章　整顿吏治

丰满与骨感

永安殿内，充斥着一股说不清、道不明的气氛，有些紧张，有些焦虑，又有些肃杀，令人大气都不敢喘一下。

案边燃着的檀香，在当值的宦官小心翼翼地动作之下，已经续了一炷又一炷；油灯中的油，已经添了一次又一次；案上放着的那份卷宗，被两人头对头一起翻了一遍又一遍；殿里值勤的宦官，还有殿外站岗的侍卫，也换了一拨又一拨。只有案边面对面坐着的两人，似乎连屁股也不曾挪动一下。身边侍候的宦官不禁腹诽："陛下，我对您有意见，您太不爱惜自己身体啦，嗯？这句台词好像前文出现过，那就换种说法，您没日没夜地工作，太不关心自己家里啦！"

被称作"陛下"的人，当然是本书的主人公——北魏的"精神文明之星"、千古一帝文成帝拓跋濬。

此时的拓跋濬，却丝毫没有男一号的觉悟。他眉头紧锁，高高的鼻梁两边镶着两个黑眼圈，脸颊的胡须不知是基因的原因还是油灯的炙烤，显得有些卷曲；干裂的嘴唇一张一合，吐出一串音符来："源贺也这么说，陆丽也这么说，令公您也这么说，这事，显然是真的！"

能被文成帝称为"令公"的，天下只有一人，那就是素有"北魏第一臣"之称的高允老先生。

此时的高允，头发散乱，双颊深陷，双目布满红血丝，体力疲惫，但精神却很亢奋。他微微张嘴："陛下，臣还是那句话，天大地大，衙门最大！"

"衙门最大？"文成帝血气上涌，连黑眼圈都散发着紫色的光芒，"天下还有比朕的衙门还大的？"

"那倒不曾有。只不过，陛下您的衙门离那些升斗小民太远了，远得他们看不见。他们能看见的，就是他们头顶上的那个衙门。虽然在您的眼中，那些个衙门里的主事人一样是蝼蚁，但在民众眼里，他们就是天。天要做什么，没人敢管的。"高允答道。

"哼，他们还真敢伸手！"文成帝气恨恨地骂道。

理想之所以被称之为理想，就是因为与骨感的现实相比，它太丰满了，丰满得令人无法把握，即便它是皇帝的理想。

此时的文成帝，正被一把锉刀来回锉削。这把锉刀，刀齿锋利异常，其锉纹由两种刀齿组成：一种是丰满，另一种叫骨感。

在这两种刀齿地来回撕扯中，文成帝心力交瘁。心力交瘁的原因，是文成帝发现的一个问题。

即位这几年来，他首先做的事就是轻徭薄赋，与民休息。为了这个目的，他多次下诏减轻徭役和赋税。

徭役和赋税的项目减轻了，就减少了许多贪官污吏上下其手的机会。因此，许多地方官员作为既得利益者，对中央的政策开始阳奉阴违，耍起了各种手段。

具体表现在：各个州牧、郡守、县令这类地方官们，不对百姓宣扬朝廷的恩惠，总是想方设法满足自己的贪求欲望。他们将百姓上缴的赋税进行截留，使之落入自己手中，减少了国家正常的财政收入；然后又通过做假账等手段，将未能完成赋税的责任推到老百姓的身上，行为极其恶劣。

这个发现，令文成帝非常气恼。

"为了一己私利，他们有什么不敢做的？"高允解释道，"全国那么多衙门，各级官吏多如牛毛，您就算杀，也是杀不过来的。就算杀得过来，他们量您也不会杀的——全杀了，谁来治理各地政务？他们就是看准了这点，才敢上下其手的。"

"岂有此理，拟诏！"

高允铺开纸来，迅速记录……

太安四年（458），文成帝下诏说："我即位以来，多次颁布宽大的旨意，免除繁杂苛刻的征敛，废掉不紧急的事务，就是想要使物得其所用、人安其本业。近年来，国家实行各种微调减省，按目前的制度，赋税徭役是不重的，但各个州郡对于上缴国库的赋税都有拖欠，这如果不是官员安抚引导失责、贪财过分，又怎么会有这种情况发生？从现在起，常调收不齐、民众又不能安于本业的，该地治理民众的官员，一律处以死罪！"

此后，文成帝又多次下诏，针对赋税的问题进行了补充说明，使得社会生产力和经济状况迅速好转。

和平二年（461），文成帝下诏命令中尚方制作黄金合盘十二个，直径二尺二寸，用白银镂刻，以玫瑰镶嵌，铭文是："九州都来贡献，外国都来交往，于是制作此器，盛装奇珍异宝。用紫金制作，用白银镂画，式样精美，光彩夺目。物美质丽，如有神化，皇帝使用，万事如意。"

由此可见，到了文成帝后期，国库充裕，府藏盈积，这得益于文成帝休养生息政策的得当。

但是，北魏王朝吏治的问题已经凸显出来。吏治的问题，在历史上的好多朝代中都成为了一个王朝最大的问题，也成为了许多统治者不敢轻易触碰的敏感区域。文成帝毫不退缩，勇敢地向这块敏感区域发起了冲锋。

那些脑洞大开的独门秘籍

北魏作为一个由游牧部落建立的政权，它的许多习俗、制度还处于混乱状态，成为整个北魏政权向封建国家发展的障碍。这其中，最大的障碍之一就是职官制度。职官就是一个国家中担任职务的官吏，他们有具体的官职名称、清晰的职权范围、明确的品级地位，已经体现了管理上的专业与分工，这与游牧部落的首领是完全不同的。

在封建制国家里，军事与行政是要分离的。最顶层的皇帝，他即使是一国军队的最高统帅，但那也是象征意义大于实际意义。在封建制的国家里，真正会"御驾亲征"的皇帝屈指可数。但现在的北魏不是这样，他们的皇帝也是实际上的军事首领，典型的如太武帝拓跋焘，整天带着军队到处征战，这种模式更多的接近于原始部落的体制。

在官制方面，这时的北魏仍保留较强的军事管理特色。各地的地方官多由部落首领充任，并担任军事职务，军权与行政权常常是一体的。尤其是太武帝拓跋焘即位后，四处征战，新兼并的领土往往委任军事将领进行管理。在战争状态下，各地为了筹措军粮，那些被委任的军事将领不顾民政征税严酷，再加上个别官员利用征税之宜贪赃枉法，屡禁不绝。这种军事管理与民政管理之间的冲突，带来了政治、民生、经济等一系列影响。

为了改变这种现象，北魏曾进行了一种脑洞大开的官制设计，套用一个我们很熟悉的词，那就是"一国两制"。

北魏的"一国两制"体现在从中央机构到地方官制的设置的各个层级。

中央机构存在的"一国两制"，体现在北魏前期中央机构分内朝和外朝两大系统。

内朝系统源于拓跋部早期的氏族部落制，其重要的人员有宦官、侍卫、秘书、监察、军事将领等，还有负责畜牧业的"龙牧曹"。

而外朝系统是北魏建国后，仿照汉代和魏晋的部分官制，建立起的尚书、门下、中书、秘书诸省，以及丞相、三公、九卿等各种官职。

内外朝很多部门职权范围相似、机构设置重叠，但两厢比较，其实内朝才是当时中央政府的核心机构。内朝的官员品秩不高，但实际的地位和权势却比外朝的官员要大。外朝的三省制一直是有其名而无其实，在反复的变更中变得支离破碎、机制紊乱。

在地方官制中存在的"一国两制"，体现在分部大人制和州郡制两大官制。

分部大人制是北方游牧民族的传统制度。"部"就是部落，是基本的社会组织单位；"大人"就是这个组织的首领。这个"大人"又称"护军"，从这个称呼可以得知，这是个民政与军事一把抓的职位，甚至更侧重军事功能，与部落的首领没什么两样。

州郡制就是中原王朝一直以来的州、郡、县三级地方政治制度，它与拓跋部的分部制的区别在于：州郡制是以地域为单位进行管理的，而分部制则是在血缘关系的基础上又结合地域范围进行管理的。

北魏初期，长期存在着"一国两制"的设置。这点可以理解：凡是少数民族入主中原的，在吸收比自己先进的中原文明的同时，总是有些患得患失，生怕失去自身的特点而被同化，于是下意识地保留一些也许并不合时宜的旧制度，因而使发展的历程出现一种胶着甚至是逆转。

如果说这种"一国两制"是入主中原的少数民族固有的通病的话，那下面这种制度就是北魏的独门绝活了：

随着统治经验的慢慢积累，北魏的前几任统治者也逐渐认识到了职官制度对于政治、经济、军事等诸方面所起的巨大影响，所以也尝试着做了一些改革。

明元帝拓跋嗣在位期间，曾经尝试在汉族的居住区和生产区内，各州设立刺史、各县设立县令。但由于自十六国以来民族矛盾一直非常尖锐，拓跋氏的贵族们对于汉族士人十分地不信任，为了防止朝廷被汉族官员欺骗，一州或一县要同时设立两个汉族官员，起到互相监督的作用；但尽管这样，还是不放心，就另设了一名拓跋族官员来监视他们。这样，一个州就有了三个刺史，一个郡就有了三个太守，一个县就有了三个县令，而且三人之间互不统管、互相制约。这就是史上绝无仅有的"一职三长官制"。

由此可见，"三个和尚没水喝"的故事在当时还没有出现，或者是出现了但北魏的统治者没有好好学习，所以才会产生这种大胆的想法。

这种"三个和尚制"……哦，不对，是"一职三长官制"，古往今来闻所未闻、令人瞠目，属于拓跋鲜卑的独门秘籍。但这种独门秘籍给北魏政权提升不了任何核心竞争力，反而效率极其低下、资源极其浪费，除了能证明拓跋嗣的脑洞大开之外，其余一无是处。

可以说，北魏的前几任皇帝，一直致力于开疆拓土，对于这些文治上的问题未能采取有效的措施，以至于北魏官制乱得一塌糊涂。

文成帝即位后，大规模的军事时代基本过去，北魏进入政治为主的文治时期，开始了和平、文明的建设。所以，太安三年（457）五月，文成帝下令："以诸部护军为太守"。这个诏令不只是改个名那么简单，"护军"是军事长官的官名；"太守"一职，为一郡之最高长官，职责包括治民、进贤、决讼、检奸等，权力依然不小，但绝不包括军事。

将"护军"改为"太守"后，分部制正式被州郡制所取代，原先民政和军政不分的官制彻底被取消，这标志着北魏由武功政权向文治政权的转型。至于那个天才的设计——"一职三长官制"，在民族矛盾没有得到迅速缓解之前，当然不可能即刻消除，但自从文成帝开始施行文治转型、民族融合之后，"一职三长官制"也逐步转化为汉族传统的一职一长官制。所以，北魏自文成帝开始，才真正有了一个文明政权的样子。

纪检监察与巡视组

中国的封建社会，在经济上，封建土地所有制占主导地位；在政治上，实行高度的中央集权的封建君主专制制度。在这种制度之下，作为自然人的地主们，在政治上无法有效地直接统治广大农民，他们需要有人用政令的形式来统治农民，而皇帝就是他们寄托希望的那个人。所以，那些地主把他们的政治权力集中到他们的总代表——皇帝那里，形成了唯一的、至高无上的皇权，以这种至高无上的权力来帮助他们统治广大的农民。

但是，皇帝只有一个人，他不可能事必躬亲，于是，皇帝又从地主阶级中选拔各级官吏，为他管理农民。即使是在科举制度发明以后，有一部分农民进入到官僚集团，但也很快被皇权和官僚体制改造成了地主阶级中的新成员。所以，地主们将权力集中到皇帝身上，皇帝又将权力授予地主中的官僚，官僚对皇帝负责，皇帝对他身后的整个地主阶级负责，形成了一个完美的闭环。从这点来说，我们的老祖宗们是非常聪明的，即使君主专制和中央集权在古埃及、波斯、拜占庭、奥斯曼、罗刹等其他古代国家也有，但都没有像中国这样完备而严密的官僚制度。

为了更好地运行这个闭环，中国历史上对吏治的重视程度，在世界历史上也似乎绝无仅有。我们的老祖宗们好像早就认识到，一个国家治理得好坏，关键在于吏治。所以，中国古人施行了很多整饬吏治的方法，其中一条，就是"纪检监察"与"中央巡视组"制度。

在继承了汉代和魏晋的部分官制后，北魏朝廷在外朝中也设置了御史台这一监察机构，但与其他的大多数外朝机构一样，长期以来有名无实，不受重视，难以发挥监察职能。真正发挥监察作用的，是属于内朝的候官曹。"候官"是鲜卑的一种官职名，就是"白鹭"的意思，取伸长脖颈、眺望远方、视野宽广之意，以体现伺察的功能，大致拥有现在的纪委、监委、国家安全局等的部分职能。

北魏建立后，因为还存在着奴隶制的习惯，各级官员大多是奴隶主、部落首领或是地主，收入来源十分稳定，所以一直没有向百官发放俸禄，这一点与春秋时期有些相似。但是，不发放俸禄，官员们就会自己想办法捞金，因此贪赃枉法现象十分严重。文成帝为了改变这一现象，大举增加了候官的人数，国家纪检监察力量空前强大了起来。

有了强大的力量，还得正确的使用。这些人数众多的候官，被文成帝分成三部分使用：

一是候官曹日常办公人员，维系着候官曹的运转，承担着常规的监察任务；二是针对中央各衙门，派驻"纪检组"，侦察百官过失；三是文成帝针对地方官员，派遣了"中央巡视组"进行微服私访。

太安元年（455），文成帝派尚书穆伏真，带领一行共三十人组成的巡视组，对各郡县进行了微服私访。巡视前，文成帝对巡视考察标准进行了修改，将原先侧重于军事扩张方面的标准，改成了力、财、恩、刑、政五个方面。

力，即耗费劳力。进入某一郡或县内，如果看到有很多荒芜的田地，没有农民在垦田、耕种，这就说明是地方官征调的徭役不合时节，耽误了耕种，耗费了劳力。

财，即搜刮财产。如果一个郡或县里，牙口不好的老年人还在吃粗食，经常在生产中出力的青壮年没有布衣可穿，这就说明地方官对于百姓的赋税征收得过于频繁，搜刮了过多财产，致使民间过于贫穷。

恩，即安抚无方。如果看到一个地方，乡里都是空荡荡的，民众大多都逃散了，说明地方官员没有正确安抚引导民众，没有施恩于民，导致人口逸散。

刑，即刑罚不明。假使某一地盗贼猖獗，抢劫之类的刑事案件时有发生，说明官员执行禁令不够彻底，对于犯罪的刑罚不明，导致地方治安太差。

政，即政治昏暗。一个郡或县里，如果民众间经常流传各种诽谤、传言，众官员上下整日心怀怨恨，好人不得出头，奸佞之人却大行其道，这就说明太守或县令昏庸无能，执法混乱，善恶不分，导致政治环境一片黑暗。

以上五条，前三条涉及经济问题，后两条涉及司法问题，是文成帝令穆伏真带领巡视组进行视察的标准。这些标准对应的是武功向文治的转型，是地方长官为政的具体表现，也是文成帝对地方统治规律的高度认识，更是北魏王朝自建国以来对民政治理的经验教训的总结。

在文治思想的指引下，经济的发展、社会的稳定、政治的清明变得更为重要，因而对官吏的考核更为重要。所以，文成帝对于触犯这五条的官员，轻则罢官，重则处死；对于那些善政的官员，则给予奖励。

同时，文成帝还规定：巡视组如发现有冤屈的案件，要进行检验处治；对于清廉能干、官声不错的官员，如果有人进行诬告，则应对诬告者以相应罪处治。

还有巡视组的内部纪律：如果因巡视组的官员受贿、接受请托办事的，造成裁断不公平，准许当事人进行上诉；经巡视，发现有不孝敬父母、不顺从尊长、为官奸诈残暴、与盗贼同流合污的，必须明明白白地呈报上来，如果被发现有隐瞒的，以所隐瞒的罪过治他的罪。

这种惩罚的方法，虽然有"同态复仇"的嫌疑，但其初衷是进步的，使遣使巡视收到了实效，地方吏治混乱、贪污腐败的状况大为缓解，北魏官场的不正之风被扭转，这种候官和巡视制度，成为文成帝整饬吏治、实行与民生息的重要措施。

一个字的神来之笔

吏治出现了问题，其根源在于制度缺位。不论是什么样的腐败，归根结底可大致归为两个方面：司法腐败与组织腐败。司法腐败使公平道义难以为继，政府失去公信力，诱发民变；组织腐败则表现为门阀大族世袭官位，阻塞了其他阶级通往仕途的道路，而这些门阀大族关系缠绕不清，不能"批评与自我批评"，缺乏省察纠错的能力，造成系统性的腐败。可以说，司法腐败之症结同样源于组织腐败。所以，整饬吏治，是一项系统工程，绝不是单单加强纪检监察力度就可以起到作用的。文成帝显然也意识到了这一点，所以，他在把好官吏的"入口关"上也下了一番功夫。

在文成帝之前，北魏的官吏铨选方式主要有如下几种方式：

一是招纳。北魏政权初期，缺乏有经验的官吏，不得不招纳了大批有经验和声望的士人充当官吏。对于不太合作的士人，甚至会使用武力进行招纳。这种制度是一种临时性、过渡性的方式，当北魏政权对国土的统治步入正轨之时，就逐渐被其他方式代替。

二是征辟。这是源于汉代的一种选官制度，即由皇帝和王公大臣征召才学俱优的名士，量才授官。这种选官制度，为的是拉拢汉族豪强，是出于政治的需要。以后随着这种政治需求的减少，征辟的次数和数量也越来越少。

三是察举。各州郡向朝廷推荐孝廉和贤良之才，然后由朝廷进行考试，通过考试的，酌情授职。这种察举的最初标准是博学明经，但后来逐渐被各大门阀掌控，在推荐孝廉和贤良之才之时，被推荐的都是大门阀世族的子弟，成了他们的子弟上位的捷径，失去了其初衷。

四是中正铨选。这种制度继承于魏晋的"九品中正制"，其主要内容仍然是各级政府中的德高望重者，依据群众舆论和公共意见，将各地的人才上报至吏部，由吏部对官吏进行选拔和任用。中正铨选的标准，最重才能和行为，相当于察举的另一种形式，其最终效果也和察举相似，在世家大族的掺和之下，与察举一样，中正选举的标准也逐渐改变为看重门第，变得混乱不堪，不能起到为国家铨选人才的效果。

以上这些，是当时主要的几种官吏选拔方式，但并没有形成制度，也缺少稳定性和持续性，其中废止的废止、走样的走样，影响到了官吏的实际选拔和任用。而且，在文成帝之前，选才的标准更多地侧重于武功，政府中身居高位、有决策权的多是武将，只有在执行层或一些副职上，才由文官担任。但武将可以打天下，却不能治天下，这个时候，文成帝需要一个新的文官班子来稳定社会秩序，这就要求各级官吏们更多地具有文治才能，以促进政治、经济、文化的发展。

任何改革都不是一蹴而就的，而是要循序渐进。文成帝首先颁布了一条诏令："各曹选补，宜先尽劳旧才能。"意思是说："各级政府选拔官员，应先尽着立过功劳、资历较老及有才能的人。"

"先尽劳旧才能"，其精华在于一个"旧"字。这一个字，令文成帝霸气侧漏。

所谓"旧"，就是有工作经验、从事政务管理工作时间长者优先。为什么这么规定呢？因为随着政权的稳固，越来越多的世家门阀想要安排自家子弟进入政府机构、享受体制内的诸多好处，这就导致政府机构内人浮于事、机构臃肿。而且各世家门阀还在借口政府工作的需要，不断安插新的家族人员进入政府管理岗位，使各级政府越来越不堪重负。要想整顿官吏队伍，首先要刹住这股十羊九牧之风，排除了不断注入的外来因素，才好梳理、整顿自身。所以，一个"旧"字，首先把住了"入口关"。

这样一来，情况就有所改观了。政府里某一官职缺人时，只用旧人，不许招新人，这样就只能从现有队伍里选拔人才。这样做的好处是，一来因为没有招聘的需求，各世家门阀轮番往政府里塞人的壮举，就被叫停了；二来，真正选拔了有功劳、有能力的官员，对旧有官吏队伍的成员起到了激励的作用；三来，形成了竞争机制。

过去，各个家族往政府里塞人，管他是低能还是智障，一股脑都塞了进去，反正大家图的就是个捞好处，出来混，都不容易，谁也别说谁。现在不一样了，大部分官职都给了有工作经验的人员，需要再公开招聘的岗位可就不多了，即使有了往里塞人的机会，也就是那么一两个，狼多肉少，都盯着呢，谁要是往里塞个低能人士，立马就有人反对了，凭什么你就可以这样塞人啊？我有一百个理由反对你。

于是，在大家的互相监督之下，终于可以相对公平地选拔出一些有才之士加入到官吏队伍中。

可见，这种"先尽劳旧才能"的标准，使北魏的官吏任命和选拔具有了一定的程序，这是北魏官吏选拔制度的一个重要进步，也是文成帝个人执政史上的神来之笔。

关于权力的一条龙服务

对于古人，我们绝不能用"事后诸葛亮"的眼光来挑剔毛病。就像我们不能批评诸葛亮当年为什么没有发明汽车一样，我们也不能批评文成帝的一些措施在今天看来实在是太落后了。评价一个历史人物，一定要考虑其所处的历史环境，只要他的思想和举措在当时是有进步意义的，我们就可以判定这个人物是积极的、进步的。所以，对于文成帝拓跋濬的许多思想和举措，仍旧值得我们研究和借鉴，比如文成帝的一系列举措。

在把好官员"入口关"之后，接下来，对官员的绩效考核就提上了议事日程。

北魏前期，对官员的绩效考核大体有两种方式，一种就是派遣钦差进行检查。这种考核的范围有限，但作为皇帝直接了解地方事务的一种形式，不可或缺。

另一种是年终考评，那时叫"上计制度"。这是自汉、魏以来一直被沿用的传统考核制度，要求各州主要领导要将管辖范围内的地方经济、社会治安、下属官吏的表现等各方面，每年底向朝廷集中汇报一次。这种形式基本是为统计所用。

在文成帝之前，北魏的历代统治者们都将精力放在军事征战、扩大国土面积上，在制度建设方面都属于草创，效果差强人意。到了文成帝时期，需要施行新的政策来稳定社会秩序，官吏管理制度的完善，就成了文成帝面临的主要问题。

其实，按照中原王朝的传统，对官吏有定期考核的制度，但北魏一直没有建立。直到太安五年（459）九月，文成帝下诏说："受到褒奖赏赐的人，一定要真有功劳，受到行刑处罚的人，一定要有确定的罪过，这是古今不变的常规。州牧、郡守这些地方官员治理地方时，如果鱼肉百姓，整天想着自己赚钱，使国家赋税不足的，虽任职已满而离职，应核计从前的拖欠，依法治罪。朝廷管理部门如果怠忽于督察，不加以弹劾，使有罪的人逍遥法外，没有罪的平白受其罪过，这就是打开了奸邪的道路，助长了贪婪暴虐，无法通过推究实情治罪来端正天下。从现在起，所有离职的官员，都要列举在职时的政绩优劣，依据制度治罪。立功的给予爵位恩宠，有罪过的施以刑罚杀戮，使优劣不同例、刑赏无差错。朝廷管理部门要明确订立条例，作为常规。"

文成帝的这条政策，我们看着有没有很熟悉的感觉？怎么看都像是现在的"离任审计""离任述职"，或是"问责追责"制度。所以，古人的智慧绝对不可小觑。

总而言之，这个政策的出台，建立了离职考核和离职追责这两个制度，才填补了北魏王朝在官吏绩效考核方面的空白。

所谓离职考核，就是要求朝廷的官吏管理部门制订详细的考察制度和实施细则，加强对地方官的考察，在他们任职期满迁代之际，对其任职期间的政绩进行考核，依据考核的结果进行赏罚。至于离职追责，就是在官员即使通过了离职考核，但事后发现其在原岗位期间，有侵食百姓、贪污受贿、中饱私囊的行为，不论其是否已调离、提拔或者回家养老，都必须严肃追究其责任。这样一来，权力就被关进了笼子，没有官员再敢滥用职权、酿出事故后拍拍屁股一走了之了。

同时，还有伴随每个官吏整个任期的不定期巡视考察。比如前面提到过的尚书穆伏真带领的中央巡视组。到了和平二年（461），文成帝又派遣尚书黄卢头、李敷等人对各州官员进行了考核，考核的内容仍然是力、财、恩、刑、政等，极大地规范了官员们的行为。

文成帝对官员们重点打击的，是贪污罪。那些年，各级官吏经常和富商串通，征调百姓去进行繁重的徭役，有不想参加征调的，就得上交高额的赋税。但钱从哪里来呢？这时候富商就出现了，他们趁机向民众发放高利贷，其利率之高，令人咋舌，十天就能翻十倍。借了高利贷的民众，如同卖身般困苦不堪，而官吏却和富商在背后瓜分民众的财产。这种行为，在民间造成了极其恶劣的影响，成为民心不稳的一大因素。

幸运的是，北魏的统治者们对于贪官污吏的打击惩处，在中国历朝历代中绝对是首屈一指的。刚开始，太武帝拓跋焘规定："赃四十匹致大辟。"就是贪污四十匹布的人要处死，结果定得太宽松了，没有起到警戒效果，太武帝于是又重新规定："赃三匹皆死。"贪污三匹布的人就要被处死。

到了文成帝这里，还不解恨，又组织人手制订并颁布了新的律令，其中规定："诸司官赃二丈者皆斩。"将判死刑的贪污数额定在了"二丈"，用重刑遏制了官吏的贪污。

不仅贪污腐败，文成帝对于官员经商、官商勾结也是严厉打击。他在和平二年（461）下诏说："刺史治民，是一州的表率。近来时常地方官利用调发，逼迫民众借贷，豪富的商人，邀取利益，十来天之间，增加十来倍。上下串通，瓜分财利而使居室华丽生辉。所以编户人家，被冻饿所困迫；豪富门庭每日加倍积累。为政的弊端，没有超过这一点的。现全部禁止，违犯的人在十匹以上都处死。"

自此，文成帝已经建立了从选拔任用、任职考核再到离职追责的一条龙服务，并且监督考核的主体也包括了负责纪检监察的候官、巡视组、上级主管领导、吏部官员等众多因素，逐渐形成了堪称全方位、立体式、三百六十度无死角的官吏使用和监督体系，为文成帝进行"清除积弊"的政治改革提供了保障。

自此，经过文成帝在各方面的努力，北魏的统治愈加稳妥牢固，人民的生活渐渐安定富足，整个帝国逐渐摆脱了汉末以来民不聊生的乱世之相，为迈向大唐盛世的黄金时代做好了准备。

人性的光辉

新官上任三把火，烧完一把算一把。

当然，这句话仅仅指的是"官"。如果是皇帝，那还可以烧得更旺一点，别说烧几把火了，就是点几次烽火，也是可以的。

文成帝拓跋濬的火烧得不算小。他杀了一批反对派，惹恼了不少皇族勋贵；他实施封建化，遭到族中顽固派的唾骂；他施行轻徭薄赋的政策，断了许多官吏的财路；他改革了官制，削弱了门阀大户的影响；他整顿了吏治，引起了很多官僚的抱怨；他致力于解决官私奴婢的问题，触动了地主豪强的利益……

自文成帝十四岁登极以来，大火烧了一把又一把，皇亲国戚、门阀大户、地主豪强、官吏士绅……地主阶级的人几乎被文成帝得罪了个遍，平民百姓的利益不仅没有受损，还有所增强。但是，平民百姓的支持暂时不会给他实质上的帮助，而来自于地主阶级的反对，却随时会把他掀下皇位。可以说，他解决了许多民族矛盾、阶级矛盾、经济问题、文化冲突，但在统治阶级内部，他作为地主阶级的代表，与其他地主的矛盾却越来越深。

当然，以这种方式把矛盾都集中到自己身上，一般的君主绝对不会做出这样的事。成大事者敢为天下先，这足以说明文成帝的志向与才能。但不管怎么样，有了事就得担事，任何矛盾都需要稳稳地解决，这就使得他的伙伴们有了用武之地。

那些地主阶级中的反对力量，光靠他这么一个舞勺之年的少年自身是顶不住，所以文成帝和他的伙伴们，组成了一个强大的团队。高允、源贺、陆丽等人，就是这个团队的中坚力量，他们用自己的忠诚、公心、铁肩、能力、人脉，以及谁见了多少都会给点面子的那张老脸，给了文成帝这个少年皇帝稳稳的幸福。值得庆幸的是，文成帝虽然年少，却心理老成，没有给他们搞出烽火戏诸侯之类的尴尬。

而文成帝心中也着实感激他们。这些年来，正是有了他们的练达老成、精于谋事、查漏补缺，文成帝才能放心大胆地推行自己的政策，将整个国家带入文治的轨道，令北魏政权离野蛮落后越来越远。

但是，时间易逝。岁月是把杀猪刀，白了头发，皱了皮肤，掉了牙齿，弯了脊背。不论这个团队中的成员有多能干，他们终究不是特殊材料制成的。某一天，满怀雄心壮志的文成帝突然发现，他的那些伙伴们，提意见时的声音不再那么洪亮，据理力争时的条理不再那么清晰。他知道，他们老了。

这么些年过去，文成帝身边的那些老铁们，很多都年事已高了，尤其是那几个骨干：源贺已经快六十了；高允已经七十多了；还有一位重臣名叫刁雍，和高允同岁；陆丽倒是还不老，不过他爹陆俟已经老了，陆丽得把精力放在照顾他爹上面……

对于"老"，以及由"老"所想到的"死"，不同的人有不同的想法，这其中要数皇帝的想法最多。多到什么程度呢？他们妄想长生不老。秦始皇、汉武帝、唐太宗等等一世精明的皇帝，最终都将"长生不老"提上了议事日程。但除了秦始皇在寻求长生不老药时，传说中由徐福开发了一个副产品，其他皇帝在这个专业领域中均毫无建树，没有取得任何值得称道的成果。甚至在文成帝之前，东晋的晋哀帝为求长生胡乱服药，结果直接驾鹤西游去了。

有秦始皇、汉武帝、晋哀帝这些前车之鉴，以文成帝的英明，当然不会在"长生不老"这个项目上进行投资，他将财力、物力、人力都投入到了一个至少比长生不老可行得多的项目中，那就是养老。

我们不可以避老，但至少可以养老吧？文成帝执行力一流，说干就干。自和平四年（463）开始，由政府出资，对七十岁以上的老臣免费供应膳食。从此，那些白发苍苍的老臣们，每天都可以从为皇宫内制作御膳的尚食太官那里，领到他们的营养套餐，这令许多年轻的官员羡慕不已。但令人羡慕的事情还在后面，文成帝将免费供应膳食的对象，扩大到京师全体七十岁以上的百姓，以终其天年。从此后，北魏的都城平城就出现了一幅壮观的景象：每日，大量的营养套餐从皇宫内运出，被一份一份地分发到了每位七十岁以上老人的手中。而那些老人们，尤其是那些独身的老人们，从此不再需要为食物发愁，他们手捧食物，两眼含泪，颤巍巍地向着皇宫方向拜谢……

这一壮观景象，一方面说明北魏的经济情况已经有了很大好转，另一方面，则体现了文成帝"老吾老以及人之老"的人文理想。

有意思的是，梁朝的建立者、在文成帝登极的十二年之后出生的梁武帝萧衍，后来在都城建康（今南京）创立了"孤独园"，用于收留、赡养孤苦老人，成为中国历史上第一座官办的养老院。这说明，即使是在战乱不断的南北朝，中华大地上的人性也未曾泯灭。而这，正是我们中华民族生生不息的源泉。

第八章　移风易俗

婚姻与道德的问题

快马常苦瘦，剿儿常苦贫。

黄禾起羸马，有钱始作人。

荧荧帐中烛，烛灭不久停。

盛时不作乐，春花不重生。

南山自言高，只与北山齐。

女儿自言好，故入郎君怀。

郎著紫裤褶，女著彩袂裙。

男女共燕游，黄花生后园。

黄花郁金色，绿蛇衔珠丹。

辞谢床上女，还我十指环。

这是一首北朝民歌《幽州马客吟歌词》。诗中描写的是怀春的少女爱上了一名马客，不愿辜负美好的青春盛时，所以主动投入郎君的怀抱，携手共同宴饮游乐，心情十分快活。

这样的诗、这样的女子，在当时的汉族礼教看来，也许"不成体统"，尤其是其中"绿蛇衔珠丹"对于男女性事的隐喻，更显出格。但对于北方的一些少数民族来说，却是再正常不过的事。

北方的许多游牧民族，由于其所处自然环境的恶劣，使繁衍人口成为一个比较高难度的任务。为了使人口数量不会出现负增长，他们需要尽可能地繁衍人口，所以还保存着较多的原始风俗。比如：很多时候，兄长死后弟弟可以收继嫂子为妻；叔伯死后，侄儿可以将婶母收继为妻；甚至父亲死后，儿子可以收继继母为妻。这种在汉人看来"乱伦"的行为，都是为了更多地繁衍人口。所以，对于这些民族和部落来说，在两性关系上远没有汉族那样复杂的礼数。所以在他们看来，男欢女爱是很正常的事，没有什么可遮遮掩掩的。

但还是那句话，"凡事不能过。"过了头，就容易出事。比如这首《幽州马客吟歌辞》的最后两句："辞谢床上女，还我十指环。"似乎是在女子豪放大胆地投怀送抱之后，男人占到了便宜就想一走了之，甚至连送出去的礼物"十指环"都要索回，可谓乐极生悲了。

所以，做什么事情一点规矩都不讲也不行。一个女子在男女问题上不讲规矩，害的是自己；一个国家的统治阶级在男女问题上不讲规矩，害的是全天下。

男女问题也能害全天下？

客官您绝对没有看错，不仅能害天下，而且其后果还非常严重。

至于其中缘由，且听文成帝的老铁——高允给您——道来。

老臣高允劝谏文成帝时，提出了"五个可怪之处"，从婚娶丧葬这些事务入手，给文成帝提出了意见：

前朝屡次规定，禁止婚娶的时候太过铺张，禁止办丧事的时候搞鼓乐演唱、舞蹈表演、宰杀牲畜、火葬等，但是长久以来，风俗并没有改变。主要原因是你们这些上位者没有带头执行，所以下边的人也都不遵守规定，直到现在这种局面。过去，周文王起初统治的地方不过百里，但他注重修养德行，发布政令后，自己首先做起，再要求自己的老婆、兄弟做到，然后才推广至整个国家。因为周文王以德服人，所以他的国家发展得越来越大。这说明实施政令的人，首先要从自身开始做起。《诗经》上说："尔之教矣，民胥效矣。"意思是："你以身作则，人民就会效仿你。"所以，君主的一举一动，不可不谨慎。《礼记》说："嫁女之家，三日不熄烛；娶妇之家，三日不举乐。"但是现在，平民的家里操办婚娶事宜的时候，仍然是禁止作乐；可是王公大臣们家里办事时，都公开娱乐，甚至花费公款、由政府出钱进行娱乐，这是第一个可怪之处。

古代要婚配的人，都从品行好、讲德义的人家，挑选贞节贤惠的女子，先请媒人去探问，接着再送礼物，召集同僚好友来表现对女子离别父母的重视，亲自驾车以表达尊崇之意，婚姻的缔结是如此困难。现在呢？身居高位的王爷、贵族们，年仅十五岁的时候就给娶个妻子。这也罢了，但配给他们的女子，有的年龄相差太大，有的是在内宫犯了错误被赶出来，却摇身一变成为了宗王的老婆，使宗王的家里越来越缺少美好的品德。就这样，皇子们娶妻，都娶的是宫里这样的女子，而命令天下的平民，娶老婆时一定要遵循礼法，这是第二个可怪之处。

万物生长，没有不死的，古代圣王制定礼制用来养生送死，是依据人之常情。如果毁生者以奉死者，这是圣人所禁止的。而葬就是藏的意思，死者不能再见，所以把他深深地埋藏起来。当年尧葬在谷林，不改变农业生产；舜葬在苍梧，不改变商业活动。秦始皇修建地市，固定下面的三泉，随葬的金玉宝物不计其数，刚死不久，尸体被焚，坟墓被掘。由此推论，尧舜的节俭，始皇的奢侈，谁对谁错就很清楚了。现在国家营造坟墓，费用上亿，一旦遭受火灾或者被盗，神马都是浮云。如果奢侈浪费对死者有益，为什么古代的臣子不这样做呢？当今陛下不断地这样做，却一定要禁止人民不要铺张浪费，这是第三个可怪之处。

古代祭祀时一定要设立代表死者受祭的神位，遵循宗庙排列的次序，使死者有所依托，以受祭祀之礼。现在祭祀的时候，人们只是寻找和逝者容貌相似的人，表演一番侍奉的情节，这种行为简直是败坏风化、淆乱情礼。对于这种情况，统治者不加以禁止，老百姓不加以改变，这是第四个可怪之处。

供奉鬼神，是用来确立礼仪，教训万国的，所以圣明君主重视它。以至于酒器满了就不喝，菜肴干了就不吃，音乐不雅就不演奏，物品颜色不正就不摆。现在的大型聚会，内外不分，酒醉喧嚷，没有规矩仪式。又有滑稽艺人粗俗的表演，玷污耳目。朝廷对此习以为常，当作是美好的东西，却要求风俗清纯，这是第五个可怪之处。

"总而言之，你们是只许州官放火，不许百姓点灯！"高允气得吹胡子瞪眼，一口气提了五条意见，把作为统治者的拓跋家族狠狠骂了一遍，惊得文成帝差点驾崩。

这五条意见，条条切中要害、直指时弊，简单归纳起来，就是孔子的一句话："君子之德风，小人之德草，草上之风必偃。"上层的德行就像风，百姓的德行就像草，风向哪边吹，草就跟着向哪边倒，这就是"上行下效"的意思。

良臣的作用

其实，高允提出的那"五个可怪之处"，还不是最恶劣的。比这些更恶劣的，是当时民间存在着的一种"财婚"的恶习，即把嫁女儿当成赚钱的手段。南北朝时期的文学家、教育家颜之推在《颜氏家训》中对这种现象进行了描述批判。他说："近年来的嫁娶，居然有人用贩卖女儿的方式来赚钱，用财礼来购买媳妇，比对考量对方父亲祖辈的地位，在细节上面斤斤计较，都想多要一点少付出一点，跟市场上的商贩没什么两样。因此有的人把猥琐的女婿招进了门，有的人把傲慢的媳妇娶进了家，贪图荣华追求利益，反而招致家族蒙羞，这就是不慎重的表现啊！"不仅如此，更有甚者，有些无良家庭为了多得几家的聘礼，将女儿的婚姻当作常规经济业务，接二连三地给女儿找婆家，收了聘礼之后又接二连三地悔婚，却从不退还彩礼，致使社会风气越来越坏，道德水准一降再降。

这一次，高允又提出了要通过治理婚丧嫁娶来整治民风的建议。

但改变风俗习惯这件事说起来容易，真要做起来何其难？

文成帝苦着个脸："说了那么多，那该怎么办呢？"

高允说："当然是要认真回顾总结现实情况，对其背后的原因进行深入分析，及时实施整改。"

"那……这样做起来，会不会很累？"

高允说："我只管提意见，这事管不管在陛下。反正如果继续沿袭这些长久以来祸乱的弊病，而不加以变革以激励萎靡的风俗，我担心天下百姓就永远不知道礼教了！"

高允这一番话，给了文成帝极大的刺激，但他的直言也让文成帝非常感动。这也使文成帝下定了再进行一些改变的决心。

和平四年（463）十二月，文成帝以儒家的礼制为准绳，对整个国家的婚姻制度进行了改革。他首先诏令中央管理部门：

"人的地位、层次不相同，所需要遵守的礼仪也不相同，这样才能区分级别、显示规则，令整个社会井然有序。现在许多人家举办丧葬嫁娶这些仪式，根本不讲礼仪。越是地位显赫、有钱有权的家族，本来越要遵守礼制、为广大民众做榜样，但实际情况是：这样的家族根本不顾影响，常常超越法度、奢侈浪费，这可不是昭明礼制的行为。从现在起，管理民政的官员为此订立条规，使无论贵贱都有章法可循、无论上下都有次序可依，然后编著在国家法令中。"

没过多长时间，文成帝又向万民下诏：

"婚姻，是人伦道德的发端。所以夫妇之间的道德伦理，处于儒家三纲的首位，礼仪中所有的道德伦理，没有比这个更重要的了。礼的原则，就是要尊卑高下有所分别。然而自商周以来，很多贵族都开始不遵循法度，有的贪图物质利益，有的依据私人喜好，肆情放荡，随意苟合，没有出于礼法的选择，致使贵贱不分、大小同一待遇，这简直是污染清明的教化、亏损人间的道德，还怎么能够昭明礼制教化、为后世做榜样？"

在这道诏书中，文成帝做出了一项具有重要意义的规定："凡是皇族、帝王的师傅、王公侯伯和各级官吏、平民之家，不能和各种工匠、戏子艺人、卑姓奴婢等通婚，违者要治罪。"

这一规定的出台，使文成帝成为北魏自建国以来首个关注婚姻问题的皇帝。而且更重要的是，文成帝是以儒家的纲常伦理来规范婚姻关系的，这应该是拓跋鲜卑汉化的又一里程碑。虽然"三纲"（君为臣纲、父为子纲、夫为妻纲）这种思想不一定符合圣人孔子的原意，但这种自董仲舒开始提出、在中国伦理道德观念中越来越有市场的理论，目的是为了使社会秩序规范、有序，这对于当前北魏社会的混乱现象来说，仍是进步的。

当然，文成帝可不会想这么多。他毕竟不是个儒学理论的研究者，他只是觉得高允的意见提得对，他就要坚定地改变现状。一个人的行事风格，不仅取决于他自己的想法，还受到他身边智囊团的影响。文成帝坚定不移地用儒家的思想作为施政的准绳，与他身边的伙伴们有很大关系。

在文成帝执政的日子里，经常把高允请到宫中详谈，有时甚至一谈就是几日。其他人都不清楚他们俩究竟谈了些什么，但有一点可以肯定，文成帝在文治方面"清除积弊"的改革，都与这些谈话是分不开的。这时候，再加上源贺、陆丽等人的劝谏不断被采用，一时间朝廷上下主人翁意识空前高涨，各种关于加强文治、改善民生等方面的建议、策略纷纷出台，使文成帝的文治政策走向深入。

可见，明君与直臣是黄金搭档，只有面对着明君，直臣才能活得不憋屈；只有身边有了直臣，明君才能显示出他的"明"来。所以，在高允等人的衬托下，文成帝着实有了明君之风。而且，这位明君和他的良臣们，带领北魏真正踏上了文治的新征程。

为了不尬聊

敕勒川，

阴山下。

天似穹庐，

笼盖四野。

天苍苍，

野茫茫，

风吹草低见牛羊。

一首格调雄阔的《敕勒歌》，仿佛为我们展示了一幅画卷。在这幅画卷里，北国草原壮丽富饶，原野辽阔无边，尤其是阴山脚下，水草丰盛，牛羊肥壮，仿佛有了高耸云霄的阴山的坐镇，这里成了一片方外之地，山脚下的牧民们则在阴山的庇佑之下，过着殷实富足、其乐融融的生活。

基本上每年一到夏秋之时，这里就会热闹一阵。入夏时的某一天，草丛中的牛羊正悠闲地享受着大自然的恩赐，突然一阵微风拂过，送来了远方的声音。这些牲畜会集体停下咀嚼的动作，有些警惕又有些好奇地盯着南边的天际。此时，同样敏感的牧民们会从帐篷里跑出来，手搭凉棚向着南方张望。

越来越近，越来越近了。那些高头大马、车辇仪仗的轮廓越来越清晰。牧民们恍然大悟，转身安抚着牲畜，平息它们紧张的情绪。他们之所以不是抽出武器、跨上战马，是因为他们知道，在这片草原上，不会有其他大队人马胆敢出现。

来的是帝王的仪仗。有胆大的，悄悄抬眼，打量着远道而来的这支队伍。

最先显露出身形的是骑兵仪仗队。马上的骑士神情傲然，直视远方。他们头戴鸡冠形垂裙帽，身着及膝长褶，褶上有着华丽的彩绘毛纹，刀、箭齐备，随时准备应付突发的情况。他们的坐骑则头戴面帘，两眼处各开小孔露出双眼，同样身披铠甲，令宵小之徒不寒而栗。

跟在后面的是步兵仪仗队，他们头戴兜鍪，内着及膝长褶，足蹬长靴，外罩铠甲。还有一部分头戴圆顶风帽，身穿小立领偏直襟长袍，组成各种扇、麾等仪仗。

这些步骑兵将十几辆车辇围在当中。车辇中有常见的辂车，车舆呈长方形，单辕驾二马，车厢上方另外支撑着伞盖；还有几辆卷棚车，车顶部为卷棚状，车厢呈长方形，用牛驾。最显眼的就是正中间的那辆牛车，车舆呈长方形，车厢外两侧有三孔呈放射状斜出，插着木杆张着帷幔，通体彩绘，与众不同。其驾牛有十二头，个头一般大小，皆圆腰垂尾，四蹄粗短，体形雄健彪悍、浑劲有力。

跪拜着的牧民们有的经验丰富，一下子就猜到，那位传说中的年轻皇帝，就在那辆牛车之中。他们赶紧招呼身边那些没见识的后生晚辈们一起跪拜行大礼。

行这种大礼是礼仪的规定，但大抵也是出自牧民们的真心。作为底层的民众，他们能够深刻感受到这位年轻皇帝即位之后的所作所为给他们的生活带来的一系列变化，所以他们对牛车中的那位皇帝心存感激。这种感激，是牧民们最质朴的感情。他们无法走到牛车跟前向里面的人行礼或嘘寒问暖——那是二流历史小说或影视剧中才会出现的桥段，但这并不妨碍他们通过远远地跪拜来表达感情。

这支队伍，正是文成帝的仪仗。

文成帝和他的祖父太武帝拓跋焘一样，基本上每年夏、秋时节，都要去阴山巡幸。所不同的是，太武帝拓跋焘在世时，几乎每次都会在此居住半年以上，期间的主要任务就是在阴山以北的地方加强边境防务。

而文成帝巡幸阴山，不再是出于军事的目的。他喜欢这里苍阔、辽远的天空，喜欢这里一望无垠、翻滚着绿色波浪的草原，还有那些不知天敌为何物、身形肥壮的牛羊。他更喜欢的，是那回荡在天地间的粗犷有力、酣畅淋漓的牧民的歌声，还有那晒得黝黑的脸上露出的质朴的笑容。

只有身处草原深处，才能体会得到这种快乐。微风懒懒的淌过，清香的草木味扑鼻而来，沁入心脾。星星点点的不知名的野花，蕴含着勃勃生机。毡房处升起的袅袅炊烟，伴着一两声犬吠马嘶，如诗画般美丽，往往使他暂时忘却一切的烦恼。

但今天，这种简单的快乐却仍然没有驱走他的烦恼。

这位年轻皇帝的烦恼，来源于路上所经过的一片坟茔。

那片坟茔，有的墓葬已遭到毁坏，明显是有人故意为之。在他的治下发生盗墓的现象，这令文成帝的心中非常不快，因为这与儒家"慎终追远"的思想相悖。

虽然是鲜卑人，但文成帝一直接受着儒家思想的教育。这里面有两个原因，一个是鲜卑族并不认为自己是中华民族的外夷，而是中华民族始祖之一黄帝的后裔。

《魏书·帝纪第一》中记载："昔黄帝有子二十五人，或内列诸华，或外分荒服。昌意少子，受封北土，国有大鲜卑山，因以为号。其后世为君长，统幽都之北，广漠之野。畜牧迁徙，射猎为业，淳朴为俗，简易为化，不为文字，刻木纪契而已。世事远近，人相传授，如史官之纪录焉。黄帝以土德王，北俗谓土为托，谓后为跋，故以为氏。"

《北史·魏本纪第一》中记载："魏之先，出自黄帝轩辕氏。黄帝子曰昌意，昌意之少子受封北国，有大鲜卑山，因以为号。其后世为君长，统幽都之北，广漠之野。畜牧迁徙，射猎为业，淳朴为俗，简易为化，不为文字，刻木结绳而已。世事远近，人相传授，如史官之纪录焉。黄帝以土德王，北俗谓土为托，谓后为跋，故以为氏。"

《北史》与《魏书》所记载的基本相同，总而言之就是说：鲜卑人是黄帝的后裔，是纯正的炎黄子孙。

这一点，应该是鲜卑人自己的宣传口径，没有人能够证明其是，当然也没有人能够证明其不是。

作为纯正的炎黄子孙，不学点主流的儒学，出门怎么好意思和别人打招呼？所以，自开国皇帝道武帝拓跋珪起，北魏就已经建起了太学，传习儒家学说。虽然时有兴废，但儒学在北魏已经慢慢发展起来。

鲜卑人学习儒学的第二个原因，就是文化的吸引力。汉族的文化是高于那些游牧民族的文化的发展程度的，这是不争的事实，汉族的文化对于进入中原的游牧民族产生了强烈的吸引力。同时，有些少数民族尽管成为了统治者，但文化上的落后使他们与汉人经常出现无法交流的现象，这种现象使得汉人越来越瞧不起他们，于是他们的统治地位就不那么稳固了。所以，为了治理数量上庞大的汉族人口，他们往往积极主动地汉化，正如后世德国的思想家马克思所说的那句话：野蛮的征服者总是被他们那些所征服的较高文明所征服。

所以，儒学思想在文成帝的思想体系中是根深蒂固的，他会不自觉地用儒家的观点来评价一件事情，比如前面所提到过的养老，比如巡幸阴山途中见到的故冢毁废。

儒家思想讲究"慎终追远""葬之以礼，祭之以礼"。"慎终追远"，最直接的意思就是要慎重地办理父母的丧事，虔诚地祭祀远代祖先；"葬之以礼，祭之以礼"，是要求在长辈死了以后，用礼来埋葬他；祭祀的时候，用礼来祭祀他。可见，儒家对死者是极其尊重的，这也是仁、忠、孝等思想的延伸。

而被毁废的墓藏，墓主的枯骨往往被胡乱散落，这从儒家的观点看，是非常不合适的。对于这种现象，仁义的君主当然会有所作为。于是在太安四年（458），文成帝在那次巡幸阴山的途中下了一道诏令：

"过去周文王安葬枯骨，全天下都信服于他的仁。我们也要这样做。从现在开始，有偷盗、开凿、毁坏坟墓的，一律斩首。"

这条诏令，清楚表明了文成帝的政治决策受儒家思想的影响之大，也明确昭示了文成帝带领整个国家和民族进行的汉化越来越深入。

周文王的崇拜者

在这个世界上，有没有出现过一个完美的人？

看到这个问题，您的心里也许会闪现出无数的形象。但请注意，您所想到的那些形象，要不就是神，要不就是传说故事中的英雄，而不是我们所说的"人"。而且，在一些西方的神话传说里，就算是神也不是完美的，他们和凡人一样有着七情六欲，有着家长里短，有着性格缺陷。

但这种情况，在中国就不一样了。在中华浩瀚的历史长河中，各种史上之最都在中国出现过，什么样的典型案例都可以找得出，这就是没有中断过的文明的优势。

那么，史上最完美的人，是谁？

当然周文王。

周文王，姓姬名昌，生于公元前 1152 年，崩于公元前 1056 年。他是西周的奠基人，是挽救万民于水火的大政治家，是周武王和周公的老爸，是姜子牙的老板，是《周易》的作者，是《诗经·大雅》中《文王》这篇诗的主人公，是积善行仁的楷模……他的这么多成就，只要在其他人身上有一项，就足够令人膜拜的了，何况是如此诸多成就于一身？难怪连圣人孔子都要对其无比倾慕。

对于孔子都倾慕的人物，文成帝这么一个儒家精神忠实的践行者，怎么可能无动于衷？

文成帝没有给后世留下什么学术著作，但我们从他的所作所为不难看出，文成帝绝对是一位正儿八经的儒者。

儒家思想对文成帝的影响，不仅仅在于赡养老人、禁止毁墓，而是贯穿于他的所有的施政方针之中。如之前提到过的轻徭薄赋、还奴为良、减轻刑罚、救助灾民、整顿吏治等等一系列举措，无不暗合孔子"节用而爱人，使民以时""为政以德"，以及孟子的"仁政"思想，这对于一名出自于北方游牧民族的皇帝，是非常难得的。

而且，也许是受孔子的影响，文成帝成为了周文王的忠实粉丝，并且终其一生在向周文王学习。

比如周文王曾派人修整池塘，施工人员在土中挖出了一具尸骨。周文王说："把这具尸骨重新安葬了吧！"

那些官吏们很诧异,对周文王说:"这只是没有主人的尸骨,扔了就行了,何必大费周折呢?"

周文王严肃批评了这种不担当不作为的思想,他说:"拥有天下的人,就是天下之主;拥有一国的人,就是一国之主。现在的我,难道不是一个主人吗?作为主人,难道我能对这种事置之不理吗?"于是,下令用衣棺将那具尸骨重新进行了安葬。

周文王的这种收葬无主枯骨的做法,显露出他的仁义,也令文成帝这位儒者钦佩不已、有心效仿。于是,在前面提到的太安四年(458)那次在巡幸阴山的途中,他因见到有故冢被毁而下的诏令,就是受此影响。

其实,这种儒家"慎终追远"的思想,文成帝早就开始践行了。

太安元年(455),文成帝在太庙新供奉了两座牌位,一位是他的祖父、世祖太武皇帝拓跋焘,另一位是他的父亲、被追尊为恭宗、谥号景穆皇帝的拓跋晃,并在这里举行了盛大的祭祀仪式。

但"慎终追远"做到这一步,远远不符合文成帝的自我修养标准。文成帝的偶像是周文王,所以他处处向周文王学习。

《诗经·大雅·思齐》中提到周文王"刑于寡妻,至于兄弟,以御于家邦",是说周文王能以礼法待其妻子、兄弟、整个宗室,以至于将整个国家治理好,这就是《大学》中"齐家、治国、平天下"的典型。文成帝对此非常认同,于是在供奉祖父和父亲牌位的同时,又对京师范围内死囚以下的罪犯进行了曲赦,至于其原因,则在诏令中说得很明白:

"从今开始,太庙中将供奉世祖、恭宗的牌位。今天,朕又在西苑遍祭众神。这些仪式结束后,朕还对百官进行了赏赐。但是,还有许多因犯了一点小错或受别人的牵连而被判有罪的人,他们还要遭受刑罚乃至杀戮,这对于一个国家来说,不是养育众生、善待百姓的正确做法。圣人的教化,是要从身边开始、由近及远推广而行的,所以周文王从身边的妻子、兄弟开始,以礼法待之,然后再推广至整个国家。教化之道是要从身边开始的,恩惠也应当如此。"

于是，文成帝赦免了京师死囚以下的众多罪犯，使更多家庭恢复了欢快的生活。

践行儒家思想到了这个份上，文成帝也算是执行力超强、达到"知行合一"的地步了。在《论语》中子夏曰："贤贤易色；事父母，能竭其力；事君，能致其身；与朋友交，言而有信。虽曰未学，吾必谓之学也。"可见，儒家评价一个人的文化层次，看重的不是理论水平的高低，而是实际操作的能力。从这个角度讲，文成帝也称得上是一位大儒了。

同时，将周文王的言行多次写入自己的诏书中，足以证明文成帝对于周文王有多么崇拜了。相隔一千五百多年，周文王有了这么一位皇帝作为自己的超级粉丝，他泉下有知，也该瞑目了。

第九章　南巡之颂

世界那么大，多出去看看

　　官家出游雷大鼓，细乘犊车开后户。
　　车前女子年十五，手弹琵琶玉节舞。
　　钜鹿公主殷照女，皇帝陛下万几主。

　　这首《钜鹿公主歌辞》，写的是"官家"出游的场面。这位"官家"比较讲究情调，队伍前面安排有"年十五"的妙龄女子，正"手弹琵琶玉节舞"，整个出游的场面风光旖旎。其实，这也就是进城时给老百姓看的，权当是文化艺术下基层了，给围观的百姓们免费演出一场。真正的皇帝出行，大多数时候是没有条件和心情把场面搞得这么风花雪月的，与整个行程相伴的只有马蹄声和车窗外呼呼的风沙，比如文成帝的几次巡幸地方。
　　在没有汽车、高铁、飞机的年代，出远门是一件苦差事，即使是皇帝的巡幸。虽然不用自己背着被褥和干粮，但坚硬的木轮与地面不断碰撞，乘车人的感觉也是够疲惫的。幸好拉车的几头大犍牛步履稳健，兼顾了车辆的运动性和舒适性，才将颠出胃下垂的风险降到了最低。"呼呼"的风声从遮挡不严的窗幔中单调地灌进来，配合着车轴"咯吱咯吱"的摩擦声，使人昏昏欲睡。但大多数时候，坐在车中的文成帝都如同一个认床的旅人般没有丝毫睡意，他回忆着巡幸途中的所见所闻，慢慢整理着自己的思路。
　　治下的疆域那么大，北魏的历代皇帝都喜欢出去看看，因此，巡幸地方就成了北魏皇家的传统。文成帝也喜欢出去看看，用专有名词说叫"行幸"。但他所行幸的目的与他的祖先不大一样。道武帝拓跋珪和明元帝拓跋嗣时期，物资的积累是行幸的最大动力，因此他们的行幸以狩猎及战争掠夺为主。太武帝拓跋焘时期，行幸主要是为了对外耀武扬威、震慑万民，同样是出于军事目的。但是自文成帝以来，国家政策由武功转向文治，因此行幸的目的以抚慰百姓、体察民情为主。

虽然旅途是辛苦的，但文成帝喜欢行幸，痛并快乐着。只有他身边的人才知道，他把每一次行幸当作校准自己施政方向的机会。据《魏书》记载，文成帝多次行幸的目的都是"观察风俗""亲对高年，问民疾苦"。

兴安二年（453），文成帝行幸到了信都（今河北省衡水市冀州区）、中山（今河北省定州市）察风观俗，路上还顺手诛杀了河间郑县的一伙盗贼；

太安四年（458），去了趟辽西的黄山宫，在那里亲自走访慰问了老弱病残的民众；

和平二年（461），又去了趟信都、中山，中间还去邺城（今河北省临漳县西、河南省安阳市北）跑了一圈。这次行幸的成就感比较足，据《魏书》记载："舆驾所过，皆亲对高年，问民疾苦。"前文提到过，文成帝曾下诏：凡是年纪在八十岁以上的人，可以免除他的一个儿子的徭役，以便老人的身边有人侍奉。这条诏令就是在这次行幸之后颁布的，收获了无数称赞。

以上行幸，只是文成帝众多行幸中的相当普通的几次。据史料记载，文成帝行幸地方的频率相当高，年均两次。至于行幸的地点，很多次都是集中在灵丘、信都、中山这一带，也就是太行山麓。这也不难理解，这一带是中原地区的交通要道，北连定州南通相州，其地理位置非常重要。对这里的行幸，也是确保把这一带的控制权掌握在自己的手里。

除了以上政治方面的目的，文成帝的行幸也包含着领略祖国大好河山的目的。比如太安四年的这次行幸。

太安四年（458），文成帝来到了向往已久的碣石山。碣石这座海边的小山，曾吸引了无数大咖慕名而来，其中最著名的，非秦始皇、汉武帝、唐太宗等人莫属。然后碣石山的出名，却是因为曹操。是曹操的一首《观沧海》，使碣石这座海边的小山成了古代的知名景区。

登上山顶，极目远眺，感受着大海的汹涌澎湃，文成帝感到了心胸顿时开阔。心情一舒畅，就开始大宴群臣、分发赏赐。史载："登碣石山，观沧海，大飨群臣于山下，班赏进爵各有差。改碣石山为乐游山，筑坛记行于海滨。"可见，世界那么大，该出去看看的时候，一定要出去看看，至少也能保持个心情舒畅。

此外，文成帝的行幸也保留了一些军事方面的行动，因为不管实施什么样的文治政策，国防力量都是不可荒废的。但这种军事上的行动，不是针对外国和外族的行动，只是练兵而已。

和平三年（462），文成帝亲自设计制订了十余条战场上的列队阵法，然后年底借着行幸的机会，带着众将士来到了平城的南郊进行军事演习，组织部将们进行操练。在这套阵法中，有飞龙、腾蛇、鱼丽等各种变化，战士们按照文成帝的阵法演练各种围攻、防守、冲刺之术，气势上极其威武，显示出了文成帝的军事才能。

如果文成帝的"军事才能"仅限于制订几个阵法，那么他和战国时纸上谈兵的赵括也没什么区别了。但文成帝之所以伟大，就是因为他并不是一个夸夸其谈的空想家。和平四年（463），文成帝率领群臣和军士到西苑（今山西省大同市西）狩猎。在这次狩猎中，文成帝在众多军士中脱颖而出，大放异彩，亲自跨马搭弓，射死了三头老虎。

如果说战阵的设计只是因为文成帝比将士们受教育的条件要好的话，那么亲自射死三头老虎则是真正地显露了他的武艺和胆识。只这一点，绝对令三军汗颜。

和其他运动比起来，打猎是一项危险的运动。别的运动顶多是要钱、要时间，而打猎这事搞不好是要命的。首先是地形的因素。有野兽的地方，必然是人迹罕至的幽谷深涧，而常在这样的地形出没，很容易发生意外。有一次，文成帝带着随从出去狩猎，走到了一个地形复杂、山势陡峭的地方，有一个名叫宿石的随从相当地识眼色，自告奋勇跑到前面去蹚雷，事实证明他果然有远见——在前面开路时遇到一个陡坡，宿石一不小心连人带马都从陡坡上摔了下去，马都给摔死了。而宿石也是当场摔得人事不省，最终在众人的抢救下，昏厥了多时才苏醒，惊得文成帝出了一身冷汗。事后，文成帝感激地说："要不是宿石，摔下去的就是我啊！我的命是宿石救回来的。"因此赐给宿石棉花一百斤、帛五十匹、骏马一匹，改爵号为义阳子。宿石也算是拼了命换回一个子爵的待遇。

还有一次出去打猎，很巧抑或说很不巧，又遇到了老虎。文成帝又想挑战一下自我，就想走得近些好去射杀老虎。但宿石绝对是个好随从，对危险有着天生的嗅觉——他跑过去一把勒住了文成帝的马，硬是要往远拉。好在文成帝是个从善如流的人，听从了宿石的劝告，打马上了远处的山坡。就在这时，远处的老虎突然暴起，咬死了好几名士兵……此事过后，文成帝后怕不已："宿石真是一个忠臣啊！是他的阻拦劝诫，使我避免受到老虎的伤害，他立了大功啊。"于是又赐给宿石一匹骏马，并把上谷公主嫁给他，授予驸马都尉的职位。这还不算什么，文成帝下了一道诏书，宣布宿石"后有犯罪，宥而勿坐。"这就是说宿石以后犯了罪，可以受到宽恕而不判罪，这就是一道免死金牌了。

从宿石的遭遇可以看得出，即使是一名好猎手，打猎这件事也是非常凶险的。但即使凶险，当时朝廷上下仍然狩猎成风——打了几十年仗的军队，到了文成帝这里没那么多仗可打了，那岂不是要闲出病来？而狩猎这种活动，既可以锻炼将士们的勇气和意志，也有利于提高互相之间的协同精神，更是这个民族尚武精神的体现，于是狩猎就成了北魏的时尚。

文成帝是喜欢狩猎的——又有哪个男人不喜欢这项运动呢？但作为一名儒家的铁粉，儒学的各种观念也深深影响着文成帝。如《南华真经》云："颜回问道于孔子。孔子曰：'汝斋戒，吾将语汝。'"（《云笈七签》）；又如"君子之于禽也。君子见其生，不忍见其死。闻其声不忍食其肉"（《孟子·梁惠王》）。都是要人们不杀生。受这种观念的影响，文成帝的狩猎仅仅是为了练兵而已，绝不会胡乱杀害生灵。

和平四年（463），文成帝下诏说："狩猎一定要按照一定的节令去进行，以免滥杀滥捕，至于生灵涂炭。但现在随从的官员杀害的动物多，到了一个地方，把所有的禽和兽都杀光了，这违背了'不合围'的古训，根本不给那些动物一点活路啊！从现在开始，所有狩猎活动中的随从官员和主管围捕的将校，不准肆意杀戮。如果确实需要动物皮肉的，可以由朝廷另外加以赏赐。"

至此，孟子所提出的"斧斤以时入山林"的儒家训条，在文成帝这里得到了充分践行。

那年春天的南巡

皇帝出行，当然不能说"世界那么大，朕想出去看看"，那是没有范儿的，所以一般叫作"行幸"，或者"巡狩""巡幸"。基本上所有皇帝都喜欢出行，因为没有任何人喜欢一辈子待在一个地方不出去，只不过有的有条件，有的没有条件而已。最重要的是，这种"行幸"，或者"巡狩""巡幸"，更与雄性激素的分泌密切相关。这种激素存在于每个人的体内，只是在帝王的身上存在得更多。它的存在有一个好处——使帝王的占有欲很容易得到满足。

一个人的欲望通常会随着地位的提升而提升，所以再也没有什么比满足一位帝王的占有欲更困难的了。而满足一位帝王的占有欲的过程，极有可能会带来灾祸，比如流离失所的农民、劳累而死的工匠，或是战场上的死尸和无主的战马，这对平民百姓来说是要命的。所以，就像圈地的野兽通过留下排泄物来宣布自己对这块领地的占有权一样，"行幸"这种方式能够让帝王自己去丈量并勾勒自己的领地，使他们的占有欲得到极大的满足。而其成本，顶多是花点车马费、地方上的招待费，或者再给随从人员一些差旅费。这种仅仅是要钱的方式，相比其他要命的方式，更契合平民百姓生存的需要，因此"行幸"的方式能够低成本、高效率地提升帝王的荣誉感、成就感，以避免帝王在其他领域去大动干戈。

既然在皇帝这个岗位上的人都喜欢行幸，那我们为什么要对文成帝的行幸大费笔墨呢？实因这位皇帝的行幸对后世文化艺术的发展有着重大的影响。

文成帝对后世影响最大的一次行幸发生在和平二年（461），这也是他的最后一次南巡。

三月初三，文成帝在冀州衡水之滨（今河北衡水区域）举行了春禊仪式，也就是到水边嬉戏游春、踏青除邪，领着百官感受了一下曾子他爹曾皙"浴乎沂，风乎舞雩，咏而归"的快乐，以及王羲之"引以为流觞曲水，列坐其次，虽无丝竹管弦之乐盛，一觞一咏，亦足以畅叙幽情"的情调。

在这次春禊中，老臣高允撰写了一篇八百余字的《南巡颂》，文中记录道："整大驾，备万乘，因时而后举，清道而后行。皇太子抚军二宫之官，率职而从。历中山，次于邺都。三月某日，东幸冀州，经始行宫于衡水之滨，因其野广平之势，率其士子来之人，同心响应，不日而就……"此文成为后世了解这次南巡特别是春禊仪式的重要文献。

举行完春禊仪式之后，文成帝一行人沿太行山麓返回京师平城，路过灵丘山谷村时，只见此地景色甚是秀美：一座大山拔地而起，其上山峰一座座连绵起伏，高达四百余丈，形似笔架，当地人称"笔架山"；不远处是流水潺潺的唐河，清冽晶莹，偶尔溅起一点浪花，也如水晶般多彩，显现出了北方少有的景色。一路上看惯了漫天风沙的众人，一时竟被这里的山光水色所迷，皆觉仿佛人间仙境。

众人啧啧称赞之时，文成帝也来了兴致，当即宣布：在这里组织一次军事技能大比武，所有官吏、军曹皆可参加，并由皇家内库中赞助各种绫绵帛布，作为众将士的奖励。

此诏令一下，顿时三军呼声雷动，众人摩拳擦掌，跃跃欲试。

规则很快就制订好了：向着山峰仰射，射得高者为优。于是文成帝一声令下，各级官吏和将士轮番上阵纷纷一试身手。有射得高的，一阵欢呼；

有不慎失手的，垂头叹气，场面就此热闹开了……从这种场面也能看得出，鲜卑族一向崇尚武功，更是凭弓马得天下，众人皆拉得开弓、射得了箭。

众人正玩得热闹，有人向文成帝凑趣道："陛下何不一显身手，以壮我大魏军威？"

文成帝见大家拉弓射箭玩得不亦乐乎，早就手痒痒了，不待众人再起哄，顺手抄起一副弓，左手将箭一搭，右手扣弦将弓开得状如满月，迅速向南面的笔架山放出一箭。只听"嗖"一声，金光一闪，只见整支箭冲天而起，至少高出山峰三十余丈，随即不见了踪影。当即有士卒骑了马跑去查看，却半晌没有回来。

大家等了老半天，都有些不耐烦的时候，却见那名士卒拍着马赶了回来，大声报告："箭落在了山南二百二十步远的位置！"

众人皆惊，文成帝的这支箭高出了山顶三十多丈不说，还越过山那边二百二十步远。众人齐齐拜倒在文成帝的马前，各种"陛下威武""我等自愧不如""天佑我大魏"之类的惊叹此起彼伏，听得文成帝龙颜大悦，随即命人在此地立碑留念。于是，在当年北魏京师平城至太行山之东的"灵丘道"上，立起了一块石碑，因碑额的"皇帝南巡之颂"六字，被称为《皇帝南巡之颂碑》。该碑据传是由当时随驾的中书令高允所撰，但具体撰者已不可考。

除《魏书》和《北史》之外，最早记载此碑的典籍，当属郦道元的《水经注》。《水经注·滱水篇》记载："滱水自（灵丘）县南流入峡，谓之隘门，设隘于峡，以讥禁行旅。历南山，高峰隐天，深溪埒谷，其水沿涧西转，迳御射台南。台在北阜上，台南有御射石碑。南则秀嶂分霄，层崖刺天，积石之峻，壁立直上。车驾沿溯，每出是所游艺焉。滱水西流，又南转东屈，迳北海王详之石碣南，御射碑石柱北而南流也。""御射石碑"，即《皇帝南巡之颂碑》。"御射台"，即当年文成帝射箭的位置。

《水经注》中关于北魏皇帝行幸和记录御射的碑刻还有不少，如《太武皇帝东巡之碑》《后魏献文帝南巡之碑》、孝文帝时期所立的《讲武碑》

和《吊比干文碑》等。此外，宋代赵明诚《金石录》也记载了《后魏北巡碑》《后魏御射碑》等。这说明，光记录皇帝行幸和御射的碑，北魏时期就立了好多块。但是，只有文成帝所立的这通《皇帝南巡之颂碑》被冠以"举世无双""国宝""平城第一碑"等称号，这缘于它超卓的学术价值和艺术价值。

皇帝南巡之颂

周之前铸鼎，汉以降立碑，这是中华民族的传统习俗，也是醒世记事、沟通历史与未来的一大途径。

以石立碑，这是我们的祖先经过无数的验证与取舍之后选择的最好的方式。这种方式工艺简单、成本低廉、方便耐用，最重要的是歌功颂德的疗效又非常不错，因而市场前景非常广阔，成为老百姓消费得起的好方式，于是中国历史上刻石、摩崖、碑碣、墓志铭、造像记等层出不穷。尤其是北魏政权，也许是由于这种方式的简单有效，或是出于人类对石头的崇拜心理，他们对刻石立碑有着近乎偏执的狂热，这种狂热深入骨髓，跨越从皇家到平民的各个阶级——官方要立碑，民间也要立碑；跨越生命从生到死的不同时间——生前记事要立碑，死后纪念还要刻墓志。于是，拓跋鲜卑在入主中原的一个半世纪里，以浩若烟海、煌煌无穷的碑刻，成为中国历史文化中的一种独特现象，这种现象被称为"魏碑"。而《皇帝南巡之颂》，正是魏碑中的佼佼者。

文成帝那千古一射所成就的《皇帝南巡之颂》，通常简称"《南巡碑》"。这通碑一直以来未引起足够的重视，在历史中的记载非常少，只有《魏书》《北史》《水经注》里有简略记载。史籍中离我们最近的记载，在清朝顺治年间编写的《云中郡志》。在该志《山川》部分中有一句："龙门山，县南三十里，亦名隘门，上有御射台，后魏文成帝尝射于此，有碑记，碑阴刻从臣姓名。"自此之后，《南巡碑》就仿佛中断了它的记事颂德的使用，再也没了踪影。直到二十世纪，从八十年代开始，该碑的几块残段才陆续被发现，《南巡碑》才又重新回到了历史文化的序列中。

　　之所以用此文对《南巡碑》单独记述，缘于这通碑卓绝的史学价值和艺术价值。

　　《南巡碑》原矗立在笔架山北御射台中央，1993 年迁至觉山寺内保护起来。该碑的碑座为赑屃，发现的时候后半部还在土中埋着。赑屃首上昂，后来在搬运的过程中，颈部断裂。这可能是我国目前保存最早南北朝时期的碑座。碑额高 84 厘米，宽 145 厘米，厚 30 厘米；碑身宽 137 厘米，厚 29 厘米，拼粘后高 120 厘米。如果以通常宽高之比为一比三来计算的话，则碑身原高至少在 4 米以上，这种规格属于鸿篇巨制的大碑，凸显了浩浩皇家气象。

　　由于年代久远，历经风化、破坏，《南巡碑》的碑文已经断断续续，不是很好辨识。其大意，一是颂扬文成帝南巡途中在衡水之滨行修禊之礼、与民同乐并接待南朝使节等盛况；二是记录和称颂文成帝与身边诸将比赛射箭、耀武扬威的景象。在碑的阴面，所列的是南巡队伍中的大小官员的官职和姓名，这是北魏所留下的最早的关于北魏前期官爵、姓氏的真实记载，其学术意义非常大，因此，此碑文具有极高的历史价值。通过这通碑的记载，我们才知道：陆丽原本不叫"陆丽"，他的鲜卑名是"步六孤伊丽"；在文成帝崩后，犯上作乱、杀掉陆丽的乙浑，鲜卑名叫"一弗步浑"……这里记载的官爵和姓氏情况，大多数都已经失传，且和史书的记载有较大出入，它的发现，终于揭开了北魏前期官职姓氏演变的历史雾障，为研究北魏政治、文化、社会变革等方面提供了重要的实物依据。后来的许多史学家依据此碑的碑文，对北魏时期的职官、姓氏进行了考证，订正了许多悬而未决的历史问题。

　　对于许多研究书法艺术的人来说，《南巡碑》更是一通不可多得的精品碑刻。该碑的碑阳现存9块碎片、158字，彰显的特色是古拙浑朴、严谨秀丽、疏朗俊俏、巧妙灵动，每字笔画方截，横画两端作翘起的放飞状，撇画的收笔翻挑，竖钩则是平挑，与隶书许多名碑的写法有相似之处。但其中一些字的写法，又与楷书一样，横、撇、捺等笔画不再在起落顿笔之处特意波挑，保持体态基本方正略带扁平，而且呈左低右高之势，这是隶书向楷书转变的典型书体。碑阳的这些字，因书写者的书艺超逸，透出了一种端庄严谨之气、筋骨刚劲之气、深沉老辣之气、古朴自然之气，绝对是北魏前期书法界最高水平之作。

碑阴与碑阳的书体大致相同，但又略有不同。相同的是同碑阳一样，隶书的成分大一些，楷书的元素小一些；不同的是严谨结体少一些，轻松自如的感觉多一些。由于碑阴字体稍小又更模糊一些，人们往往有些忽视，实际上这是另一种高超的魏碑书体。在字体结构上，与碑阳方扁相反，以纵势为主，不少字体与北魏后期的一些粗狂名碑接近，其字法横斜右高、结构借让、体格修长、重心偏上、随大随小。北魏后期的许多碑刻，就是卓然成功地继承了《南巡碑》碑阴的书风。

更值得一提的是《南巡碑》的碑额。北魏时代，小篆逐步退出了主流书法的舞台，但其地位却更显高贵，成了碑额题字和书写祭文拜册的范体，成了显示身份和等级的象征。作为记载皇帝行为的南巡碑的碑额，更是非篆不已。《南巡碑》碑额上"皇帝南巡之颂"6个大字，大美秀丽，威严逼人。每字折方转圆，有棱毕出，两尖挑起，尖峰险露，流畅婉通，自然规范。每个篆书大字各占其位，就像六座大铜鼎，各具生态，威容矩阵，威力无比。在众多北魏古碑碑额中，南巡碑碑额的篆体书法是最优美的，既保持了秦篆笔画横比竖多、线条一样粗细的特点，又改变了秦篆竖直的原则，同时还借鉴了汉篆对称下垂，左右飘逸的结体特征，更显得大气磅礴、顶天立地。

随着近世各种文物、碑志的不断出土，"平城魏碑"系列碑刻、墓志、砖文作品数量越来越多，在中国书法史中占有重要的地位。但《皇帝南巡之颂》以其碑阳、碑阴、碑额书法的精彩绝伦，成为代表北魏前期皇家水平的经典书法作品。虽然此碑由于被掩埋、毁坏，没有被康有为等有识之士发现并及早推广，但在北魏平城时期的几十件隶楷混合体碑帖中，论品位，《南巡碑》不论是碑阳、碑阴、碑额，都应该是处于首位的，成为名副其实的"平城第一碑。

第十章　怀辑中外

一个充满喜感的民族

虽然文成帝的惊天一射成就了一块魏碑中的极品，为中国历史文化与艺术增色不少，但是，但是……前面的那节文字，也太枯燥了不是？尽管《皇帝南巡之颂》作为"平城第一碑"，在本书中必须要提一下，但是不喜欢研究枯燥史料和书法艺术的读者，一定不会喜欢；喜欢历史但仅仅喜欢看历史热闹的读者，也不会喜欢。所以，为了以飨读者，下面即将上演一场热闹的戏码——打戏！

中国历史上有一部长篇大戏名曰《三国两晋南北朝》，这部戏耗资巨大，拍摄时间历时三百余年、延绵无数集；领衔主演为各个政权、民族、部落的长官、首领或是酋长；群众演员则构成广泛，有草原上的牧民，有在田地里耕种的农民，有整天舞文弄墨的书生，有来自于坞堡的地方豪强，还有许多来自于各大门阀家族的贵族子弟……这个涉及各民族、各地区、各条战线的演员群体，使《三国两晋南北朝》这部连续剧，超越《春秋战国》《五代十国》等任何剧目，成为无可争议的乱世中的乱世。

这部连续剧有且只有一条主线，那就是——打。不仅是中原各地区的豪强之间打来打去，还有北边、西边的遛马的汉子们也掺和进来争相刷存在感，一时之间打得天昏地暗、一片狼藉，在那三百年间，谁要不在各种战争中露几次脸，会觉得整个人生都不完整。

当然也有打累了的时候，比如文成帝在位期间。文成帝即位后，苦于国内的政治、经济已经被未曾间断的战争搞得不堪重负，后方急需休养生息，于是文成帝振臂一挥、招呼天下各路英雄：来来来，休息一下，咱们只聊风月，不谈其他！

文成帝的这个倡议提出的太及时了，其他各国家和民族也感觉到，连年的争斗无法实现他们对美好生活的向往，大家纷纷表示：我也想静静！于是全天下响应文成帝的倡议，决定换个活法。接下来，各国开始与北魏进行和平的外交接触。由此，文成帝在位的这些年里，天下形势呈现出和平的趋势，这个乱世竟然显现出一抹绚丽的色彩。

当然，总是有人想跳出五行外去放飞自我的。比如北边的柔然。

柔然是继匈奴、鲜卑之后，在蒙古草原上又一崛起的部落。论血统，据现代人研究，他们源于鲜卑的拓跋部落，经过长期发展，又与匈奴进行了融合，渐渐形成了一个新的部族。他们的发家史与鲜卑如出一辙：鲜卑是跟在匈奴的屁股后面扫货，扫出个蒙古大草原来；而柔然是在五胡等民族相继南下时，跟在鲜卑的屁股后面扫货，把蒙古大草原扫进了自己的囊中。巅峰时期，柔然的地盘覆盖今蒙古国全境、贝加尔湖地区，向西势力可达中亚地区，向南势力到了中国内蒙古自治区北部一带，可谓蒙古高原一霸。

就在柔然为自己的超级汗国而沾沾自喜的时候，却渐渐地感觉到了不对劲——他们的手底下没什么可供驱使的兄弟民族或是可供奴役的敌对民族。这是怎么回事？难道我们当了假的霸主？身边的其他人都哪去了？最主要的是……这天气怎么越来越冷？

柔然当然不懂得"小冰河时期"，但他们能清晰感受到彻骨的寒意。这天气简直没法活了！于是他们就考虑到往南边走一走，结果手搭凉棚往南边的路上一望，他们才发现，其他的民族和部落早就南下了，南边已经人满为患了。什么鲜卑，匈奴，羯，氐，羌……一大堆人把南边的花花世界给挤得一塌糊涂了，哪还有插脚的地方？怪不得没人跟我们抢大草原，你们是都跑到南边日光浴去了吗？

最令柔然不平衡的是，昔日的好兄弟拓跋氏在南边划了个好大的圈，没给他们留一点尾货不说，还妥妥挡住了他们南下的道路！遇到这种情况，柔然就狂躁了，凭什么和暖的阳光照耀着你们、每个人脸上都笑开颜，我们却要感受千里冰封万里雪飘，还在马背上颠得老腰都不好使了？大家都是草原上遛马的汉子，凭什么你最突出？那还有啥说的？干起咱最熟悉的行当——抢呗!

这边北魏的拓跋兄弟也很郁闷。本是同根生,相煎何太急。凭什么我就该让你抢?北边下了一百年雪了你们才要南迁,这是任性啊还是反应太迟钝?还想抢我们的地盘,也不想想我们的地盘是哪来的?那是一刀一枪拼出来的,你以为刮大风捡来的?就你们那长达二百步的反射神经,这边刀光剑影的,你们躲远点,别溅上血……

一言不合就开打是魏晋南北朝时期所有部族的性格,柔然与鲜卑就按照惯例一丝不苟地打了起来。由于柔然经常出兵骚扰北魏边境,使得在北魏的成长史中可以单立一册,那就是与柔然的缠斗史。

双方的较量,首先是文化上的较量。说"双方"其实不太合适,因为文化上的攻势主要是拓跋鲜卑这方面发起的。鲜卑毕竟进入中原比较早,受汉文化熏陶比较深,他们编了许多杂曲、笑话对柔然进行丑化。比如《魏书·蠕蠕传》中记载:柔然人不懂得写字记数,军队的将领如果想要搞清楚自己有多少士兵,就必须先去搜集一大堆羊粪蛋,好用来记数。

这还不算什么,《魏书·西域传》中又记载:西域悦般国的国王到了柔然,看到柔然的人披头散发、从不洗手洗衣服,甚至……甚至,他们连洗碗也是用舌头舔的。此情此景令悦般国的国王几欲怀疑人生,当即破口大骂柔然国是"狗国",没多待一会儿就跑了出去,将柔然人刻画得极为野蛮落后无知。

这种官方对柔然的丑化,是有祖宗成例可循的。道武帝拓跋珪曾亲自编排了一个笑话:柔然人一向凶顽嚣张,经常要外出抢掠。每次出去搞事的时候,都要驾着母牛奔走,却让那些大犍牛跟在队伍后面,经常把母牛累得趴在地上动弹不得。有别的部族的人就教他们:"你们用犍牛替换母牛,这样不是走得更快更远吗?"柔然人一脸果决地说:"阿母都走不动了,儿子又有多大能耐?"这种匪夷所思的道理,令柔然人终究不用犍牛来替换母牛,于是在遇到敌人的时候,只能被敌人俘虏了。

讲完这个笑话之后,道武帝拓跋珪和手下人一起会心大笑……

　　不仅道武帝拓跋珪，太武帝拓跋焘也曾下令全国军民对柔然侮辱性的改称"蠕蠕"。"蠕"这个字，一看那个"虫"字旁就不是什么好字，它是用来表示虫子慢慢地爬动。太武帝拓跋焘以此来讽刺柔然人智力低下，嘲讽他们是没有脑子的爬虫。

　　于是，在北魏的文化中，柔然就成了这么一个充满喜感的民族。这种喜感的描述甚至影响到了南朝——中原的经济、文化对柔然有很大吸引力，但由于索取的方式不对，他们引起了北魏的反感，于是在北魏这里什么也得不到，他们就转向去寻求南朝刘宋政权的帮助。但是南朝对柔然也是非常蔑视的。南朝人称呼柔然为"芮芮虏"，这里的"芮芮"是"蠕蠕"的音译，"虏"则是南朝人对柔然的侮辱性的称呼。

　　到了南齐时期，柔然曾遣使至南齐的都城建康（今江苏省南京市），请求南齐派遣医生及织锦、造指南车和漏刻的工匠到漠北。这个请求应该是没什么敌意的，因为医生代表了医术，织锦代表了纺织术，指南车和漏刻则代表了指正方向和计算时间的技术，这些技术在中原来说并不是什么机密，其中并不涉及军事或政治、经济方面的阴谋，这些请求仅仅代表了柔然对于先进文化技术的渴望。但可能是受到了一直以来的偏见的影响，南齐对柔然也非常瞧不起，果断拒绝了柔然的请求。这一遭遇，又使柔然的形象变得有些可怜起来。

　　不管柔然的形象怎样，他们与北魏之间的军事对抗成了常态。由于国力的差距，总体上看柔然输多赢少。但论战斗力，柔然没有想象中的那么差。明元帝拓跋嗣就在一次亲征柔然的战争中，死伤了不少士兵，还费了好大力气修筑了长城防范柔然。即使是如太武帝拓跋焘这样人打杀人、佛挡杀佛的主，也在柔然手里吃过瘪——始光元年（424），柔然将太武帝拓跋焘困于云中，并一度攻破了北魏故都盛乐。又据《宋书·索虏传》记载：太平真君四年（443），"焘伐芮芮虏，大败而还，死者十六七"。这段记载，说明太武帝拓跋焘在这一次亲征柔然中，遭受了大败。尽管《魏书》中记载得隐讳一些，"师次漠中，粮尽，士卒多死"，把士卒死亡的原因归于"粮尽"，但仍然掩盖不了"士卒多死"的事实，怎么看都是一场大败。

以柔然的战斗力，以及打得赢就打、打不赢就跑的游牧部落的本性，终北魏一朝，柔然的军事存在始终是北魏的心头大患，甚至一度超过南朝的威胁。所以，在太武帝拓跋焘期间，即使南朝宋的宋文帝刘义隆要带兵北伐，北魏仍然把柔然当作大患，先攻柔然，足见柔然的危害之甚。

事实上，北魏与柔然并非始终处于敌对状态，在战争间歇时，也曾友好相处。柔然人也有很多效力于北魏政权，有很多人甚至在北魏朝廷中身居高位，并且与鲜卑贵族结为姻亲，比如文成帝的母亲景穆恭皇后，就是柔然族的郁久闾氏。但这一部分柔然人改变不了北面柔然汗国的老乡们的想法，到了文成帝时期，双方已经打了有半个世纪了，基本是三年一小打、五年一大打，哪年要是到了按惯例要打的时候却没有打起来，双方都会觉得生活过得有些瑕疵。所以，尽管自己的母亲就是柔然人，但柔然确实有些嚣张，于是文成帝将讨伐柔然提上了议事日程。

亲征柔然

寒冬时节的草原，丝毫没有了"天苍苍野茫茫"的情调，有的只是充斥于整个空间的漫漫大雪。仿佛曾经的那些诗意都像虚幻的泡沫般不曾存在过，如同那些在风雪中来去如风的骑士们，不知道什么时候，就可能离开这里，然后这片草原又被另一拨骑士占据。

即使是部落里最见多识广的老人们，也说不清这天寒地冻的草原有什么样的吸引力，会引来一拨又拨的骑士。他们只知道，之前统治这片草原的那些自称"鲜卑"的人们，早就离开这里了。现在这里说了算的是一拨叫"柔然"或是"芮芮"又或是"茹茹"的大人，具体叫什么也说不清楚，管他呢，谁在乎？只要别叫"蠕蠕"就行了。年轻人们很不满，凭什么不让我们说这两个字？这两个字不是挺好听又好记得吗？你们倒是给我们科普一下，这俩字哪不好啊？

那些侥幸活得数岁很大的老人们，也讲不清楚到底发生了什么事。反正自从辔头、缰绳发明以后，尤其是在马镫出现后，这片草原就没太平过，那些骑士们三天两头地打架。先是一帮头上经常戴着皮裘的叫"匈奴"的人称霸，然后又被一伙喜欢戴着风帽的叫"鲜卑"的人取代，现在又是这帮叫"柔然"或是"芮芮"又或是"茹茹"的大人们统治草原。这帮大人们，嚣张得很哪！经常能见到他们结队往南边走，一般过个把月就回来，有几次回的时候，拉着粮食、牲畜，还有哭泣的女人，他们叫嚷着、狂笑着，拉着哭泣的女人匆匆回到自己的帐篷中享受盛宴。但干这种事情，不可能每次都那么幸运，很多时候，他们拉回的是自己同伴的尸体，这就不那么令人愉悦了，然后许多帐篷中原本等待粮食的女人和孩子们，开始了哭泣……这也令一些蠢蠢欲动的部落安静下来。这些柔然大人的武器，大家都见过，长长的刀身稍带一些弧度，听说是一帮叫"突厥"的人打造的。这帮"突厥"人好聪明啊，会打造这么好的武器。不过，这都打不赢南边的人，是不是南边的那些人更聪明？

肯定是南边的人更聪明，听说他们不用整天找水草，坐在家里等着土地里往出长粮食就行了，他们是怎么做到的？今天早上，柔然的大人们派人来，说南边的魏人打过来了，要我们收拾东西赶紧跟着他们往北走。还往北？这边的常温都快冻死了，跟他们还往北走，那不是找着去冰镇呢？这些大人们也真是的，摆不平事就别去惹那个骚。把南边的什么"魏人"惹来了，你倒是打跑他们啊？只会让我们跑，有本事你也带我们到南边去享受一下日头啊……

牧民们在一起闲聊，渐渐对南边的幸福生活充满了向往。这个说南边的水多草足，不用赶着牛羊到处乱跑。那个说你个没见识货，南边不靠水草过日子，人家的土地自己会往出长粮食。又有人说你们都不懂，南边最好是的水灵灵的女人，好生娃……

　　众人这么一聊天，手上打包的动作就慢了下来。正说笑间，有一骑从南面急驰而来，在厚厚的雪地里竟也踩出了"得得"的声音，地上的雪被马蹄溅起，和着半空中还没落地的雪花，一起被人和马的躯体撞得粉碎。随着人和马的飞速奔驰，整个空间出现了一条由破碎的雪花组成并且还在不断延长的甬道……整个画面的视觉效果强得一塌糊涂。但众牧民此时可没有心情欣赏这幅画面，因为马上的骑士离得老远就拼命挥手，做出一种手势。只有真正在草原上活过、逃过、苟且过、哭泣过的人，才会懂得这个手势的意义："要想活命，就赶快跑！"

　　他们此时不会知道，在一千五百年之后，有一位叫王安忆的中原女人写下这样一句话："对于一个弱小部族，被征服可使它提前进入文明史。"但即使他们知道，也对是否能进入文明史这个问题不甚关心，他们关心的只是自己的性命。如果过多操心有关文明史的事，那他们自己的历史就会被马上终结——他们连第二天的太阳都看不到了。

　　草原上的生存之战是极其残酷的，大家都在为了抢钱抢粮抢女人而奋斗终生，任何被其他群体征服的人，下场只有两个：死，或是当奴隶。没有第三个选择。所以，王安忆这个中原女人又说过："作为一个弱小的被征服被吞并的民族，最终无法在史册上写下一页，他们最终被剥夺了为自己辩护的机会。"这个论点，倒是比刚才那一句更富有人情味。

　　所以，对于很多个体来说，能不能进入文明史并不重要，重要的是能不能活着。要想活在这个乱世中，逃命是一项必修课。能活到现在的，基本上都是草原上逃命的好手。所以，这些专注逃命几十年的牧民们，有条不紊地加快手中的动作，熟练地收拾好各种家当，赶着牲畜向北逃去……

　　不多时，地平线上出现一条黑线，如果这个部落还有人没走的话，一定能够看到这条黑线不断变粗、变长。伴随着轰隆隆的马蹄声，整个地面似乎都颤抖了起来，雪花到处弥漫开来，将毁灭的气息传递至这个空间的每个角落。快接近这里的时候，这条压抑得令人窒息的黑线停止了推进，从中奔出十余骑，来到了这个部落原先驻扎的地方，查看一番痕迹，紧接着又返回到队伍中去，向前军将领进行了汇报。不多时，军中驰出一骑，匆匆向后边的中军赶去传讯……

中军的规模比刚才的那支前军要大得多。有前军，有中军，有后军，这是大规模军团作战时所采用的典型的行军阵势。前军负责探路，辎重和伤员都在后军，而中军则是一支军队的指挥所和主力部队所在。

坐镇中军的将领听了前军送来的讯息，策马来到队伍正中的一辆马车旁，摘下手套，伸手在车窗上"笃笃笃……"敲了几下。

门帘被挑起，露出一张年轻的脸来。

"陛下，"中军将领在马上略施一礼，"沿途的部落基本上都逃走了，一路上没见到什么人。"

在魏军中被称作"陛下"的，除了文成帝还会有谁？文成帝掀开门帘，起身跳下车来。旁边的卫士慌忙上去搀扶，又有人拿过裘皮大氅，给文成帝披上。

文成帝躲开卫士的搀扶，用手紧了紧大氅的衣领处，抬头看看天上仍在絮絮叨叨坚持不懈往下挤个没完没了的雪花，张口道："咱们大军一出动，动静太大，想不被蠕蠕知道也难。"

中军将领翻身跳下马，对文成帝拱拱手，慢声道："是，陛下圣明！"

文成帝斜乜那将领一眼，"尉太尉，阿谀谄媚也是你的本领之一吗？"

"哈哈哈！"尉太尉仰头大笑，对文成帝道："我也是向朝中各位大人学习嘛，免得被人说我尉眷在陛下面前失了礼数。既然陛下快人快语，也省得我老尉装得难受。"

"嗯，这才对。要是在军队里也是这样，那岂不是很不爽快？"文成帝赞许地轻笑两声，又正色道："太尉，草原上太冷了，将士们还经受得住吗？"

说起眼前的天气，尉眷的脸上浮现出一抹忧色："陛下，咱大魏的将士是天底下最威武无畏的勇士，普天之下，谁敢与我大魏争锋？可是，这些年北边越来越冷，咱们的勇士来到草原上，战斗力也是大受影响……"

随着小冰河期的来临,北边的天气越来越冷。习惯了中原气候的鲜卑人,即使他们是来自于草原,也无法忍受这种寒冷。这次出征,北魏出动了骑兵十万,另有十五万辆车拉着兵器和辎重,大举北伐,但由于天气的原因,非战斗减员非常厉害,文成帝实在是于心不忍了。

"太尉!"

"臣在!"

"不如……"文成帝艰难地开口,"退兵吧?"

"什么?"尉眷一愣,急忙道,"陛下此次御驾亲征,箭在弦上,怎可半途而废?"

"从目前的情况来看,柔然的汗庭可能早就跑得没影了。可是,我们的勇士,怎能因为天气的原因,白白折在这里?"

"陛下!"尉眷顾不得什么礼仪了,大声道:"这次我们倾力北伐,出动骑兵十万、车十五万辆,发动民夫数十万,旌旗千里,为的就是要剿灭蠕蠕那帮蠢贼,即使不能一役定乾坤,至少也要保我大魏边境几年和平。就算蠕蠕的汗庭可能已经逃走了,但如果我们刚进入草原,什么成果都没有取得,就自己退了军,这会动摇我们的军心啊,我们国内的民心也会受到动摇。所以,陛下!尽管天气再冷,我们也不能轻言退军啊!"

"嗯……"文成帝思索片刻,赞同道:"太尉你说得对,军心民心不可动摇。而且,我们困难,那些流窜在草原上的蠕蠕人更困难,这也是剿灭他们的大好时机,我们绝不能轻言退却。"

"是,陛下圣明!"对于文成帝的从善如流和坚决果断,这次尉眷是真心称赞。

文成帝笑道:"行了吧你!"又正色道:"敌人越是忘风而逃,我们越要谨慎。传令:多派斥候,扩大警戒范围!"

"是!多派斥候,扩大警戒范围。"尉眷应道。

尉眷正欲传令,队伍前面突然一阵躁动,文成帝与尉眷同时抬眼看去,只见一名传令兵打马飞奔而来,口中大喊:

"报——前方遭遇蠕蠕军队。"

实现战略目标

"呜——呜——"苍凉的号角声响起，魏军紧张地进行调动，按照将领意图摆下阵形。

在接到报警后，前军将领当即指挥手下进行防守，并派人将警讯报至中军。此时，坐镇中军的文成帝和尉眷已经率军赶到，组织大军做好迎战的准备。

"陛下，敌军数量好像并不多。"将列阵的各项命令发出后，尉眷手搭凉棚，向前方眺望。

出现在前方的人马，必是柔然人无疑。在这片草原上，除了北魏的军队，就是柔然的所属了。但是敢挡在十万铁骑前面，他们……他们……人数也太少了吧？

一共也就数千人，和整个北魏的十万铁骑相比，就是点和面的关系，这哪够看的？不仅人数少，整个队伍也太先锋派了：骑步兵混杂在一起，这要是打起来，是要步兵像骑兵一样冲锋呢，还是要骑兵像步兵一样结阵呢？战马的成色倒是不错，看那一匹，多壮实啊，那蹄子，恐怕有陶罐大吧？看那大腿，快赶上人的腰粗了，还有那眼睛，多炯炯有神啊，看人家的头上，还有俩犄角……嗯？俩犄角？不对，那是牛！牛啊！牛也拉到战场上来了，是想要个火牛阵吗？可是牛的后面还拉个板车，这是什么意思？车上要是装着引火的燃料也就罢了，可您那车上拉的是被褥和瓶瓶罐罐啊，一位老牧民大叔，一手扶着车帮，一手捶着胸口，咳得花白的胡子乱颤，腰都直不起来；被褥上面还坐个大嫂，正撩开衣服，露出白花花的胸脯……哎！哎！您可别给我们耍美人计啊，我们训练有素，不吃这套……嘿，您抱起旁边哇哇大哭的孩子，要给孩子喂奶……

天哪！乱世真是有乱世的好处，至少可以让人大开眼界，比如今天遇上的这拨。我们鲜卑人出去闯荡得早，不太明白故乡的变化，现在草原上流行这样打仗吗？

面对着这样的一群敌人，北魏士兵们面面相觑。

队伍中间的文成帝和尉眷两人，脸色却越来越缓和。

"陛下，看来是天佑我大魏啊！"尉眷笑道。

文成帝脸上也挂着笑意，颔首道："不错，如果能免除一起兵戈之灾，也算是天佑我大魏子民了。"

此时，队伍中的将领和老兵们也看出了门道，纷纷轻松下来。

说话间，从柔然的队伍中驰出一骑，向着北魏的军队奔来，停在了弓箭有效射程之外，高高挥舞着双手，嘴里"叽里哇拉"乱喊一气，听不清喊些什么。

尉眷扭头看着文成帝的意思，文成帝一挥手，北魏这边也派出一骑，手握骑枪，小心翼翼地迎了上去。

双方队伍离得较远，听不清两人在交涉什么，只见柔然那边的骑士仍然高举着双手，挤眉弄眼带比画地说了半天。北魏这边的骑士慢慢轻松下来，最后将枪挂在了鞍下，一抖缰绳调转马头，朝己方阵营奔了回来。

来到了文成帝车驾前，骑士行一军礼，高声道："启禀陛下，前方是柔然汗国乌朱贺颓、库世颓两个别部，欲降我大魏。"

周围尉眷等一众将领听得真切，当即喜上眉梢。能不战而屈人之兵，当是一大幸事。

文成帝也颔首微笑，下令道："令二部头领前来觐见。"

柔然的那名骑士这时仍在原地等候，得到了北魏这边的消息，立即快马加鞭回去汇报。不多时，从柔然的队伍中出来十余骑，正中间围着两骑，看其装扮，当是头领级人物。这两个头领在卫兵簇拥下来到了北魏的队伍前，然后下马、交出兵器，卫兵自然被阻拦在外，独这二人被引到了文成帝面前。

二人来到了文成帝的车驾前，当即低头跪拜，高呼："天神保佑大魏皇帝万岁千秋！"

文成帝等众人听了，不禁莞尔。两个柔然人能想出这种南北合璧、似通非通的颂辞来，也真是难为他们了！

一笑过后，文成帝随即正色，厉声道："尔等阵前投敌，岂是英雄所为？"

乌朱贺颓、库世颓一听这话，大惊失色。草原上历来弱肉强食，没什么忠、节可言，但人在江湖，最有面子的事就是被人称一声"英雄""好汉"，最忌讳的就是被人骂"非英雄所为"，现在两人被文成帝这么一骂，那可是被当众打脸了。

两人的脸涨得通红，似要分辩，却又不知从何辩起。还是乌朱贺颓最先冷静下来，抬头辩解："我等别部，在柔……啊不，蠕蠕的可汗面前，半点地位都没有，可怜我们的汉子们，被他们呼来喝去，待遇连他们跟前的一条猎狗都不如！"朱贺颓越说越激动，差点要站起来，却又被身边的北魏士兵摁了下去。

库世颓此时接过话头，继续道："他们不念天神的恩情，我们自然不会跟他们一条路走到黑。这天寒地冻的，要吃没吃，要喝没喝，还得伺候他们那些大老爷，我们这也是没活路了啊！早听说大魏陛下圣明，我们愿意为大魏效……"

两人前言不搭后语地说了半天，文成帝大致明白了他们的意思。什么"天神的恩情""一条路走到黑""为大魏效力"等等，都是坟园里念小说——哄鬼呢。其实就是柔然统治者拿他们不当自己人看待，让他们的人整日里吃苦在前、享受在后。又不是真正为了什么信仰，他们怎么可能死心塌地为柔然卖命？所以，北魏的人一来了，他们又想傍个大腿，好好享受下真正的生活。

明白了他们的想法，文成帝也就不再吓唬他们了，语气温和下来："乌朱贺颓、库世颓，你二人能带领部众从顺反逆、弃暗投明，朕心甚慰。此次我大军北伐，志在扫平蠕蠕。你等既然愿为大魏效力，还须助我攻破蠕蠕汗庭！"

汗庭是蠕蠕的可汗所在的部落，是整个蠕蠕汗国的统治中枢，攻破了蠕蠕汗庭，整个蠕蠕汗国自然土崩瓦解，依草原上各部落的本性，失去了一个强有力的领导力量，整个草原将再难拧在一起、对北魏构成威胁。因此，征伐蠕蠕，一定要攻破其汗庭才算大功告成。

"这……"乌朱贺颓和库世颓面露难色。旁边的尉眷一看他俩这表情，"嗯？"地一瞪眼，作势就要拔刀，二人急忙道："禀陛下，不是我们不愿意帮忙，而是自从听说了陛下要御驾北伐，蠕蠕他们那个处罗可汗吐贺真，早就跑了，不知所踪啊……"

"果然不出所料！"文成帝道。

接下来，自有人领着乌朱贺颓和库世颓二人去办理收缴兵器，安排食住等不提。

尉眷皱着眉头凑了过来："陛下，吐贺真果然逃了，这可如何是好？"

在这茫茫大草原，有时几十里都见不着一个人影，别说找个人了，就是想找个部落，没有知情人领路，也比大海捞针都难。而乌朱贺颓和库世颓这两个不受待见的别部，是根本不可能知道蠕蠕汗庭下落的。所以，本次征讨的计划，已经是搁浅了。

虽然计划搁浅了，但本次北伐的战略目标却基本实现了。在草原上，是靠实力说话的。如同一个人不愿意被人骂"不是英雄好汉"一样，一个部落、一个统治者也必须表现出他"英雄好汉"的一面，如果不战而逃，就会失去人心，被人小瞧，他的统治基础就不太稳固了。比如十六国时氐族的前秦，甚至不是因为不战而逃，只因淝水之战败了一仗，就把老大的威严给丢了，再也难拾雄风。今天的柔然也是一样，面对北伐的拓跋鲜卑，柔然汗国的统治者处罗可汗吐贺真不战而逃，虽然保存了实力，但他在北方草原上的统治地位却受到了动摇。即使将来他还会靠着实力再把所有的部落一个个收服，那也是好几年以后的事了。所以，北魏的"保北部边境几年和平"这个战略目标已经达到了。

如此，太尉尉眷也不再坚持，文成帝一声令下，当即撤军。

这一年，是太安四年（458），文成帝十九岁。这次北伐，虽然没有与柔然正面交锋，但也对柔然汗国造成了一次重大的打击，此后的五六年间，柔然再也无力犯边，北魏的北部边境实现一段时期的难得的和平。

猛将遇到了对手

太安四年（458）北伐的中途撤军，部分原因是征伐对象远遁、己方已经实现了战略目标，还有一部分原因，在于南朝刘宋政权的蠢蠢欲动。

自打南北朝历史的开始，南北双方就一直处于一种天然的敌对状态。正如后来出现的那句名言："卧榻之侧，岂容他人鼾睡？"南北双方都认为自己是中华正溯。既然自己是正溯，那么对方所占的那块土地，当然是自己领土的神圣不可分割的一部分.而主权和领土的完整不容侵犯的，所以互相攻伐就成了南北双方的主要业务往来。

自明元帝拓跋嗣开始，一直到太武帝拓跋焘在位期间，双方多次大打出手。兴安元年（452），就在文成帝上任的这一年，南朝宋文帝刘义隆为文成帝的上任送去一份"贺礼"——他趁着北魏国内刚刚换届、新上任的文成帝年幼可欺之际，派他们的护军将军萧思话攻打北魏领地。这次刘宋的侵犯，在北魏边境诸军的奋力迎战之下无功而返。宋文帝刘义隆没有气馁，又派他手下的雍州刺史臧质、梁州刺史刘秀之、辅国将军杨文德三人分两路进攻北魏，又被北魏的豫州刺史长孙兰的铁骑打得大败而归，刘秀之等将领差点没活着回去。

六年之后的太安四年（458），南朝刘宋的孝武帝刘骏派积射将军殷孝祖，在作为南北两国分界线的清水的岸边，建造了两座城池。这相当于在北魏的家门口建造了两座军事要塞，这种挑衅的行为令北魏上下气愤异常。但由于当时北魏正筹划着北伐柔然，而且是文成帝拓跋濬御驾亲征，不能轻易中断。北魏面对南北两面的威胁，历来是以北边为重，因为北边柔然的军事威胁甚至超过了南朝的威胁，所以当时北魏全力去北伐柔然，南边有点兼顾不暇，只派了两路军，一路是镇西将军封敕文和陇西王源贺，另一路派遣窟环公、五军公等将领渡过黄河下游的济水，攻打刘宋的青州地区。

但这次刘宋变成了硬骨头，封敕文在清水东岸先遭宋军将领傅乾爱顽强抵抗，后又遭宋军主帅颜师伯击溃主力部队，大败而回。宋军的卜天生、殷孝祖等将领率军击败了北魏大将张怀之和陇西王源贺。宋军主帅颜师伯在一月之内四战四捷，斩杀北魏大将树兰、窟坏公、五军公等人……这一战，魏军全线溃败，宋军乘胜追击，接连收复杜梁、申城、东平、临邑、縻沟等在元嘉北伐期间被北魏侵占的济水北岸的城池，将魏军赶回了黄河下游的北岸。魏军在撤军渡河时，被淹死的士兵不计其数。北魏朝廷大惊，从西边调回了名将征西将军皮豹子，前去驰援。

提起皮豹子，就不得不多说几句。皮豹子是北魏有名的将领，自太武帝拓跋焘时起就崭露头角，充分显现了军事才能，与南朝征战多次，均取得了大胜——

太平真君四年（443）正月，皮豹子率军进攻乐乡，大败宋军，擒获宋军将领王奂之、王长卿等六人，斩杀三千多人，俘获一千人；

二月，打败并擒获宋将胡崇之、姜道祖，夺取仇池；

十一月，军至斧山，杀死宋将青阳显伯，将其士卒全部俘获；

太平真君九年（448）正月，氐族将领杨文德叛乱，皮豹子俘获其妻子儿女、幕僚臣属，没收了其所有军用物资。南朝宋的白水太守郭启玄率军援助杨文德，被皮豹子分兵击退；

兴安二年（453），即文成帝上任的第二年。正月，南朝刘宋派遣萧道成等多名将领围攻武都，皮豹子救援武都，萧道成等退兵；

……

皮豹子屡立战功，积功官至征西将军、开府仪同三司、进封淮阳公，可谓北魏军中一大猛将。

太安四年（458）十一月，封敕文等人战败后，皮豹子率兵三万去援助。但这一次，常胜将军皮豹子却一脚踢在铁板上——进入了南朝宋的青州，皮豹子遭到刘宋名将颜师伯的拼死抵御，寸功未建。然后，又遇到了他的生平第一大仇人——宋将焦度。

焦度此人，符合有史以来"天才都不大正常"的定律。《南齐书卷三十·列传第十一》称其"容貌壮丑，皮肤若漆，质直木讷，口不能出言"，但又"少有气干，便弓马。"也是一员典型的猛将。尽管这个时候，焦度才刚三十多岁，但小猛将猛起来，比老猛将还要猛上一筹。

皮豹子和焦度这老少两员猛将在援助封敕文的战场上碰面了。事情经过如戏剧中的情节一般，焦度一马当先，率领着军队就那么直直地冲过来了，所当无不披靡，一直冲到了皮豹子近前。然后，像个武林高手那般，一槊探出去，当即刺中了皮豹子！

这一槊刺下去，虽然力气已尽，又有铠甲挡着，皮豹子没受什么大伤，但着实吓得不轻。皮豹子战场上讨生活这么多年，大小战役无不轻车熟路、杀伐无数，何曾受到过这样的待遇？何曾见过这样的猛人？魏国一代巨星，纵横西北十余年的皮豹子吓得当时就从马背上摔落下来，然后在魏军士兵的掩护下狼狈逃跑。

皮豹子当时逃得有多狼狈呢？为了掩护他的逃命，先后有几十名魏兵挡在焦度的前头，一一把命送给人家；为了跑得快一点，皮豹子就连铠甲、长槊等全套装备，都扔给了焦度，可谓真正的"丢盔弃甲"。

这一战过后，皮豹子的伤没什么大碍，但那张老脸却丢光了。经此一战，魏军被彻底清除出了青州地界。老猛将竟然阴沟里翻船，以后俺老皮还怎么在猛将界中混？这让家乡的父老乡亲怎么看？

于是，皮豹子立誓要报仇雪恨。回去以后，就向朝廷上书，要求增兵雪耻，可是得到的答复只有两个字："没兵。"

"没兵，怎么可能？"皮豹子瞪大了眼睛，砂锅大的拳头在尚书省的官员眼前晃了晃。

老官员吓得差点跌落扶手椅，尖叫道："你要做什么？"

"咳……"皮豹子发觉自己失态了，换了张笑脸，"习惯动作，您别见怪。只是……怎么可能派不出兵呢？"

"怎么，你的意思是本官骗你了？"老官员捋了捋胡须，恢复了常态。

"不是，不是……没那个意思！"皮豹子赶紧解释，"只是宋人就要打过来了，没兵可怎么办啊？"

"这么跟你说吧——也就是你皮将军来了，本官才会费这么多口舌，要是别人来了，哪有空理会他？这么跟你说吧，各个边境上都要有精兵把守，各兵镇都得屯有重兵，各个州、郡的驻军也不能少，还有，保卫京畿和皇宫的卫戍部队……这得多少兵力？你自己说说，能给你派出兵来吗？"

"多少也得派一点吧？两万就行……没这么多吗？一万五？一万？要不八千？您别摇头了，兵派得少了，还不够人家塞牙缝的。"

"不是派多少的问题。"老官员摇头道，"是我们根本没有同时打赢两场战争的能力。"

皮豹子被惊得目瞪口呆，你老人家从哪学的这军事术语？

老官员继续掰指头："你再算算，前些日子皇帝陛下亲征柔然，带走了十万骑兵、几十万辎重兵和民夫。你告诉我，你的兵从哪往出派？"

对方抬出皇帝这尊大神，皮豹子就不好说什么了。于是他只好换个方向，打感情牌："大人，您还不相信我的能力吗？给我增点兵，保证打个大胜仗回来，到时，您的支持配合之功可是跑不了的啊。"

"嗯……"老官员有些心动了，点头道，"好吧，南边也有敌人，这抗击敌人的正事不能误！哎，您先别着急谢我。当前我们的主要任务是北伐蠕蠕，待北伐结束后，我们尚书省将召集殿中尚书、南部尚书、北部尚书等进行会议磋商，对你的事情进行研究，研究……"

"天哪！派兵的事刻不容缓啊，您要研究到什么时候？"

"哎，这话怎么说的？皮将军你这老行伍了，不懂规矩吗？军队是能随便派的吗？你当大魏的军队是你自家的吗？搞清楚，那都是皇帝陛下的，你是不是对此有什么看法啊？……"

看着老官员的嘴唇一张一合、几颗黑黄相间的板牙不断进进出出，皮豹子突然觉得身心俱疲，跌坐在圆凳上不再说话。

老官员看到大名鼎鼎的皮将军露出这种疲态，觉得实在是有失我大魏脸面，又良心发现起来，张口道："如果真的想派军，也不是不可能……"

话还没说完，皮豹子一下跳了起来，眼中来了精神："您说，该怎么做？"

"这样吧，我家里还有几个家丁，他们还可堪造就，不如就随你一起上战场去建功立业吧？"

"别！别！我这里没有适合他们的岗位，还是在您那里发挥余热吧。"

"哎！哎！你别跑啊？征西将军，话还没说完呢……"

皮豹子逃离了尚书省的办公室，回去掰着指头，算着文成帝班师回朝的日子。这一辈子，他从没有像此刻这样刻骨铭心地思念另一个男人。

男儿欲作健

男儿欲作健，
结伴不需多。
鹞子经天飞，
群雀两向波。

放马大泽中，
草好马著膘。
牌子铁裲裆，

216

冱矛鸐尾条。

前行看后行，
齐著铁裲裆。
前头看后头，
齐著铁冱矛。

以上三首《企喻歌辞》是一组北朝民歌，表现了战争与尚武的主题。其一描绘"男儿欲作健"的生动形象；其二写北方民族的英雄气概和尚武精神；其三描绘男儿骑马驰骋的英勇气概。这组民歌，将草原勇士的生动形象刻画得活灵活现。

如果以这三首歌辞为剧本，战场应该是一个充满了豪迈和浪漫元素的地方，具有无限激情，犹如后世的那句"醉卧沙场君莫笑"的描写，使战场的形象变得令人狂热、着迷。其实，那些美好的情调，只是文人的浪漫情怀而已。真正的战场不会激起人的无限激情，它只会激起人的肾上腺素。肾上腺素足够多的人，再加上无与伦比的运气，也许会杀出一条血路逃出生天。但更多的人，却只是用生命的消逝，为"古来征战几人回"这句话增添一个论据而已。

刚才消逝的那几个斥候，就不幸地沦为了这个论据。

这几名斥候，是皮豹子派出的。在盼星星盼月亮地把文成帝盼回来以后，皮豹子就出征了。文成帝是太安四年（458）十一月回来的，皮豹子在第二年正月初一就出征了，与北伐之间只隔了一个月。事实证明两个道理：一是在一个机构里，很多时候难缠的是小鬼；二是只要一个机构愿意做事，就一定能高效率地运转起来。

一路在冬雪中行军，到了兖州，已经是刘宋的领地了，所以皮豹子派出了许多斥候，增大侦察力度。

"斥候"，是军中的一个兵种。斥，度也；候，视也，望也。这个岗位，基本职能相当于现在的侦察兵，但由于古代军队里的分工没有那么细，所以斥候的职能范围和单兵作战能力远超现代军队中的侦察兵。在没有雷达和无线电的冷兵器时代，他们就是军队的耳目，也是一支军队的前锋的前锋，他们是最早与敌人接触和作战的人。他们负责侦察捕俘敌情、探查前方道路，提供情报使将领更好地分析敌情、确定行军路线、制定作战计划。同时，他们还担负着遮断战场情报、截杀敌方斥候的任务，使敌方不能及时获得己方情报，使战场对己方单向透明。所以，能担任斥候的人，都是百里挑一甚至千里挑一的兵王，他们头脑清醒机警，体力充沛强悍，作战经验十分丰富，他们中的每个人，都是军队里的宝贵财富。

一路平安无事，但到达了高平郡境内，几名斥候与刘宋的部队相遇了。

那几名斥候刚刚与刘宋的军队碰面，立即往回策马狂奔，他们须尽早将消息送回。但对方也相当机警，把他们的身形瞧得一清二楚，当即派出一支骑兵部队追了上来。

刘宋军中本以步兵为主，骑兵相当匮乏，但斥候、亲兵以及部分主力部队中配骑兵还是有的，这些骑兵拼凑出来，对北魏的这几名斥候而言也是很恐怖的存在。于是，一场力量不对等的捕俘和遮断情报的战斗就打响了。

刘宋骑兵在后面拼命射箭，尽管在颠簸的马背上射出的箭枝早已失去了准头，但由于人多势众，他们的每一次齐射都有大半箭枝覆盖到了这几名斥候所在的区域，给几名斥候带来了极大的威胁。

想在大队敌人的追击下活命，尽管是有着"兵王"之称的斥候，也是难以做到的。但是，斥候有斥候的法则——他们的目标不是打败追兵，甚至不是活命！斥候是用来捕俘敌情的，将情报传递回去，才是他们唯一的使命。如果死在了敌人的追击中，那也罢了；如果没有将情报传递回去，自己却依然活着，那么不仅自己要被处死，一家老小也将受到严酷的惩罚；而如果将情报传回去的话，不论本人是否活着，家属都会得到不菲的奖励。别想蒙混过关。别以为当个逃兵就万事大吉了，作为一名斥候，他的家庭情况完全被他所效力的军队所掌握，当逃兵这种事即使是普通的士兵都不会轻易去做，斥候就更不会了。综合以上几条，怎么看都是把情报传递回去最为有利。所以，"完成任务"是斥候的唯一所想。为了能增大将情报送回去的概率，他们采取分散逃跑的策略。采取这种策略与他们是否具有概率学的知识无关，纯粹是军事的经验与本能。这样不仅能分散背后的追兵，令自己的存活率大一些，而且只要有一人送回了情报，他们这队斥候就算完成了任务，他们的家里都会接到一笔丰厚的赏赐。

果然，随着几名斥候的分散逃跑，刘宋的追兵也分为几路，每一路的箭枝覆盖范围都大幅度减小。但尽管这样，人数上占据绝对优势的刘宋追兵，也还是通过一次次覆盖齐射，渐渐实现他们遮断情报的目标——除了仅剩的一名运气不错的斥候还在奔逃，其他的几名斥候都已被射翻在地，成为雪地里的几抹嫣红。

事实上，仅存的这名斥候和他的坐骑也已负伤——几支箭枝没入他和战马的后背，人和马的鲜血顺着马肚混在一起，被上下翻飞的马蹄甩了一路，标示出了他和它生命最后的轨迹。他仿佛疯魔了般，用脚疯狂踢打着马肚，胯下的战马燃烧最后的一点力气，勉力向前冲去……

"近一点！再近一点！"斥候心中嘶喊。只要进了有效距离，他就可以作出示警。三支鸣镝早已攥在了手中，由于用力过度，手指已经发白，紫红的指甲盖下面却又似要滴出血来。

斥候俯身在狂奔的马背上，毫不理会身边不时落下的箭枝。他睁大了眼睛注视着前方，风雪打得眼睛生疼，却也顾不上了。

突然，斥候将眼睛瞪得更大，远处天际好像有几个小黑点在移动！没错，凭着一名斥候的良好视力，他可以判定那就是他们后面梯队的斥候。斥候心中狂喜，脚踩马镫，双腿尽可能夹紧马身，左手放开了缰绳，摘下了挂在马身左侧的弓；右手手指灵活地动作，用四根手指稳稳地夹住了三支鸣镝。他扬起上身，左手持弓，右手用拇指勾住弓弦，其余四指夹紧三支鸣镝，张弓，射箭，一气呵成。三箭齐射，这是他在军中赖以成名的绝技，也是他能跻身斥候排头兵的资本，即便是身负重伤，这个他熟练无比的动作也绝不会出错。

　　"咻——"鸣镝的箭头上的小孔割裂了空气，发出了尖锐的响声。尽管是在风雪交加、战马奔腾的环境之中，这三支鸣镝的响声也格外刺耳。

　　远处那几名第二梯队的北魏斥候早已注意到了这边的情况，虽然看不清刚才这名斥候的具体动作，但天上鸣镝传来的报警可是听得一清二楚。于是他们没有丝毫犹豫，当即转身四散往回策马狂奔，同时准备好了手中的鸣镝……采用这种接力的方式，敌情将很快被传递回去。

　　此时，后面的刘宋追兵已经停止了追击。他们知道自己已经输了第一筹。他们的马蹄无论如何是追不上鸣镝声音传递速度的，所以从响箭上天的那一刻起，他们就停止了追击，懊恼地向来路踱回。

　　仿佛是一刹那，天地间又归于平静，没有了奔逃与追击，没有了驰骋与狙截。血已流尽的战马倒在地上打着响鼻，想要唤醒主人，但自己也渐渐没了声息。而那名斥候，早已合上了眼睛。在耗尽最后的精力射出那三支鸣镝之后，他就一头栽倒在地，尽管地上铺着一层雪花，但身体与地面的高速冲撞也令他仅剩的一丝生机迅速流逝。

　　在倒地的一瞬间，他仿佛看到了他的亲人在收到了政府颁给的赏赐之后号啕大哭。他想扑上去，拥抱他的父母和妻儿，告诉他们：好好活着！

　　"好好活着，活着……"他呢喃着，感受着脸颊上的雪花化成了水，仿佛三岁的儿子在他怀中要赖时挤出的眼泪，冰冰凉凉。他笑了，想要抬手拭去儿子蹭在自己脸上的泪，却再也无法做到……

　　这一刻，只有漫天雪花精神抖擞地盘旋飞舞，用自己妖娆的身姿渐渐掩盖了此前这里曾发生过的一切。正如另一首《企喻歌辞》写道：

> 男儿可怜虫，
> 出门怀死忧。
> 尸丧狭谷中，
> 白骨无人收。

很多历史的进程，就是由一具具这样的白骨堆砌而成，但史书从不会为他们留下一笔，甚至连曾经的袍泽也将很快把他们忘记。因为他们只是一场战斗中毫不起眼的组成因素，在他们的戏份过后，即将发生一场大的战斗，那才是人们关注的部分。

高平之战

"报——"拉长了音调的传令兵，被让到了皮豹子跟前，"报大将军，前军于高平郡发现宋军，约五千步兵，从瑕丘镇方向来，目的不明。"

"从瑕丘镇来？"皮豹子略一思索，令人拿来了地图，用手指顺着瑕丘镇到高平郡的方向一捋，当即断定："这是要去增援清水两城。"

清水两城，就是去年宋将殷孝祖在作为南北两国分界线的清水的东岸建造的两座要塞，魏、宋两国此次的争端，也是因这两城而起。此次从瑕丘镇过来的五千步兵，自是去增援殷孝祖的。如果让他们都进了城，和城内的守军会合，那么攻城的难度将会大幅增加，所以将敌方的兵力消灭在城外最是好的选择。

皮豹子吩咐传令兵："传令前军，将敌方的五千步兵纠缠住，主力随后赶到，一定要将敌军消灭在城外。"

传令兵自去传令。麾下众将领也都心领神会，各自去督促部属加快行军速度。

在皮豹子前军的骚扰下，去增援殷孝祖的五千瑕丘步兵的行军速度大为减缓。待魏军主力赶到时，距离殷孝祖的清水两城还有八里路程，这是一个对魏军极有利的距离。八里路，说长不长，说短不短。如果殷孝祖派城内的守军出来接应，跑完八里的路程之后，已成强弩之末，那么皮豹子完全可以利用骑兵的优势，在击溃五千瑕丘兵之后，趁势击溃殷孝祖的部队，并且趁着城内空虚，一举破城。如果殷孝祖不派兵出来接应，那么五千瑕丘兵面对皮豹子的骑兵，可能连逃命都做不到，只是待宰的羔羊而已。而且，当皮豹子的骑兵击溃五千瑕丘兵后，这五千瑕丘士兵的第一反应，当然是跑到最近的城池内寻求庇护，这不是士兵的最好选择，但跑到己方队伍中寻求庇护，这却是人的天性。所以，到时将有大批的溃兵将向清水两城逃去。如果殷孝祖胆敢开城门收留溃兵的话，嘿嘿……皮豹子捋着胡须笑了，如果他胆敢开城门，魏军将趁势攻进城内；如果殷孝祖死守城池、不开城门接应溃兵，那么几千的瑕丘兵，将在城下当着城内守军的面，被屠戮得一干二净。到时，皮豹子本人远在北魏，刘宋拿他没办法，但殷孝祖将承受来自基层官兵的埋怨、同僚的诘问和朝廷的问责，连宋军主帅颜师伯恐怕都会受到牵连，魏、宋两国在青、兖州的军事实力对比，将发生极大变化……

这是阳谋，赤裸裸、明晃晃的阳谋。与见光就死的阴谋相比，阳谋要高明多了。阳谋是随势而动、随势而发、无迹可寻的。阴谋可以破解，但阳谋是无解的。由此可见，姜还是老的辣。能抓住战场上的任何机会，将形势变得有利于己方，迫使敌方做出两难的选择，皮豹子名不虚传。

面对惊恐得龟缩成一团的五千宋军，皮豹子轻蔑地笑了。步兵遇上骑兵，只有死路一条。

下了多日的大雪早已停歇，北风也在此时悄悄地安静下来，不敢再聒噪。天气间的气氛，却越来越肃杀。皮豹子望向宋军，半晌没有说话，默默地看着对面的宋军急匆匆地排兵布阵。"那又能怎样呢？"皮豹子心想。

突然，他持起长槊，朝天举起，然后猛然朝对面一指——"杀！"

"杀……"他身后的无数骑兵齐声呐喊，然后手抖缰绳、双脚一踢马肚，跟随着皮豹子打马向宋军冲去。

"轰隆隆……"无数马蹄踏在地面上，发出了雷鸣般的声响，连地面似乎都颤抖起来。这时，皮豹子扭头看看左边的旗手，由于风大太，扯得大旗无法擎住，旗手将大旗收起，擎出一面小旗来，盯着皮豹子的槊尖所指，适时挥舞着小旗，为后面的千军万马做出指引。皮豹子又回身看看身后的骑兵，他们面容镇定、表情刚毅，双目紧盯着小旗，跟着旗帜所向勇猛冲锋。

看着这些训练有素的士兵们，皮豹子笑了。他们是他的袍泽，是他的兄弟，是他安身立命的依仗。有这样的部队在，他皮豹子纵横疆场，战无不胜。

皮豹子算了算距离，挂起了马槊，左手摘下挂在鞍前的弓，右手持箭，朝向前方，做好仰射的准备。旁边旗手发令，众骑手有样学样，以同样的角度弯弓搭箭。

估算着弓箭射程加上战马冲锋的惯性，在距离刚好的时候，皮豹子右手勾弦的手指急速一拉，再一松，一支羽箭立即射出。后面众骑兵见状，同时松弦，"嗡……"一阵弓弦声响，无数支羽箭乌云般飞上天空，向着宋军扑了过去。

宋军将领急忙大喝，众宋兵同时紧张地将手中的枪槊直立起来，将枪头在头顶上方快速摇晃，以期在头顶上用晃动的枪头形成一层幕布，起到遮挡箭枝的作用，但其效果，只是聊胜于无罢了。好在魏军由于马身的颠簸，有许多箭枝在射出的瞬间失去了准头，落在宋军队伍中的箭枝并不多，只有个别士兵受了伤。

这一箭的威慑意义大于实际杀伤效果。射出这一箭后，魏军骑兵收起了弓箭，将马槊或长枪端了起来，等待着收割生命的时刻的到来。而此时，他们也进入了宋军的弓箭射程。

宋将一声令下，宋军全体放下了枪槊，忙向急驰而来的魏军射出一箭。这一箭，原本由于宋军处于静止状态，距离又近，准头会提高很多，但是步兵面对骑兵，心理上天然地处于劣势，再加上骑兵的高速运动，使步兵难以从容地瞄准、射箭，所以这一箭的威力和魏军刚才那一箭相比，属于张飞骂李逵——彼此彼此。

在射出同样的威慑意义大于实际杀伤效果的一箭后，宋军急忙扔掉弓箭——他们没有时间把弓再背在身后，因为魏军骑兵已经冲过来了，他们必须赶紧持起长枪，做最后的挣扎。

距离越来越近了，冲在最前面的皮豹子已经清晰地看到了宋军前排士兵的脸。正对面的那名宋兵还很年轻，嘴唇上的胡须都没有长硬，还只是一层绒毛而已。"多么像啊！"皮豹子心想。他想起了自己的弟弟。他们是同样的年轻，同样的稚嫩，面对困难时的表情，都是那样的无助。"可怜啊！"皮豹子又想。但随即，他就把这种念头抛在了脑后，在战场上稍一分神，可怜的就是自己。

一刹那间，皮豹子就冲到了那名年轻宋兵的面前。他无视那张恐惧得已经变形的脸，槊杆一磕，格开了那名宋兵的长枪，然后槊尖径直插入对方的胸膛。槊的良好构造和制作工艺，使槊尖在没入年轻士兵的身体时，不再继续深入，然后借着冲撞之力，槊杆弯曲——弹直，将穿在槊尖上的尸体弹出去。这样会使持槊的人不必浪费时间拔出自己武器——在战场上，这种浪费时间的动作是致命的。

皮豹子对槊的这种特性非常满意，手中槊杆传来的弹力，使他感觉到阵阵快感。他非常陶醉于这种感觉，这是一种只有资深武将才会感受到的快感，无可言表地令人欢愉。

当手上的弹力消失时，他侧耳倾听，好像等待着什么声音响起。仿佛知道他的等待，他的身后紧接着响起一阵"叭叭"的声音。

这种"叭叭"的声音源自于身后的骑兵手中的骑枪折断时发出的声响。

低级的武将和普通的士兵，可没有配备槊的资格。要知道，一柄槊的造价十分昂贵，尤其是槊杆，用的是桑柘木——桑木之中名贵的一种，剖成细蔑，用桐油浸泡，泡得不再变形开裂了，将蔑条置于荫凉处风干。然后挑出质量上乘的蔑条，再用上等的鱼泡胶将这些蔑条黏合，外层再缠绕麻绳。待麻绳干透，涂上生漆，裹好葛布，干一层裹一层……直到用刀砍上去，槊杆发出金鸣之声才行。这还不算完，还要用一根绳子吊在槊尾二尺处，整个一丈八尺长的马槊可以在半空中如秤杆般保持平衡，才是一支真正合格的槊。只有这种槊，武将骑在马上，才能单手轻松持槊。如此制造出来的槊，才是一名武将的武器。只是，这一整支槊至少要耗时三年，并且成功率仅仅有四成，因此造价高得惊人。

如此昂贵的武器，当然不可能大规模装备部队。所以，低级将领和普通士兵的手中，只有一杆普通的长枪而已，好一点的，枪杆也只是一根蜡杆。这样的武器没有桼那么大的弹性，所以当它插入敌人体内时，不会靠本身的弹力将敌人的尸体弹开，而持枪者又没有时间将枪拔出，只好将武器丢弃。而在战场上将一柄完好的武器丢弃，意味着它随时会被敌人捡到手里，成为对付自己的武器，所以使用这样的武器，也是需要技巧的。当持枪者冲锋时，需要一手持枪身，将枪的末端顶在膝盖上，给予枪身最大的冲击力，保证枪身在一插入敌人的身体时，会被强大的冲击力折断，不会给敌人留下完好的武器。在枪折断后，持枪者会当即丢掉断枪，拔出其他武器继续战斗。

所以，一名久经战阵的老将，对这种"叭、叭——"的声音也极为熟悉。这种声音也会让他们热血沸腾，兴奋不已。

在极度的兴奋之中，魏军以皮豹子为尖，形成了一块锲子，狠狠地扎入了宋军的队列之中。他们每一骑，连人带马再加装备，重逾千斤，从现代的角度来看，就像一辆汽车驶入了密集的人群之中，有谁能够阻挡？

于是，几乎是一眨眼的工夫，魏军就把宋军的步兵队列凿了个对穿。穿到了宋军的另一边，皮豹子驻马回望，他们的来路就是一条用血肉铺就的道路，鲜红无比。

历史的面目

胯下的战马兴奋地打着响鼻，似乎还没有过瘾。皮豹子安抚着坐骑，对着传令兵又似对着战马，慢声道："整队，预备第二次冲锋！"

对面的宋军也在慌乱地整理队形，将领扯着嘶哑的嗓子，指挥各级官兵各就各位。他们没有溃败，而是在整队迎接第二次魏军骑兵的冲锋，这令皮豹子高看他们一眼。

"一支老兵队伍,素质不错。"皮豹子冷眼看着宋军整队,品头论足,"不过,我还没见过被骑兵凿穿两次还不溃败的,可惜了!"

骑兵是步兵的天敌,即使是步兵使用长枪,对骑兵造成的伤害也非常有限,大多数步兵是在还没有见到对方骑兵的时候,就被前面传来的巨大撞击力给撞飞了。而一名骑兵即使是非常的不幸运,恰好撞在了敌人的长枪上,也能靠着坐骑的巨大惯性,对一连串的步兵造成伤害,这使得步兵和骑兵双方的战损比相差惊人。

在急速减员的情况下,即使是减员的数量不大,一支军队也有可能立即溃败,尤其是封建时代的军队,一般损失超过一成,基本就崩溃了。这和军队的思想建设有关。即使是历史上赫赫有名的军队,也就只能坚持到损失二至三成,一旦超过这个界限,必然溃败。而一支有理想、组织科学的现代军队,一直战斗到只剩一人,也是完全有可能的。

而在皮豹子这个时代,放眼全天下,都不可能存在那么一支可创造奇迹的军队,所以被骑兵凿穿两次还不溃败的步兵队伍,基本上是不会出现的。

所以此时的皮豹子信心满满,他再次持起长槊,朝天举起,然后猛然朝对面一指——"杀!"

……

没有任何意外发生。宋军在方阵还没有被凿穿之时,就已经发生了溃败。兵败如山倒,他们被北魏的骑兵像赶羊一样,向清水两城奔去。

八里路的距离并不远,很快就奔到了两座城下,已经能看清城头上的守军了。

"传令!"皮豹子勒住了马,看着城头,他知道殷孝祖一定就在那里。他冷漠地下了一道命令:"杀无赦!"

手下的士兵们执行命令是高效的。就在清水两城的下面,就在城头守军弓箭的射程之外,北魏军队对已经溃败的五千步兵进行了杀戮。一时之间,惨叫声不绝于耳,北魏骑兵如狗撵兔子般进行着游戏,然后将兔子的生命结果掉……

　　皮豹子没有参加这种游戏。这种勾当对他来说毫无意义。他只是想看一看，殷孝祖会做出怎样的反应，敢不敢开城门出来营救。他猜想，此时殷孝祖的身边一定吵翻了天。

　　皮豹子所料没错，殷孝祖手下的将领们确实已经吵翻了天。有将领跪在殷孝祖前面，抱拳大声请命："将军，请让末将出去一战吧！"

　　旁边有人阻拦："不可！守城才是我们的优势。"

　　"胆小鬼！"又有将领骂道："外面是我们的兄弟啊。他们在被屠杀啊！哪怕打开城门，放兄弟们进来也好啊。"

　　"你放屁！一开城门，魏军就会趁势冲进来。"

　　"你才放屁。胆小鬼！"

　　……

　　两边吵得不可开交。大多数将领已经被城外的屠杀刺激得两眼通红，硬要拔刀出去拼命。少数还保持清醒的将领，已经成了众矢之的，眼看着就要起内讧了，殷孝祖用力一拍墙垛，大喝道："够了！"

　　众人停止了争吵，一齐看着殷孝祖。有几名性急的将领大声依然请命："将军！"

　　殷孝祖一摆手，没有说话。此时的他，感到一阵心力交瘁。不要开城门营救外面的兄弟，这样的话他无论如何说不出口，但如果开了城门……后面将不堪设想。一旦城破，几年来苦心经营的大好局势，就全完了。

　　殷孝祖愤恨地又是一拳打在墙垛上，发出"咚"的一声闷响，指关节都磕出了鲜血，但他浑不在意。与胸中的郁闷相比，手上的疼痛又算得了什么呢？

　　看到殷孝祖拳头上的血，众将领也都冷静了下来。即使开门，又能做点什么呢？

　　"唉！"几名吵闹得最凶的将领，也都明白了眼前的局势，把武器往地上一扔，怏怏然走下城墙，不再观看城外那糟心的一幕。

城外的屠杀很快就结束了。殷孝祖依然站在城头上，盯着城外骑在马上的那名魏军将领，他知道，那就是皮豹子。

"有种！"皮豹子看着城头上的殷孝祖，忽然咧嘴笑了，"为将者心狠手辣。我杀的是敌人，而你——"皮豹子举起手中长槊，指向城头，"眼睁睁看着你的袍泽被屠戮干净，你还有什么资格做我的手下败将？"

连做手下败将都没有资格！殷孝祖听不见皮豹子在说什么。但他明白皮豹子的意思，他全明白。在皮豹子兵临城下的那一刻，他就知道，他输了，输得一塌糊涂。

《孙子兵法》云："不战而屈人之兵，善之善者也。"皮豹子与殷孝祖之间，未曾谋一面，但通过一场微小得不能再微小的局部战斗，皮豹子就把殷孝祖逼入死角。为将者的水平，双方高下立判。

殷孝祖龟缩在城内，坚壁清野。而皮豹子也没有乘势攻城。让骑兵去攻城，任何将领都不会产生这种愚蠢的想法。皮豹子转而率军去攻打附近的垣苗寨，大肆破坏了一番。就在皮豹子一边搞破坏，一边处心积虑要拿下清水两城的时候，一个坏消息传来了，縻沟城和申城被宋军攻破。

縻沟城和申城是北魏边境的两座城池，它们的守将是两个老伙计，封敕文和张怀之，就是之前去攻打刘宋的清水两城却被刘宋的颜师伯、卜天生、殷孝祖打败的两人。皮豹子曾在焦度的手下吃瘪，就是因救援这两人而起。

在被颜师伯等人打得没了信心之后，封敕文和张怀之各自待在縻沟城和申城里，胆战心惊地一边守城，一边等着为他们出头的皮豹子的好消息。结果，还没等皮豹子把清水两城拿下，就被围魏救赵的颜师伯派遣卜天生、刘怀珍等人，把他们的縻沟城和申城给攻占了。封敕文和张怀之的守城部队毫不扭捏地被宋军击溃，两人仅带少数士兵逃了出去，这一下皮豹子就成了孤军深入，形势瞬间变得不妙起来。

"猪啊，猪一样的队友。都是些猪！"皮豹子气得破口大骂。自己步步为营、苦心经营的大好形势，一夜之间被那些猪一样的队友败得精光。"既生皮豹子，何生封敕文和张怀之？”皮豹子差一点吐血三升，但也无可奈何，最终只得退兵。

至此，魏、宋之间的青州之战落下了帷幕。

这场青州之战前后只有几个月时间，双方参战的军队只有几万人而已，在南北朝期间动辄数十万人大会战的背景下，并不起眼。但是这次青州之战，对北魏和刘宋都较为重要，它改变了双方在青州、兖州等地的军事力量对比，也为双方今后十余年的风平浪静奠定了基础。

作为后来人，我们阅读历史时，往往会发现一些很有趣的现象，就拿这场战争来说，就战略目标的实现而言，刘宋才是这场战争的赢家。刘宋自建国以来，一直被北魏吃得死死的，双方是打是和，全得看北魏的心情。而这一次青州之战，刘宋不仅保住了清水两城，而且趁乱收复了济水以北的縻沟城和申城，可谓收获颇丰。但是，就是这样一场令南朝刘宋扬眉吐气的战争，在《魏书》中记载得多一些，在《宋书》中反而语焉不详。究其原因，恐怕和殷孝祖的见死不救有关。即使是一千五百年后的我们，也可以想象得到，在为了守城而眼睁睁看着五千士兵被皮豹子杀得几乎罄尽之后，殷孝祖将面对的是怎样的责难。这些责难，不仅有来自瑕丘镇方面的，还有来自基层官兵的同病相怜、军队同僚的物伤其类、国内民众的道义问责、朝廷大员的口诛笔伐，而这些舆论上的攻击，远比军事上的攻击要厉害得多，甚至连宋军主帅颜师伯都有可能受到牵连。这种见死不救、为达目的不择手段的做法，在一向贬低北方游牧民族，以中华正溯和文化道统自居的南人来说，是三观不正的，因而有关这方面的文件资料不会太多，史书上也不会加以详细记录。

对于历史，如果我们不去深究的话，就成了我们现在所看到的样子。

务实外交

> 高高山上树，
> 风吹叶落去。
> 一去数千里，
> 何当还故处。

这首北朝民歌《紫骝马歌》，描写了战争使人无家可归的情形。在乱世当中，战争会导致无数人死亡、无数人无家可归、无数人悲痛欲绝。正如《太平广记》有言："宁做太平犬、不做乱世人。"

身处乱世，百姓自然是很苦的，但身为皇帝，也不一定能好到哪去。南北朝期间，南朝宋、齐、梁、陈四朝从公元 420 年开始，至 589 年结束，共历经三十余个皇帝，其中梁武帝萧衍在位时间四十八年，是在位时间最长的。另外还有几个在位时间在十年以上的，一个巴掌都数得过来，这些人也属于生命力特别强悍的。除了这几个，其他所有皇帝的在位时间，平均只有三年而已。三年，这是一个很恐怖的数字。试想，哪个皇帝舍得离开那个宝座呢？他们的早早退场，原因只有一个：被赶下台！通常被赶下台的皇帝，下场也只有一个，那就是死于非命。南朝有很多皇帝不是被近臣杀死，就是被儿子杀死，或者被宦官杀死，要是哪个皇帝没有人杀他，他还以为自己当了假皇帝。所以，皇帝这个行当，在南朝绝对属于高危职业。

相比较而言，北朝自拓跋鲜卑一统江湖之后，皇帝活得还算滋润。虽然也出现过宗爱这样的皇帝杀手，以及死得比较憋屈的几个皇帝，但总体来说要比南朝平稳得多，这就给了一些皇帝大展身手的机会。比如说文成帝，就可以抛开随时死于非命的顾虑，认认真真地做一些事情。

当然，在乱世，做什么事情都不容易，尤其是国家安全问题。北魏的安全问题不只涉及柔然和南朝这两家，至少盘踞在青海一带的吐谷浑就是个安全隐患。

吐谷浑亦称吐浑，本来是辽东鲜卑慕容部的一支。其首领拾寅是个两面派，摇摆于南北两朝之间，向刘宋和北魏都称臣，并接受了两方的爵位任命。两面派的人基本上人品都不太好，自南朝刘宋给了拾寅"河南王"的称号后，拾寅就趾高气扬起来，并自恃地势险要偏远，对北魏颇不恭敬。《资治通鉴》记载，拾寅"居止出入，拟于王者"，因而"魏人忿之"。

魏人很生气，后果很严重。和平元年（460），北魏定阳侯曹安向文成帝上表："要是我们派两支军队去攻击他，拾寅必定逃向南山，用不了十来天，他的牛马牲畜就没了牧草，连人都没有吃喝了。这样一来，他的部众们就会发生溃逃或反叛，再收拾他就容易得多了。"

文成帝一听，言之有理，而且他也不想继续忍受拾寅这个两面派了，就以拾寅向刘宋进献了奇珍异兽为名，派征西大将军、阳平王新成，以及南郡公李惠，兵发两路，从南北两个方向夹击吐谷浑。

刚一交手，吐谷浑就被打懵了，此时的他们才发现，国小力微的他们根本无力和北魏对抗。但后悔也为时已晚，拾寅只好像定阳侯曹安判断的那样，率领自己的部族向南山退去，上山打游击。魏军一路追击，一直追到了深山老林里，无奈遇到了瘴气，只好退兵。拾寅一众好歹保住了性命。但性命保住了，财产却大受损失，眼看要收获的庄稼都被北魏割走了，几十万匹驼马牲口全都成了魏军的战利品。昨日还一派繁荣景象的吐谷浑，此刻已然变成了亏帮，难以为继。自此以后，吐谷浑再也不敢当跳梁小丑了。

不仅是吐谷浑，西域的伊吾城也曾经在柔然的控制下叛魏自立。

伊吾城是北魏与西域的交通枢纽，它的反叛，意味着丝绸之路被彻底切断。于是文成帝派他的老搭档尉眷，"击伊吾，克其城，大获而还"，重新夺回了伊吾，挫败了柔然通过伊吾控制西域的企图，重新打通了丝绸之路。自此，西域各国使节顺着丝绸之路年年来到魏都平城，络绎不绝。

除了以上这些零星的、局部的动荡之外，文成帝一直希望通过"养威布德"来"怀辑中外"，奉行"与时消息，静以镇之"的政策。而他的努力也确实得到了回报，打通了丝绸之路，通过与西域各国的友好往来，大秦等国的石棉布、水银、琉璃、药材和汗血宝马等输入到中国；中国的丝绸、铜器等，从平城为起点，输出到大秦、波斯等国。公元六世纪末，中国的养蚕术也通过波斯传入大秦。

此外，和平五年（464），文成帝还去了趟高车进行视察。

高车就是《敕勒歌》里面说的"敕勒"，他们制造车辆的手艺不错，轮子高大，所以人们又管他们叫"高车"。论血统，他们与匈奴是近亲，在南北朝初期时，还处于原始社会末期的部落联盟时代，后来因为经常与北魏作战，一边打一边又向北魏学习，才慢慢进入阶级社会。最终，高车终于被打服，接受了北魏的统治，负担赋税和兵役。

七月初五这天，高车五个部族相聚在一起，举行了盛大的祭天仪式，这是高车族至为重要的节日。在这次活动中，文成帝亲临现场，数万高车族人激动万分，《资治通鉴》中记载："高车大喜"，这也说明了文成帝在"养威布德、怀辑中外"之后，北魏与周边各部族的关系愈加融洽，对各部族的统治也愈加稳固。

文成帝在位期间，大力推行和平外交政策，与建立和平外交关系的国家互通商贾、息兵养民。对于危害北魏国家安全的，却又绝不手软、坚决打击。除了西域的各国之外，东北的库莫奚、契丹、扶余等国亦遣使朝贡，当时与北魏有通使关系的国家多达七十余个，其盛况空前，用"万国来朝"来形容一点都不过分。

值得回味的是，有一些小国家、部落，在第一次向北魏朝贡之后，就怎么也产生不了再次朝贡的兴趣，原因在于北魏根本不会对他们的朝贡给予多么丰厚的回馈，没有物质利益的支持，他们就失去了前来朝贡的兴趣。在中国历史上，历代中原王朝的统治者对待外邦的朝贡，都体现着"厚往薄来"的特点，即对前来朝贡的外邦赐以异常丰厚的回赐，以彰显"天朝上国"的恩德，有时甚至不惜以牺牲国计民生为代价，可谓"打肿脸充胖子"。而且，这种朝贡关系以政治稳定、经济发达为前提，强调的是双方在政治上的从属关系。而此时的北魏，其外交格局与大一统的中原王朝有着很大的区别，他们并不喜欢以沉重的经济代价来换取"天朝上国"的虚名，而是讲究实惠的。所以北魏早期的统治者在朝贡问题的处理上，与其他中国古代的王朝有着很大的不同，对用朝贡和回馈的模式来处理外交关系，并不像其他中原王朝那样积极和热衷。从这一点来看，北魏的统治者是非常务实的。

万国来朝

大魏皇宫永安殿。

今日的永安殿里，气氛虽然说不上是喜气洋洋，但也绝不像以前那样严肃。空气中弥漫着一种喜悦祥和的味道，令值守的宦官也是醉了。

阶下，鸿胪的官员正在向文成帝汇报："前来朝贡的有保达、沙猎、疏勒、渴槃陀、库莫奚、契丹、厨宾、出于、吐万单、遮逸、波斯、嚈哒、普岚、粟特、于阗、扶余、居常……"

一长串先后前来朝贡的国家的名单念下来，令起先还有几分喜悦的文成帝，有了几分昏昏欲睡的感觉，更别说旁边坐着的高允等人了。

文成帝听着有点乏味，打断道，"你们鸿胪就是与外国打交道的，可知他们对我们的回赐，都有什么意见？"

"禀陛下，"鸿胪的官员回道："自从他们发现我们不会给他们大量的回赐之后，有些贪慕财货小利的国家有些怨言，那也不值一提。大多数的国家倒不是冲着我大魏的回赐而来，他们对我们的物产很感兴趣，已经开始和我大魏进行贸易了。"

文成帝点头道："嗯，那就不错。我大魏于战火纷飞中崛起，目前还缺乏足够的实力，不能对他们的朝贡给予丰厚的赏赐，不然影响到了我们的国计民生，莫非他们还会负责不成？"

"是，陛下圣明！"旁边坐着的高允也已然被吵醒，接过话头，"如果有国家因为回赐不丰厚而不愿意再与我大魏进行联系，这样目光短浅的国家不交也罢。"

"令公所言极是。我们不做冤大头！"文成帝又示意鸿胪的官员，"继续。"

鸿胪的官员继续汇报："派遣使者入朝献纳的还有蔫王、契啮、思厌于师、疏勒、石那、悉居半、渴槃陁、高句丽……"

"等等！"文成帝与旁边的高允同时来了精神，打断了官员的汇报。

"你刚才说高句丽？"文成帝倾身问道。

"是的！"官员拱手答道。

文成帝与高允对视一眼，高允笑道："恭喜陛下，万国来朝啊！连高句丽都被感召了。"

文成帝冷哼一声，骂道："他们还好意思来？"

也难怪这君臣二人对高句丽如此态度，这里有个历史遗留问题。太武帝拓跋焘在位时期，北魏就与高句丽正式建立了朝贡关系，但在北魏灭北燕时，高句丽出兵帮助北燕，但仍然没能挡住北魏的铁骑，于是北燕的冯弘举国逃亡到了高句丽。北魏要求高句丽引渡冯弘，高句丽王没有把冯弘交出去，于是与北魏交恶。而冯弘虽说逃到了高句丽，暂时安全了，与高句丽王的距离也拉近了，但美却没了，双方处得越来越不愉快，后来高句丽王一气之下，把伺候冯弘的人都撤了，还拘捕了冯弘的太子当人质。冯弘一看这阵势，再在高句丽待下去也没什么意思了，就派人联系南朝的刘宋求包养，刘宋就给高句丽下令，要求高句丽把冯弘送到刘宋。这一下子可惹恼了高句丽王，高句丽王说："你们都以为我是什么啊？你们想怎么使唤就怎么使唤啊，我是堂堂高句丽王啊，我也有我的威风。"于是高句丽王大展神威，给冯弘来了个满门抄斩。就这样，可怜的高句丽没吃上猪肉却惹了一身骚，没头没脑地把北魏和南边的刘宋都给得罪了。后来，高句丽认为南朝更强大一些，能给他足够的安全感，又向刘宋献媚，但和北魏之间，双方关系从太延五年（439）开始一直就处于冷冻期。

和平三年（462）三月，与北魏中断使节往来达二十三年之久的高句丽，派使臣出使了北魏。高句丽的外交态度在这时候向北魏发生了倾斜，也意味着北魏与刘宋之间的力量对比在这一时期发生了改变，高句丽转而向北魏求包养了。

对于这段历史，文成帝很清楚，于是他给鸿胪的官员下令："对于高句丽，不做任何回应。"

鸿胪的官员点头称是。就文成帝这一句话，断绝了高句丽与北魏恢复关系的念想。文成帝时期，高句丽曾两次来使，但北魏均未做回应，与高句丽的官方关系还处于冷漠状态。

接下来，鸿胪的官员继续进行汇报。

官员在下面汇报得起劲，文成帝却失去了兴趣。一旁的高允看得真切，向鸿胪的官员道："说说刘宋的事吧。"

"刘宋？"官员疑惑地抬头看了眼高允，随即明白过来，将手中的册子向后翻了翻，开始汇报有关刘宋的内容。

北魏对于南朝的刘宋政权，一直保持着复杂的态度。刘宋亦然。北魏称刘宋为"岛夷"，刘宋称北魏为"索虏"，双方互相在言语上攻击对方。但怎么说也是邻里邻居的，低头不见抬头见，双方爱恨交加，不定时地也互派使者交涉往来。在南北史书的记载上，魏、宋双方都在贬低对方，如《魏书》和《宋书》中都称对方向自己朝贡，但是实际上南北双方是一种平等的贸易关系。

在太武帝拓跋焘以前，北魏与刘宋之间交往的一个主要议题，就是和亲。这主要是因为北魏在前期表现出了鲜明的少数民族政权的特征和心理，他们急于融入中华大家庭，所以将南方的刘宋看作中原王朝，试图与刘宋和亲。但与刘宋提了三次，刘宋依违不决，因而就一直拖了下来。太武帝崩后，兴安元年（452），就是文成帝上任的这一年，南北双方打了一仗，此事在前文提过，不再赘述；再加上文成帝这一代人在心理上已经是相当汉化了，因此就不再提和亲的事了。

453 年，宋孝武帝上台后，文成帝派使者出使刘宋，商量要互通贸易，宋孝武帝在与本国的公卿大臣商议后，同意了文成帝的意见，于是两国官方开始了贸易关系。

到了太安四年（458）冬，双方又打了一场前文曾提到过的青州之战，双边关系又紧张起来。

就这样，南北双方就像小两口时不时地闹个别扭，弄得两人都很不爽。

不爽该怎么办呢？再和。

于是到了和平元年（460），双方一拍即合，每年贸易往来不绝。在这期间，有一位北魏的外交人员特别耀眼，他名叫游明根。

游明根本是官宦人家子弟，在幼年时家中突变，沦为一名牧童。但他始终不忘学业，发奋学习，处身以仁和，接物以礼让，终于得到了大显身手的机会，先后任职都曹主书、假员外散骑长侍、冠军将军、东青州刺史、加授员外常侍、散骑常侍、平东将军、东兖州刺史、给事中、议曹长、大鸿胪卿、尚书……可以说履历相当丰富，将大魏的官职轮了个遍，还晋爵为"安乐侯"。游明根先后出使南朝三次，很受刘宋国人的敬重，就连刘宋的皇帝孝武帝刘骏，都"称其长者，迎送之礼，有加常使"。给予游明根极大的礼遇。

总而言之，从牧童到高官，这是一个北魏版的励志故事。而这个励志典型的出现，也进一步说明了文成帝时期的政治、吏治，还算清明、严明，不然游明根这个没依没靠的没落子弟不会有出头之日；同时也说明这一时期的北魏基本上是以和平手段对外行使主权的，这在客观上极大地促进了各民族的融合。所以，我们在观史时，与其他的政权相比，文成帝时期的北魏是相当靠谱的。

第十一章　曲终落幕

一个半男人

这些天来，有一个半男人成为北魏官场中炙手可热的新晋权贵。那"一个"，名叫乙浑，是朝廷里的高官；还有"半个"，是宫中的宦官，名叫林金闾。

这一个半男人，都是因为傍上了常太后的大腿，才渐渐威风起来。

常太后认识乙浑，纯属缘分。

那一天，整日吃斋念佛的常太后在宫中有些烦闷，就带着车驾出了皇宫，到平城里的集市散心去了。

坐在车里，常太后正开心地在窗子里观看外面的热闹，心里正悠闲着呢，不知什么时候跑出来几个小孩子，在集市边上放炮仗，突如其来的巨响把太后所乘的马车的挽马给惊了，那挽马一声嘶鸣，两条前腿腾空跃起，紧接着就不顾一切地带着马车胡乱奔跑，把车上的常太后吓得六神无主。事发突然，后面的随从们追也追不上，眼看着马车在街道上飞驰，所过之处，街两边的摊位被撞得一片狼藉，路人都被惊得大声呼喊，四散奔逃，而常太后更是在马车上叫天天不应、叫地地不灵。

这个时候，缘分来了。从街边飞速跑出一名男子，像一支箭一样追了过去，一把抓住了挽马的缰绳，使劲一勒，硬生生地把马车停了下来。

车上的常太后早已被吓傻，捂着脑袋蜷缩在那里。直到随从们赶过来"太后，太后"地呼喊着。常太后才清醒过来，她坐直了身子，看着外面那位如同踩着七色的云彩来拯救她的英俊帅气的男子，久久没有出声。

那男子看到常太后望着他，立刻从马上下来，大大方方地揖首行礼。

常太后整了整耳鬓散乱的头发，吩咐身边的人："赏。"

"谢太后！"男人不卑不亢地躬身道谢。

常太后没有说话，放下了帘子，车驾缓缓移动，留下那个年轻帅气的男子，仍在原地保持行礼的姿势。

回到宫中，常太后任由太医给把了脉，又开了参汤压惊，却一直沉默不语。但她的心中，越来越躁动不安，仿佛泛起了豆蔻年华之时才会有的涟漪。久在深宫，所接触的只有后宫的嫔妃以及那些身上缺了零部件的人，即使朝中的大臣，见了她的面，也是细声慢语地一派斯文，何曾见过这等孔武有力的英俊男子？即使是在未进宫前，也未曾见过。

常太后越想越坐卧不宁。那名男子拉住惊马时的英姿，面对她时的不卑不亢，面对赏赐时的淡然，都在她的心里种下了一颗种子。这颗种子在短短的时间之内，已经成长为参天大树，遮蔽了她的心房，再也容不下其他的什么物事。

常太后拿起面前的参汤，仰起脖子，一口气喝了下去。喝完以后大口喘着气，吩咐下人："查。"

不多时，那名在平城街头救了常太后一命的男子的情况就查清楚了。他叫乙浑，也是鲜卑人，自幼习武，十八般武艺样样都能来几下，是军队里的教官，负责在校场上带着士兵们练习武艺……

当常太后在想着乙浑的时候，乙浑也在家里想着常太后。

乙浑这个人，长得确实帅气，浓眉大眼、身体强健，是典型的招游牧民族的女人们喜欢的勇士。那天在平城街头，乙浑正巧看到了常太后的车驾，只看车队的豪华阵容，他就知道车中坐的绝不是一般人，他就想入非非了：如果能够傍上这种人物，这辈子可就发达了！

正胡思乱想着，那位大人物车驾的挽马突然受了惊。机会来了！他没有过多思考，毫不犹豫地出手了。结果，一招制敌，马到成功。

郎有情妾有意，心意相通、你情我愿的，这一男一女很快就走到了一起。由于获得了当朝皇太后的垂青，乙浑的官职一路飙升，从车骑大将军、东郡公到被晋封为太原王，最终又被任为丞相，位在诸王之上，可谓土包子开花、母鸡变成了凤凰。

由母鸡变成凤凰的，除了乙浑这个男人之外，还有半个男人，就是常太后身边的宦官林金间。

每个为所欲为的皇太后的背后，都有一个胆大包天的宦官。常太后的背后，就是林金间。

常太后与林金间之间，倒是没有什么"踩着七色的云彩来拯救她"的浪漫故事，他俩之间属于日久生情。当然作为一个宦官，林金间与常太后之间不可能发生什么男女之情，他俩之间的关系更像是闺蜜。

作为一个闺蜜，林金间是典型的沟油海心。他丝毫没有奴婢的自觉，对待国家大事的积极性、责任心、事业心不是一般的高涨，在维护常太后的权威和利益方面，呕心沥血、废寝忘食、殚精竭虑。文成帝在常太后的影响下所做出的许多血淋淋的决策，其实都是出自林金间的手笔，如太尉普忸、广平王独孤浑遗、京兆王杜元宝、永昌王拓跋仁等等这些大员的死，都是林金间在太后的背后出谋划策，进而影响了文成帝的决策，充分体现了一名太后背后的宦官的带头作用和表率作用。所以，林金间和乙浑一样，渐渐成为了常太后集团的主要成员，深得常太后宠爱。

就这样，有了当朝太后做倚仗，乙浑和林金间这一个半男人成为整个北魏帝国说一不二的人物。除了太后和皇帝两人，他们谁都不放在眼里。

小人得志，必然不会一心为公。一个是蓄谋已久投机钻营，一个是除了权势别无可恋，他们开始互相勾结大肆排除异己，培植亲信党羽，搞得朝野上下一片乌烟瘴气。别人都对他们敢怒不敢言，唯独陆丽这位直臣敢于与之斗争，多次在朝堂之上与乙浑、林金间两人争执，当面数落他们欺凌朝臣的行为。但是由于有常太后在背后撑腰，文成帝碍于常太后的面子，又考虑乙、林两个小人物翻不出自己的手掌心，就没有过多关注此事，使得乙、林两人的气焰更加嚣张、胆大妄为。

由于多次遭陆丽当众批评，乙、林两人怀恨在心，再加上常太后的乱作为、文成帝在此事上的不作为，为即将发生的一起祸事埋下了隐患。

常太后终托磨笄山

温泉宫之北有山，名曰"磨笄"。

磨笄山现在名为鸡鸣山。鸡鸣山就在今河北省张家口市下花园区东侧两公里处，距张家口市五十公里。它虽然草木繁茂、气势壮观，但与其他名山大川相比，算不上是什么胜地，却依然是远近闻名的香火旺盛之福地。究其原因，在于它是一座有故事的山。

春秋末年，晋国势力扩张，执掌国政的范、中行、赵、魏、韩、智等大夫们开始瓜分土地，在政治、经济、军事等各个领域进行了全方位的角逐。这些大夫们中间有位赵简子，他为了联合周围的势力以壮大自己，先后采取了很多办法，其中包括联姻。为了拉拢邻国代国的力量，赵简子把自己的女儿嫁给了代国的国君，是为代王夫人。晋定公三十六年（前476），赵简子病逝，继承其位的是他的儿子、代王夫人的弟弟赵襄子。

赵襄子是个野心勃勃的人，他看上了代国的土地和人口。在为父服丧期间，他迫不及待地在夏屋山（今山西省代县北）摆下酒宴，邀请他的姐夫代王前来会盟。作为赵襄子的姐夫，代王欣然赴宴。酒宴之上，觥筹交错、宾主互敬，一片其乐融融的景象。待酒过数巡，赵襄子发出暗号，数名事先准备好的下人手执长柄铜勺入席，假意斟酒。代王不疑有它，欣然接受。这些下人们在接近代王之后，趁代王没有防备，手持铜勺猛砸其头，一时间代王及其随从皆被砸得脑浆四溅，顷刻之间相继命赴黄泉。

代王死后，赵襄子趁着代国群龙无首，迅速出兵代国，将代国划入自己囊中。伴随着开疆拓土的喜悦和建功立业的兴奋，赵襄子想把姐姐代国夫人接回家。但代国夫人闻听消息，悲伤欲绝，号啕大哭。她无论如何都不能接受这一现实，弟弟谋杀了丈夫，她不知该如何自处。如果偏袒弟弟而忽视丈夫的死，是不忠；由于丈夫的死而怀恨弟弟，是不义。她既不能"以弟慢夫"，又不愿"以夫怨弟"，在忠和义之间该怎么选择？一个纤弱的女子做出了自己的决断，她独自上了一座山，把自己束发的笄取了下来，在山石打磨锋利，将其决绝地插入了自己的喉咙……

代王夫人死后，代国的百姓怜悯夫人，为其在那座山上建了一座祠堂。因为代王夫人在这里磨笄自杀，这座山从此就被叫作"磨笄山"。每天夜里，都有一群野鸡在祠堂顶上悲鸣，因此这座山又被称为"鸡鸣山"。

就是这么一座有故事的山，在代王夫人磨笄自尽的一千年之后，又迎来了一拨特殊的客人。

太安四年（458），文成帝带着常太后东巡，来到了这里。

一路上，坐在牛车里的常太后心中百感交集。她这一辈子，穷困过，也辉煌过，但这些在她的眼中都没有多么重要。在她的心里，最重要的是小皇帝乌雷直勒。她的亲生孩子在二十多年前来魏国的路上早已走散了，一直没有找到。她命人遍寻亲人，但是她的丈夫和孩子一直下落不明，不知是在常氏进宫之际就被除掉了，还是因穷困或灾难而消失在兵荒马乱之中了。乌雷直勒是吃着她的奶水长大的，她把全部的感情都寄托在了乌雷直勒的身上。在乌雷直勒遇到危险的时候，她像只护崽的老母鸡一样张开双翅呵护着他；在乌雷直勒前行的时候，她又奋不顾身地冲在前面，为他扫清路上的障碍。即使乌雷直勒为此与她产生了隔阂，她也无怨无悔，并且为了乌雷直勒的长大、成熟而高兴。当母亲的，怎么能跟儿子计较呢？

这些年来，她与乌雷直勒的关系越来越生疏，已经很久没有在一起聊天说话了。而外出巡幸，旅途无聊，这是一个交流的好机会。

几个月之前，在太安三年（457）十月，那是她们娘俩这些年来第一次出行。文成帝陪着她巡幸了她的故乡，一路上两人说了很多话，文成帝对她颇为孝顺，这令她感动不已。

事隔几个月之后的今天，文成帝又带着她东巡。她不知道文成帝这是什么意思，如此频繁的巡幸令她感到不安。直到她们的卤簿进了广宁郡（今河北涿鹿西）的温泉宫，她才明白这种不安的由来。

温泉宫之北，是磨笄山。

在文成帝的陪同下，常太后上山进行游览。上了山顶，才见有一祠堂，堂上一块匾额上书"磨笄祠"。常太后不知"磨笄"二字之义，便问道："这是谁的祠堂？怎么起了'磨笄'这么奇怪的名字？"

文成帝正等她发问，于是准备充足的她，慢条斯理地讲起了代国夫人的故事。

文成帝讲这个故事时，声音低沉，又代入了自己十足的感情。他回想起自己的亲身经历，虽然已经过去很多年了，但那种最亲近的人之间互相敌视残杀、自己却无能为力的感觉仍然痛彻心扉。皇帝这种奇怪的生物，他们为了自己的皇位、抱负、理想，会毫不手软地杀掉任何敢于藐视他们权威的人，包括他们的亲人，这就是他们的政治性。亲情对于他们来说，是极度奢侈的东西。但作为一个自然人，他们又极其渴望宝贵的亲情。他们对于来之不易的亲情非常在乎，投入至深，所以又对身边亲人的忤逆和背叛极度敏感。就是在这种心理的作用下，文成帝将代国夫人引为知己，又带着常太后来凭吊，以此表达自己的怒意。

听完代国夫人的故事，常太后心头一片寒凉。一直以来她做的那些事，她自认为是问心无愧的。不论是依"故事"做事，还是为文成帝挑选一个合适的皇后，都是她身为皇太后所必须做的事。不然，祖宗旧法如何执行？后宫的纯洁，如何保证？

每次这么一想，常太后总觉得自己光荣伟大正确无比。至于自己是不是太顽固，和文成帝之间是不是有理念性的冲突，她从来没有考虑过。她根本没有意识到这方面的问题。我都是按照祖宗旧法做事的，凭什么埋怨我？好像谁有私心似的。至于到底有没有私心？唉呀呀，你们不是说"人非圣贤，孰能无过"吗？我也是个人啊，又不是圣人，做事情时候掺杂了一点点私心，那又有什么大不了的呢？又不影响大局。别说我没有私心，就算有，那又有什么不对的呢？阿弥陀佛，人生为己，天经地义，人不为己，天诛地灭……

可是，别管我多么光荣伟大正确，你们就是不理解我是不是？那好吧，反正我作为一个保姆，是入不了你们的金陵的，那我也学学当年的窦太后，自己挑选个陵寝，我看眼前这座孤峰就不错。代国夫人不是以死明志吗？当谁做不到似的，我也给你们来个以死明志！

于是，此保太后常氏，学着当年彼保太后窦氏的口气和神态，在山巅之上顾谓左右曰："此山之上，可以终托。"

说完这八个字以后，常太后不再理会任何人，自顾往山下走去……

回到平城以后，常太后自觉生无可恋，心灰意冷，就此身体和精神都垮掉了。躺在病床上，她经常想景穆恭皇后郁久闾氏，赫连太后，还有李贵人，她们所去的那个世界，是个什么样子的。

和平元年（460）三月，天空上出现了"月掩轩辕"的异象，文成帝派高人占卜，得出结论："女主恶之。"四月十二，常太后在魏都平城的寿安宫中寿终正寝。文成帝遵常太后遗愿，将其葬在了广宁磨笄山的陵寝之中。又在山前为常太后建立了寝庙，并树碑立传，还安置了两百户人家，为太后守陵。同时，文成帝还思其平生功绩，为皇太后常氏追谥为"昭"，史称"昭太后"。

文成帝的功绩

操办完了常太后的丧事，文成帝长长地呼了一口气，仿佛这么多年来的不满、郁闷、矛盾的心情，全被吐了出去。

总算没有人掣肘了！文成帝高兴地想。于是，他开始大肆分封拓跋氏的族人。他将皇弟拓跋小新成封为征东大将军、济阴王，命其镇守平原（今山东省济宁市汶上县）；将异母皇弟拓跋天赐封为征南大将军、汝阴王，镇守虎牢（今河南省巩义市东北）；将皇弟拓跋万寿封为征东大将军、乐浪王，命其镇守龙城（今安徽省宿州市萧县）……文成帝的兄弟们都被委以重任，自己的统治更加稳固了，大显身手的时候到来了！

一直以来，文成帝都在稳步推进他的事业，在接下来的几年里，他更是放开了手脚，大刀阔斧地进行着。还奴为良、轻徭薄赋、整顿吏治、移风易俗……所有他能够想得到的事，都会去尝试一番。之所以这么自找苦吃，是因为他的耳边经常又响起当年那句话："自己，拓跋，天下。当皇帝，为的是哪一个呢？"

刚开始想到这个问题，他会有些迷茫。慢慢地，随着他施政经验的积累和能力的提升，他的思路也越来越清晰。自己是谁？是大魏的皇帝。只要大魏变得强大，自己不就高枕无忧了？只要自己能够努力施行仁政，大魏不就会变得越来越好？至于拓跋，只要自己和大魏都好，拓跋怎么会不好？只要大魏这里风平浪静、安居乐业、国富民强，还怕四海不宾服、天下不归心吗？所以，自己、拓跋、天下，不就是一回事吗？这其中的关键，就在于自己是否施行仁政。

仁政者，省刑罚，薄税敛，深耕易耨；壮者以暇日修其孝悌忠信，入以事其父兄，出以事其长上，可使制梃以挞秦楚之坚甲利兵矣……这是文成帝的理想，在这个理想的指引下，文成帝在社会经济、政治、民风、吏治等各方面都取得了较大成就。

太武帝拓跋焘在位期间，穷兵黩武，国内矛盾空前尖锐，已经到了即将崩溃的边缘。文成帝即位之后，准确地对当前形势进行了判断，认为北魏经历了几十年的大量内耗，目前的当务之急是休养生息，使国家走上正常运转的轨道。所以这些年来，文成帝多次下诏，诏令的核心内容包括劝农课桑、大救天下、整顿吏治、宣传教化，其中整顿吏治的内容占了很大比重。这也是北魏政治清明，百姓能够安居乐业的原因。

由于政治清明、社会安定，从太安二年（456）开始，北魏再也没有出现过有关谋逆的事件，说明文成帝的文治政策已经取得了效果，稳定了太武帝去世以来的北魏政局。

自北魏立国以来，畜牧与射猎收入一直占有很大比重，直接影响鲜卑部众和皇室的生活结构。《魏书》记载："国家马及牛羊遂至于贱，毡皮委积。"但到了文成帝时期，这种景象再也没有出现过。这说明畜牧经济对北魏财政的影响在下降，北魏的生产方式和生活习惯已经发生了重大变化，拓跋鲜卑在汉化的路上已经走向深入。

在文化方面，文成帝有一个突出贡献，就是解除佛禁、开凿云冈石窟。在文成帝时期，生活在北魏境内的民族已有许多，面对不同民族的文化差异，文成帝选择用佛教来统一各族的思想，并开凿了在佛教史上占有重要地位的云冈石窟，给后世留下了宝贵的遗产。而且，随着云冈石窟的开凿完成，佛教自传入中国以来的中国化演变也基本完成了。

文成帝在位期间，各民族之间的关系也有了新的发展。北魏自道武帝拓跋珪立国以来，相继征服了周边许多民族。其中一些民族，如丁零、氐、羌等民族，即使在被征服之后，也仍聚居在一起，内部社会结构非常紧密，往往容易形成一种与拓跋政权对抗的力量。如何处理与这些少数民族的关系，始终是北魏统治者的一个难题。文成帝继位以来，在处理民族关系方面，采取"养威布德，怀缉中外"的策略，以稳定内地、巩固边防为务，促进了民族关系的新发展。

文成帝这些年来的仁政措施，还有一大亮点，就是养老。为了解决北魏面临的人口老龄化的问题，文成帝于和平二年（461）多次赴中山（今河北定县）、邺郡（今河北临漳）等地进行调研视察，其中重要的一项工作，就是了解老人的养老问题。史载文成帝："舆驾所过，皆亲对高年，问民疾苦。诏民年八十以上，一子不从役。"在多次调研之后，和平四年（463），文成帝制订了一个以京师平城为试点的养老保障计划并付诸实施。《魏书》中记载："四年春三月乙未。赐京师民年七十以上太官厨食，以终其年。""和平四年春，诏赐京师之民年七十已上太官厨食以终其身。"当时的平城作为北魏的京师，人口众多，城里居住着鲜卑、汉、匈奴、羯、氐、羌、宾、高车、柔然、高丽等十几个民族的人口一百余万，其中老年人口为数众多。而文成帝完全让皇室财政出资，拨出专款赡养老人的创举，使平城成为南北朝时期我国率先解决养老问题的地区。可以说，文成帝为七十岁以上老人们提供的"免费午餐"，开创了后世养老保障制度的新模式，这对于提倡孝道、完善社会养老体制，都具有里程碑式的意义。

……

一样一样盘点下来，文成帝和冯皇后小两口有些小激动。没想到刚十余年的功夫，文成帝就已经取得了这样的成绩，而且所有的措施都是在稳步推进，丝毫没有引起社会动荡和反弹。作为一个才二十岁出头的小青年，文成帝压抑不住自己的成就感，将自己所有的经验与想法一样一样地与冯皇后进行交流。冯皇后也是一名优秀的聆听者，总是安安静静地听完文成帝的话，然后给一些鼓励或者建议。有时候冯皇后提的建议激进了一些，文成帝就摆摆手："不着急，稳定为主。我至少还有几十年的时间来治理这个国家，慢慢来！"

这话没有说错。以文成帝的才干，如果再给他几十年的时间，能够将拓跋鲜卑的这个政权治理成什么样，很难想象。也许他会带领着北魏一统华夏大地，也许他会将北魏治理成中国历史上的又一个高峰，也许他会将中国的走向带上一条与现在完全不同的全新之路，也许……

有太多的"也许"，存在于这个年轻皇帝的身上。但这些"也许"仅仅存在于假设之中，我们根本没有机会来验证。

因为这些"也许"的前提是上天还能给这位年轻的皇帝几十年时间。

但事实是谁也没有料到的，他已经没有时间了。

最后的托付

和平六年（456），文成帝病倒了。

这次病来得很突然。前些天，文成帝还持着拜占庭献来的宝剑，跨着大宛国献来的汗血宝马，兴致勃勃地出去春搜了一趟，没想到回来以后就病倒了。冯皇后召太医仔细看了看，太医说可能是因为春寒未消受了风寒，开了几剂祛除风邪的药了事。可是几服药下肚，一点好转都没有，文成帝浑身像炭火烧似的，人都烧得昏迷不醒了。

这下可把冯皇后吓坏了，又把太医召了来。一众太医重新号了脉开了药，每天汤药灌下去一大碗，又是针灸又是推拿的，连着折腾了好几天，仍是不见好转。太医们捻着白胡子会诊了好几次，可是谁也拿不出个有效的方案来。冯皇后陪在文成帝的病床旁不知哭了多少次了，眼睛肿得不成样子，可还是一点办法都没有，只好每日里拜佛念经，祈求文成帝早日好起来。

这一日午后，昏迷了几天的文成帝忽然睁开了眼睛，这令冯皇后又惊又喜。

冯皇后赶紧让下人端上参汤来："陛下，您多日没有进膳了，先喝点参汤吧！"

文成帝没有理会，轻启干裂的嘴唇，虚弱地说出两个字："太子……"

"什么？"冯皇后一怔，紧接着反应了过来，吩咐身边的宫女，"去领太子过来！"

不多时，太子拓跋弘被带到了文成帝面前。拓跋弘来到床榻前，乖巧地跪拜行礼："儿臣叩见父皇！"

看到了拓跋弘，文成帝的眼神无比柔和，他对着儿子道："平身吧。"

拓跋弘起来站到了文成帝的面前，关切地道，"父皇，您好点没有？"

"好了，父皇这就好了！"文成帝回答，看到了儿子，他的状态明显好多了。

文成帝拉住拓跋弘的手，叫着他的乳名："第豆胤，今年几岁了？"

"儿臣十二岁了。"

"十二岁，都这么高了！父皇十二岁的时候，可没你高。你比父皇强！哈哈哈……"看着文成帝明显好起来的样子，旁边的冯皇后一阵高兴，太医们的心里也轻松了下来。

"来，父皇考考你的学业怎么样。"文成帝高兴地道："继自今嗣王，则其无淫于观、于逸、于游、于田，以万民惟正之供。后面是什么？"

拓跋弘晃着小脑袋不紧不慢地道："无皇曰：'今日耽乐。'乃非民攸训，非天攸若，时人丕则有愆。无若殷王受之谜乱，酗于酒德哉。父皇，这段话的意思是说为君者，不能贪图安逸享乐，而是要为万民的事尽心尽力。儿臣谨遵父皇教诲！"

"好，好，好！"文成帝连道三个"好"，放声大笑起来。笑着笑着，竟然不用人扶，自己坐了起来，面颊一片潮红，精神头异常地好。一旁围着的太医见了，皆面面相觑，互相从对方的眼中看到了一丝忧虑，都暗道"不好"。

文成帝抚摸着拓跋弘的脑袋道："第豆胤啊，父皇是十四岁登极的。但你比父皇强，你即使十二岁登极，也一定能做个好皇帝！"

"父皇，儿臣……儿臣……"拓跋弘一时被吓得不知该如何回答，他虽然年纪小，但也明白涉及皇位的事，可不是闹着玩的。他看向旁边的冯皇后，向皇后求助。

冯皇后拉过拓跋弘，笑着对文成帝道："陛下您说什么呢，您可别想偷懒，把事情都甩给第豆胤。咱大魏还有许多事情需要您做呢。您怎么也得再忙个几十年，第豆胤啊，就在您身边多学习吧！"

"是的是的！"拓跋弘忙不迭地点头，"儿臣还得跟您再学几十年才行！"

文成帝没有答话，只是嘴里喃喃念着："几十年，几十年……"随即坐在那里低下了头，如陷入了深思一般。

冯皇后慢慢地瞧出不对劲来，扭头看看那些太医，却从太医们的脸上看出了一种惊恐。冯皇后的心一下子沉到了万丈深渊，感觉自己的手脚瞬间一片冰凉。

这时，文成帝又抬起了头，对着冯皇后道："皇后，这些年委屈你了。"

冯皇后努力让自己的眼泪憋了回去，压抑住自己的哭腔，答道："陛下，咱们夫妻一体，您说这些干吗呢。您刚好转一点，别多说话了，休息一会儿……"

"不，必须说！"文成帝仿佛心里有什么预感，继续道："从刚开始认识的时候，你就跟着我担惊受怕……咳咳……后来好了，没有人能欺负咱们了，你又整天操持着宫中的事。咱们夫妻俩好不容易见上一面，说的却也是公事。这么多年，我没给你留下一儿半女……咳咳……"

冯皇后听着听着，早已忍不住眼泪，扑到文成帝的怀里大哭起来。旁边的太医、奴婢们，也都跟着抹眼泪。

看到大家的样子，文成帝却笑了："你们哭得这么伤心，莫非是怕朕会下了阿鼻地狱吗？不会的，朕给自己算了，应该是能去极乐世界的。"

他这么笑，其他人却哭得更厉害了。只有冯太后慢慢止住了哭泣，擦了把眼泪，对文成帝道："陛下，您还有什么要交代的？"

文成帝想了想，慢慢道："目前，有很多无主的土地，都要变成荒地了，应该想个妥善办法给百姓分下去，好歹能多打些粮食；那些豪强们的坞堡，要坚决取缔，人口都要归我大魏；太学的力量还应加强，要用儒法教化万民；不能任由文武百官自行取得收入，朝廷要发放俸禄；还有，武周山的石窟寺，香火不要断了……"

文成帝每说一条，冯太后就流着泪点点头，认真地默默记在心里。只听文成帝继续道："这些事，本来我是准备用几十年时间慢慢去做的，只可惜……第豆胤还小，你要多帮他！"

251

　　冯皇后正要说话，被文成帝拦住了。接下来，仿佛觉得自己时间不多了，他的语速越来越快，但声音却越来越小："皇后啊，你要记住……虽然我们占据了中原这么大块土地，但是如果不改变自己的话，迟早是要被赶回去的……"又看着拓跋弘道："第豆胤，凡事切莫操之过急、意气用事……你要多听皇后的意见，不能固执己见，知道了吗？"

　　见拓跋弘点头答应，文成帝笑了："好，好！第豆胤，你会是个好皇帝，可惜，你阿母李贵人，她看不到了……李贵人，你等着，我这就来了……"

　　文成帝的声音越来越低、越来越低，即使冯皇后和他脸贴着脸，却再也听不到任何声音了……

　　和平六年（465）五月十一，文成帝在平城皇宫中的太华殿驾崩，时年二十六岁，谥号文成皇帝，庙号高宗。

谢幕

　　初夏的塞北，寒意早已退去，树木发出了葱郁的绿色，万物开始萌动，一切都生机蓬勃。但在平城的皇宫里，却一派肃杀。

　　皇帝的丧事还没人操办，冯皇后和太子拓跋弘却被赶进了皇后的寝宫，不得出门一步；宫门全部被关闭，断绝了与外界的一切往来……很显然，这里正在酝酿一场大阴谋。而酝酿阴谋的人，正是曾经的昭太后常氏身边的一个半男人——乙浑和林金闾。

　　在文成帝驾崩的那一刻，乙浑的野心突然空前膨胀起来。

　　野心这个东西，和一个人的出身没有关系，却和这个人所处的位置有关。乙浑身为常太后在世时的亲密伙伴，文成帝念着常太后的旧情，一直对他礼让有加，给予优厚的待遇。在文成帝驾崩之时，乙浑身兼侍中和车骑大将军二职。侍中这一职位，是北魏事实上的宰相，而车骑大将军又是侍卫军的实际掌控者。这样一来，在政、军两界都握有大权的乙浑，就从文成帝驾崩这件事中看到了机遇。虽然事发突然，他还没有策划好该怎么做，但把事情控制在自己手里总是没错的。于是，自文成帝驾崩的那一刻起，他就和林金闾勾结起来，下令紧闭宫门，封锁消息，并把冯皇后和太子拓跋弘关了禁闭。

当时在宫里的，还有三位大臣，他们是尚书杨保平、平阳公贾爱仁和南阳公张天度。他们看到乙浑和林金闾二人如此胆大妄为，就去找他们理论，结果被乙、林二人给杀害了。

宫中发生了这么多事，外界却毫不知晓。众人只见今日宫门紧闭，却又不知发生了什么事，都在议论纷纷，却不知该如何是好。身为宗室大臣的殿中尚书、顺阳公拓跋郁是个暴脾气，他知道宫里肯定是出了什么变故，于是带着几百名卫士砸开了皇宫的顺德门，闯进了宫里。

听说拓跋郁带兵闯了进来，乙浑赶紧迎了出来，问道："不知尚书硬闯皇宫，是何用意？"

拓跋郁怒道："见不着天子，满朝文武都很忧虑。所以我是特地来见天子的。见到了陛下则好，如果陛下有个三长两短，哼，别怪我剑下不留活口！"

拓跋郁如此强硬，乙浑一时有些害怕，他只好将文成帝已经病故的消息如实相告，并告知拓跋郁，准备迎太子临朝。

拓跋郁知道文成帝近来病重，听到这个结果并不意外，心道：也只能这样了，便准备退出。正在这时，手下人来禀告：杨保平、贾爱仁和张天度三位大臣已经遇害！拓跋郁顿时怒不可遏，命令卫士们拿下乙浑。

乙浑为了活命，将所有事情都推到了林金闾的身上。可怜的林金闾，正在自己的住处做着美梦，就被拓跋郁给绑走了。

由于事情已经败露，乙浑见事情不可为，就老老实实地在第二天请太子临朝。于是，当年李贵人在阴山所生的大皇子拓跋弘，于和平六年（465）五月十二登临帝位，是为献文帝。献文帝即位后，下诏大赦天下，尊奉嫡母皇后冯氏为皇太后。

　　按照北魏习俗，皇帝驾崩后的第三天，要将他生前所穿过的衣服、用过的器具全部焚毁。五月十四日这一天，全国缟素，文成帝生前的穿用物品，全部被码放在了一个空地上，在司礼官员的主持下，一把熊熊大火吞没了文成帝留在这个世上最后的物品。

　　大火燃起来的时候，已经晋升为皇太后的冯氏早已哭得声音嘶哑，几乎晕了过去。她想起了小的时候，乌雷直勒哥哥将一只在草丛里逮住的蚱蜢扔给她，吓得她"哇哇"乱叫；她想起了乌雷直勒哥哥冒着被常保姆骂一顿的风险，爬上树摘了几枝长长的柳条，编成花环给她戴上，然后装模作样地说：这位娘子，做我的夫人可好？她还记得，当有外人进入到鹿野苑的时候，他总以为遇上了什么危险，勇敢地把她拉到了自己的身后，试图用他那幼小的肩膀，为她遮风挡雨……可是，他怎么就走了呢？他才二十六岁啊！他还有很多事情想要去做啊！

　　冯太后一边哭，一边不禁大喊："乌雷直勒哥哥，你把我一个人扔在这里，叫我怎么活啊？让我随你一同去，路上也好有个伴……"哭着哭着，整个人都有些癫狂了，竟然一头扎进了大火之中！

　　众人大惊，七手八脚地将冯太后从火中救了出来，冯太后却已昏迷了，经过几天的抢救，又在榻上躺了好长时间，才恢复了过来。

　　养伤期间，冯太后躺在榻上想了很多事，伤好之后，她终于下了决断，重新振作了起来，她要帮助小皇帝拓跋弘，完成文成帝未竟的事业。可是还没等做什么事，就出现了一个先前就存在的麻烦。

　　这个麻烦，就是野心不死的乙浑。

　　作为一个手握大权的小人，乙浑公然欺负冯太后和献文帝孤儿寡母，自任丞相，行摄政之事，事无巨细全部都由他决断。

　　乙浑先是召他早已怀恨在心的陆丽回京。陆丽不知有诈，返回了平城，结果刚进平城，就被乙浑派人给杀害了。可怜一代名臣，就这样死于非命。

　　对于乙浑，还一部分人就想讨好他。羽林朗中素和其奴，负责审判之前被拓跋郁捉拿的林金闾。但素和其奴为了讨好乙浑，居然以罪证不明为由，不予追究林金闾的罪过，反而建议献文帝命林金闾为定州刺史。对于这个意外，林金闾喜不自胜，美滋滋地就去上任了。然而，令林金闾意外的事还在后面，乙浑怕他把过去的事情抖搂出来，在他上任之后，矫献文帝的诏，将他处斩。于是，这个不安分的宦官，就稀里糊涂地死在了曾和他一起并肩战斗的战友的手下。

曾经与乙浑做对的拓跋郁，以及其他敢于同乙浑做对的朝中大臣，都被乙浑一一处死。

随着事态的发展，乙浑渐渐不满足于仅仅"摄政"，开始预谋伺机发动宫廷政变。

多行不义必自毙。天安元年（466）一月，一直在暗中准备的冯太后发动了致命一击。冯太后暗中召回了宗室五王，即拓跋新成、拓跋子推、拓跋小新成、拓跋天赐和拓跋云。这五位宗王，前四位是当年文成帝分封出去的感情要好的亲兄弟，第五位拓跋云，则是当年分封出去的好兄弟的儿子。这几位宗王皆手握重兵。此时，文成帝当年布下的局发挥了作用。五位宗室之王看到文成帝家的孤儿寡母受了欺负，义不容辞，当即带兵杀回了平城，没有费多大力气，就将乙浑诛杀，还政于献文帝。由于献文帝年少，由冯太后辅政。

自此，北魏进入了长达二十四年的冯太后时代。在这二十四年里，冯太后两次亲政，按照文成帝的嘱托，亲手推动了继承文成帝遗志的"太和改制"，成为享誉千古的"文明太后"，为中华民族迈入大唐盛世做好了准备。当然，这些故事将是另外一本传记了。

纵览文成帝拓跋濬在位的十四年，有无数值得后人称道的地方：

他由一个养尊处优的"世嫡皇孙"，沦为一个寄人篱下、为保全性命而发愁的孩童，却又在众多直臣的支持下登临大宝、铲除国贼；

他的出生、成长环境还保留着奴隶制的游牧部落习性，他却致力于将整个民族带上封建化的道路；

他是拓跋鲜卑的首领，却用儒家思想来改造着他的民族和国家；

他接手一个武功赫赫的政权，却用他的理想和抱负将这个政权打造得灿灿；

他在全国上下武力扩张意识空前高涨的氛围中，全力推行"清除和弊"的政治改革；

他在太武灭佛之后、人心惶惶之时，解禁复法，为后世留下了文化艺术的瑰宝——云冈石窟；

他在天下各国彼此征战不休之时，推行"养威布德、怀缉中外"的和平外交；

他在国家建设处于紧要关头之时，施行轻徭薄赋、与民休息的养民之策；

他的所思所想，看似不切实际，却顺应天下发展大势；

他的所作所为，看似不合潮流，却符合历史前进方向。

他用文化的思考，成功带领北魏这个由游牧民族建立的政权，转型踏上了封建化的道路，为后面的太和改制打下了基础，打通了走向盛世大唐的道路，为中华民族文化的传承注入了新的活力。文成帝拓跋濬虽然在位仅十四年，但他成为北魏社会制度转型乃至中国历史发展的关键性人物。

北齐的魏收、唐代的李延寿在其分别编撰的《魏书》和《北史》中，对文成帝不吝溢美之词："高宗文成帝拓跋濬顺时而变，以平静加以镇抚，培养声威布下恩德，怀柔和睦内外的人。如果没有机敏善悟深情宽厚，以怜悯济民为心胸，又怎能做出这样的成绩？文成帝，可以说是具有为人之君的气度胸襟了。"

到了北宋，司马光在《资治通鉴》中这样评价文成帝："高宗文成帝即位以后，实行休养生息之策，平静镇抚，使内外归心，民心安定。"

由此可见，文成帝在北魏历代统治者中独一无二。即使放在整个历史长河中，文成帝也应该能够名列前茅。所以，文成帝拓跋濬完全担得起"千古一帝"这个称号。

故作诗云：

鹿苑逢春扫暮尘，金銮除弊见淳仁。

威恩养布三山靖，内外怀柔四海宾。

御射南巡彰美艺，君忧北狩化明伦。

雄儒有道传千载，大佛无边佑世人。

拓跋濬大事年表

440 年（太平真君元年），出生，鲜卑名乌雷直勒，汉名拓跋濬。

443 年（太平真君四年），随着祖父太武帝拓跋焘北巡，表现出王者风范。由于聪明通达，受到太武帝喜爱，被称为"世嫡皇孙"，常伴太武帝左右。

450 年（太平真君十一年），其父拓跋晃因被宗爱诬告，恐惧而死，被太武帝追谥为"景穆太子"。拓跋濬被封高阳王。

452 年（兴安元年），"正平事变"发生，太武帝拓跋焘被宗爱刺杀。

十一月，陆丽、源贺等人发动政变，迎拓跋濬即位，诛宗爱，改年号为"兴安"。封南部尚书、章安子陆丽为平原王。在保姆常氏授意下，封骠骑大将军拓跋寿乐为太宰、都督中外诸军事、录尚书事；尚书长孙渴侯为尚书令，加仪同三司。

十二月，拓跋寿乐、长孙渴侯二人争权，被文成帝赐死。

同月，生母郁闾久氏因"子贵母死"而薨。文成帝下诏，追尊景穆太子为景穆皇帝，皇妣郁闾久氏为恭皇后并葬于金陵，尊保母常氏为保太后。

453 年（兴安二年），一月，解除禁佛令，弘扬佛法。

同月，陇西屠各王景文叛乱，顺利平定；营州发生蝗灾，开仓赈济抚恤。

二月，封司空杜元宝为京兆王，尚书仆射、东安公刘尼进爵为王，尚书、西平公源贺进爵为王。

三月，司空、京兆王杜元宝谋反，被诛。建宁王崇、崇子济南王丽被杜元宝牵连，皆被赐死。

四月，尊保太后常氏为皇太后。

闰五月，太皇太后赫连氏逝世。

八月，因濮阳王闾若文谋反，征西大将军、永昌王拓跋仁受牵连，被赐自尽，女眷李氏被押解到平城，被文成帝看中，纳入后宫。

454年（兴光元年），七月，巡幸阴山。

八月，大皇子第豆胤出生。

十二月，与柔然交战，擒获柔然的将领豆浑与句等人，缴获战马千余匹。

455年（兴光二年），二月，将世祖、恭宗的牌位供奉在太庙。下诏曰："圣人的教化，是要从身边开始、由近及远推广而行的，所以周文王从身边的妻子、兄弟开始，以礼法待之，然后再推广至整个国家。教化之道是要从身边开始，恩惠也应如此。"

七月，为大皇子第豆胤起汉名"拓跋弘"，改元太安。

同月，派尚书穆伏真，带领一行三十人，对各郡县进行巡视考察，以整顿吏治。这是文成帝整饬吏治、施行与民生息的重要措施。

十一月，封皇太后常氏的长兄常英为太宰，进爵为王。

456年，（太安二年），二月，大皇子第豆胤的生母李氏因"子贵母死"旧例，被处死。立冯贵人为皇后。

三月，立大皇子拓跋弘为皇太子，大赦天下。

458年（太安四年），一月，因州镇五处曾遭受蝗灾，开粮仓赈灾。

同月，于阗、扶余等五十多个国家遣使者入朝献纳。

二月，巡幸辽西，亲自接见老年人，询问疾苦。

同月，登上碣石山，观望沧海，在山下大宴群臣，分发赏赐，并改碣石山名为"乐游山"。

四月，在中山观看骑马射箭，所经过的郡国免除一年租税。

六月，下诏曰："欺骗朝廷、不能使民众安居乐业的官员，处以死罪。"

十一月，北巡至阴山，看到路上有旧时的坟墓被毁坏，下诏说："从前周文王收葬无主枯骨，天下归向仁义。从现在起有开凿毁坏坟墓的人斩首。"

同月，南朝刘宋的将领殷孝祖在清水河东岸修建了两座城池，命令镇西将军、天水公封敕文等讨伐，未能攻克。

十二月，命令征西将军皮豹子等三将共三万骑兵帮助封敕文等进攻殷孝祖，再次无功而返。

同月，车驾十万御驾亲征柔然，柔然远逃，别部乌朱贺颓、库世颓率领部众前来投降。

459 年（太安五年），二月，派征西将军皮豹子进攻殷孝祖，斩获敌方士兵五千余级。

十月，再次下诏整顿吏治："从现在起，所有离职的人，要详细汇报任职时的政绩优劣，依据制度进行赏罚。致力建功的给予爵位恩宠，有罪过的施以刑罚杀戮，使优劣不同例，刑赏无差错。朝廷主管此事的部门和官员明确订立条例，将此作为常规。"

460 年（和平元年），一月，针对吏治再一次下诏："朕降低赋税来充实百姓的财产，减轻徭役来舒缓他们的劳力，想使百姓致力本业，人人不缺衣食。如果各级官员办事不力，使这种恩惠不能落实到百姓身上，将处以重罪，必不放纵。"

二月，大赦天下，改元"和平"。派遣使臣出使南朝刘宋政权。

五月，皇太后常氏崩于寿安宫，葬于鸣鸡山。

同月，恢复自崔浩以来被废除的史官制度，重新使人记录史实。

同月，发兵两路讨伐叛乱的吐谷浑。

八月，南朝宋的皇帝刘骏派遣使臣来到北魏，建立外交经济往来。

461 年（和平二年），二月，下诏曰："有官员勾结商人，非法牟利、逼迫百姓。现在全部禁止，凡是贪污、非法牟利在十匹布以上的，全部处以死罪。"

三月，诏令年纪在八十岁以上的人，可以留一个儿子不服徭役，以在家照顾老人。

同月，在灵丘南的笔架山仰射山峰，并刻"皇帝南巡之颂"碑留念，后世称此碑为"平城第一碑"。

八月，封自己的弟弟拓跋小新成为济阴王，加征东大将军，镇平原；拓跋天赐为汝阴王，加征南大将军，镇虎牢；拓跋万寿为乐浪王，加征北大将军，镇和龙；拓跋洛侯为广平王。

462 年（和平三年），二月同，封车骑大将军、东郡公乙浑为太原王。

四月，南朝刘宋、高丽、莛王、契啮、思厌于师、疏勒、石那、悉居半、渴槃陀等众多国家遣使朝献，形成"万国来朝"的盛况。

十一月，针对官吏晋升，下诏曰："各官府选拔官员，应各自首先任用有功劳旧勋及有才能的人。"

同月，派遣员外散骑常侍游明根，员外郎、昌邑侯和天德，出使南朝刘宋，建立更加稳固和紧密的关系。

463 年（和平四年），一月，制定战阵方法十多条。利用禳祭之日炫耀兵力，有飞龙、腾蛇、鱼丽的变化，以显示威武。

四月，规定京城七十岁以上的百姓，可以免费享受皇家膳食的供养，以终其天年。

同月，下诏规定："有擅自调发劳役，强迫雇佣的官员，都以违法定罪。"

五月，在西苑打猎，亲手射杀老虎三头。

八月，下诏曰："每年官员习武的时候，必定设立宫坛，耗费的财力物力很大。以后就使用旧的就可以了，不必再新建。"

同月，再下诏曰："我按节令狩猎，而随从官员杀获太多，捕光禽兽，违背不合围的古训。现敕令随从官员和主管围捕的将校，从今以后，不准肆意杀戮。"

同月，下诏捡奴还良："从前有民众因为遭受了饥寒，不能养活自己，所以有卖儿卖女的，现在起，买了人家儿女的，都要归还给人家。有的凭藉自己权势，迫使良家子女仍旧做奴婢，这种情况，以掠卖人口罪论处。"

464 年（和平五年），一月，下诏规定丧葬嫁娶不许超越法度奢侈浪费。

同月，又下诏，以儒家的纲常伦理来规范婚姻关系。

闰四月，因天旱的缘故，减少膳食责罚自己。这天夜晚，天降大雨。

六月，南朝刘宋的皇帝刘骏崩。

八月，与柔然作战，取得胜利。

465 年（和平六年），二月，大赦天下。

五月，崩于太华殿，时年二十六岁。谥曰文成皇帝，庙号高宗。

主要参考文献

魏收. 魏书 [M]. 北京：中华书局，2018.

李延寿. 北史 [M]. 北京：中华书局，2011.

郭茂倩. 乐府诗集 [M]. 北京：中华书局，1979.

李凭. 北朝研究存稿 [M]. 北京：商务印书馆，2006.

李凭. 从草原到中原：拓跋百年 [M]. 杭州：浙江文艺出版社，2017.

李凭. 北魏平城时代 [M]. 上海：上海古籍出版社，2014.

杜士铎. 北魏史 [M]. 太原：山西高校联合出版社，1992.

张金龙. 北魏政治史 [M]. 兰州：甘肃教育出版社，2008.

唐长孺. 魏晋南北朝史论丛（外一种）[M]. 石家庄：河北教育出版社，2000.

云海孤月. 南北朝那些事儿（贰）—南北争霸卷 [M]. 北京：工人出版社，2010.

朱大渭，刘驰，梁满仓，陈勇. 魏晋南北朝社会生活史 [M]. 北京：中国社会科学出版社，1998.

韩雪松. 北魏外交制度研究 [D]. 长春：吉林大学古籍研究所，2009.

苏利嫦. 试论北魏文成帝的文治政策 [J]. 大同：大同职业技术学院学报，2003，17（1）：28-32

章义和，洪吉. 北魏诸帝巡行的历史意义 [J]. 辽宁：文化学刊，2008，1:37-44

云冈石窟申报列入《世界文化遗产名录》资料［DB/OL］. 北京：360doc 个人图书馆，2010.

宁可. 中国古代吏治的得失与借鉴［DB/OL］. 北京：搜狐，2017.

顾博凯. 文成献文朝的政治及其在北魏历史中的地位 [D]. 上海：华东师范大学，2010.

柏杨. 中国人史纲 [M]. 太原：山西人民出版社，2008.

后记　段子手的幸运

　　一个用汉字写作的人毫无疑问是幸运的。

　　这种幸运在于：不必为了编造一些曲折离奇的故事而心劳计绌。美国畅销小说作家斯蒂芬·金认为"世上没有点子仓库，没有故事中心，也没有畅销书埋藏岛；好故事点子真的来自乌有乡，凭空朝你飞过来。"这句话在许多地方都适用，但一定不适用于用汉字写作的人。

　　如果我们不明白这一点，那也没关系，我们是足够"幸运"的，自会有人把这个道理灌输给我们——我们的历史足够长、先哲产出丰富并且品质一流，他们早已把世间的各种道理都说尽了。譬如：孔仲尼他老人家在两千五百多年前就曾经告诉我们："述而不作，信而好古。"

　　之所以"述""信""好古"，而不用"作"，原因只有一个：素材就在那里放着，只要我们愿意费些功夫去挖掘、整理、叙述，就可以了。

　　所以，我是非常幸运的。尤其当这本有关一千五百多年前的一个人物的传记完成的时候，这种幸运的感觉更加强烈。我竟然在和一千五百多年前的人物在对话，在探讨他的所作所为、他的内心世界，在用事后诸葛亮的视角、还有一些看热闹不嫌事大的恶趣味，审视他的一切！

　　当计划要写这本传记之初，我是战战兢兢的。写作是对思维的提炼，而我每欲动笔，都觉得书到用时方恨少、不知该从何下笔，直恨自己学识浅陋。这不是个好现象，因为恐惧是坏作品的成因。不过，随着我阅读了越来越多的文本之后，我的信心就慢慢被培育出来了——有那么多的故事，还愁怎么写吗？

西晋之后，为什么北边少数民族兄弟们一窝蜂地往南跑？

史上最硬核的阉人是什么样的？

史上最辉煌的奶妈又是怎样炼成的？

是什么样的好运或是歹运，让一个皇位接班人沦为了丧家犬，又在梦醒时分登上了皇帝宝座？

少年皇帝凭什么在一大堆外忧加内患的环伺中站稳脚根？

手握至高皇权的人，为什么只能眼睁睁地看着自己的女人被处死？

为什么一个女人会视生儿子为最大的恐惧？

在男人的权力旋涡中，一个有名无实的"皇太后"，该如何自保？

鲜卑民族的汉化，仅仅是说说那么简单？

云冈石窟最大的几座佛像的原型都是谁？

冷兵器时代是怎样打仗的？

……

在这些浩若烟海的文本里，缊藏了无数的故事，离奇的，曲折的，意外的，缺乏理性的，丝毫不符合逻辑的，应有尽有；知识就在故事里，学术寓于段子中。

好吧，我不是知识的生产者，我只是个段子的搬运工。

感谢魏收，感谢李延寿，感谢李凭，感谢杜士铎，感谢张金龙……感谢前面无数研究过北魏史的先人前辈们，他们为一个段子手的生存提供了资源。

段子是有了，然而一个段子手的生存还需要另外一个充分必要条件：有这么一个舞台，能把段子讲出来。

所以，我终归是幸运的。虽然在这本传记完结之后，再重新审视，发现这洋洋十几万字的玩意儿竟是那么地恶俗、那么地枯燥、那么不伦不类、那么不能一以贯之，但不论是在古都平城还是北岳文艺出版社，我都得到了一众师友们的帮助扶持，他们的热心、专业、还有严谨的精神，引着我一路前行，使段子手的活计登上了大雅之堂，在这里不一一列举，一并谢过。

所以，有了这些幸运，我就好好地做我段子的搬运工这份很有前途的职业吧。希望能在后面的作品中，将之前的不足加以改进，为关心我的师友和读者们搬运来更好的段子。

毕竟，除了段子，我们还准备为大众提供什么样聱牙戟口的作品呢？

喻洋

2020 年 8 月